서애 경세론의 현대적 조망

서애학술연구총서 02

서애 경세론의 현대적 조망

연세대학교 서애학술연구단 · 김왕배 외

혜안

책머리에

이 책은 본 연세대학교 서애학술연구단이 서애선생기념사업회의 지원에 의해 편찬하는 두 번째 연구논집이다. 본 연구단은 서애 류성룡의 학문, 그리고 당대와 후대의 사상적 영향과 계승을 중심으로 연구하고 있다. 본 연구단은 이런 의미를 살리기 위해 작년의 첫째 권을 이어서 이 책을 "서애학술연구총서"라는 시리즈로 지속적으로 간행하기로 하였다.

첫째 권은 "서애의 학문과 계승"이라는 관점에서 서애와 후학의 학문, 후손의 가학(家學)을 중심으로 살펴보았는데, 이번에는 서애 경세론을 오늘날 관점에서 어떻게 볼 것인가라는 점에 관심을 가졌다. 그리하여 책 제목도 "서애 경세론의 현대적 조망"이라고 붙였다. 특히 사회학(김왕배)과 경영학(백기복) 측면에서 서애의 사상을 언급한 것은 그 백미이다. 물론 책에 실린 모든 글이 이 주제에 맞춘 것은 아니지만, 서애의 북방정책을 다룬 연구(노영구), 서애의 시를 통한 서정적 감성을 분석한 연구(류명희), 그리고 종부의 삶과 철학 분석(윤정숙, 박은선) 등도 넓은 의미에서 그런 범주에 든다고 할 것이며, 서애와 겸암에 대한 구전 설화를 분석한 연구(길태숙), 그리고 임진왜란이라는 전쟁에 대한 기억을 상반된 두 입장에서 기술한 기록을 비교 분석한 연구(정호훈) 등도 서애를 이해할 수 있는 좋은 연구들이다. 특별히 이번 연구팀에는 외국인 연구자로 미국 UCLA 한국학연구소의 던컨(John Duncan) 교수를 공동연구원으로 모셨다. 던컨 교수는 해외 한국학 연구의 대표적인 학자로, 『징비록』 등의 기록에 보인 우리 '민족' 인식을 다룬 연구로, 이제 서애, 『징비록』 연구가 국제적으로 확산될 것임을 자부한다.

이번 2차 년도의 연구논집에서도 그러하지만, 점차 우리 연구팀이 다루는 주제들도 늘어날 것이다. 처음 우리 학술연구단이 천명한 바와 같이, 연구주제는 서애에 한정하지 않고 서애와 동시대의 사상계, 그리고 후대의 학문과 지역 등을 모두 다루며, 역사학이나 철학 등에 국한되지 않고 문학, 구비문학, 건축학 그리고 사회과학 차원에서 서애에 접근할 계획이다. 앞으로 더 많은 논의들이 이루어질 것으로 믿는다.

돌이켜보면 2차년도 연구 기간 중에 우리 연구를 돌아볼 수 있는 큰일도 있었다. 우리 연구팀은 연구를 시작하면서 대학원생과 함께 병산서원에서 세미나를 하면서 하루를 묵었다. 서원이라는 공간이 주는 의미가 남달랐다. 시간을 거슬러 올라가 서애와 그 후학들을 만나고, 우리 연구의 의미를 새로 새겨보았다. 그 때 우리는 충효당에서 서애 종손과 종부 어른을 뵈었다. 선조의 얼을 이어가고, 또 수많은 후손들까지 챙겨야 하는 봉사(奉祀), 접빈(接賓)에 애쓰는 종손과 집안 대소사에 일 년에 십여 차례 제사 음식을 마련하는 종부의 얘기를 듣는 기회도 가졌다. 뒷마당에 새로 마련한 조그마한 살림채까지 둘러보았다. 그런데 우리가 뵐 때 그렇게 건강하시던 종손 어른이 우리가 뵌 바로 그 다음 날에 운명하신 것이다. 역사는 이렇게 슬픔 속에서 다시 이어지는 것일까? 글로 기록된 사료만을 보면서 역사를 공부하는 우리에게 많은 생각을 하게 하였다.

또 작년에는 서애 류성룡을 다룬 「징비록」이라는 TV 드라마가 방영되었다. 이 드라마가 서애를 세간에 더 부각시킨 것으로 생각한다. 드라마에 나타난 선조와 서애, 또 다른 사람들의 모습은 현재 3차 년도의 연구과제로 진행 중이긴 하지만, 드라마에서 보인 바와 같이 서애의 학문과 경세론을 평가하는 것은 지금도 논란이 많은, 매우 어려운 작업이다. 은연 중에 남아 있는 지역, 문벌, 그리고 당색의 구분 때문에 더욱 그러하다. 객관적인 연구의 필요성이 더 절실한 시점이다. 서애를 비판했던 후인들의 저작도 우리가 소개하고 분석해야하는 이유이기도 하다. 이런 연구를 문중 일부에서 달가와 하지 않을 수도 있지만, 연구단을 시작하면서 다짐했던 객관적 '학문 연구'를 견지할 것이다.

이 책이 출간될 수 있었던 것은 무엇보다도 연구팀에 참여한 연구자의 노력 때문이다. 또한 공개 학술회에서 좋은 의견을 개진해 주신 여러 토론자의 도움도 많았다. 무엇보다도 우리 연구진의 원칙과 연구 방향을 수용하고 지원을 아끼지 않은 서애기념사업회의 류진 회장과 류영한 사무국장, 그리고 여러 관계자들의 후원과 지지 덕분이다. 또한 이 책을 간행하는 작업에는 연세대 대학원 사학과 박사생 신효승, 석사생 이정윤 등이 수고를 아끼지 않았다. 상품성이 그다지 없는 책을 간행해 준 도서출판혜안 오일주 사장에게도 고마움을 전한다.

2016. 1
연세대학교 서애학술연구단을 대표하여
김도형

목 차

김왕배

서애 류성룡의 리더십과 현대적 의의
소통과 열정의 덕목을 중심으로

Ⅰ. 머리말

현대 한국 사회에 가장 절실하게 요구되는 리더십은 무엇인가? 未嘗不 新다원주의라고도 불리는 무한 경쟁사회로부터 한국사회의 평안과 번영을 위한 리더십은 과연 무엇인가? 그 어떤 사회보다도 시공간 압축성장의 길을 밟아온 한국사회, 분단과 분화로 인해 대립과 갈등이 사회곳곳에 침전되어 있는 한국사회를 이끌고 갈 리더십은 무엇인가? 누구로부터, 어디에서, 이 시대가 요청하는 리더십의 원형을 찾아볼 수 있는가? 리더십은 집단이나 사회 구성원들의 동의와 통합을 끌어내어 추구하고자 하는 목표를 실현시키는 역량을 말한다. 리더십을 발휘하는 주체가 개인이든 집단이든 리더십은 가족과 같은 소집단으로부터 조직, 국가, 전 인류사회에 이르기까지 보편적으로 요청되는 자질이며 속성이다. 리더십의 목표실현의 역량은 구성원들의 신뢰를 바탕으로 "구성원들로 하여금 각각의 직분과 역할을 인지시키고(impress), 조직하고, 설득하며, 영향을 주고, 자극하는 제반 행위들"을 포함한다.[1]

임진왜란 기간 영의정으로 재직하면서 국난을 극복하고 후대에

---

[1] 배병삼, 「조선시대 정치적 리더십론 : 수기치인과 무위이치론을 중심으로」, 『한국정치학회보』 31(4), 1997, 49~67쪽.

게 역사의 교훈을 전했던 서애 류성룡(1542~1607)의 리더십은 이념형에 근접한 하나의 사례로 주목받는다. 서애는 국가의 존망이 위태로운 시기에 성의와 열정을 다해 나라를 구하는 데 힘을 쏟았던 인물이다. 오늘날 정치, 경제, 문화 강국으로 부상하고 있는 중국과, 강력한 천황제의 유산을 가진 일본이 첨예하게 부딪히고 있는 동아시아의 형세 속에서 서애의 리더십은 분단 한국사회에 주는 의미가 남다르다.

조선사회는 현대 국민국가처럼 복합적으로 분화된 사회는 아니었지만, 국가이데올로기인 유교이념을 바탕으로, 文士층이 지배하는 중앙집권적 관료주의 체제 속에서 움직이고 있었다. 당시 동아시아에서는 조선을 속국으로 간주하고 통제하려던 明과, 호시탐탐 조선반도와 중국으로의 진출을 노리던 일본이 서로 각축을 벌이고 있었다. 결국 조선반도에서 전쟁(한-중-일)이 발발했고, 이 전쟁은 명, 일본, 조선 모두에게 양보할 수 없는 절대 절명의 역사적 사건이었다. 전쟁에 패하게 되면 정권은 물론 나라가 사라지는 상황이었고, 전쟁의 결과에 따라 동아시아에서의 패권이 재편되는 상황이 전개되었던 것이다. 이런 복합적 국내외 정세 속에서 서애가 보여준 리더십은 무엇인가?

일반적으로 많은 연구가들은 서애 리더십의 특징으로 탁월한 국정수행 및 현안의 문제를 해결하는 위기돌파의 능력, 능수능란한 외교력, 유연한 사고방식, 날카로운 인재발탁 능력 등을 들고 있다.[2] 이 글에서 나는 서애 리더십 중에서도 현대 한국사회의 실정에 비추어 능히 재음미 할 수 있는 몇 가지 속성에 주목할 것이다.

2) 이덕일, 『류성룡 : 난세의 혁신 리더』, 위즈덤하우스, 2012.

그 속성들을 행위자 감정의 두 측면, 즉 **공감과 열정**으로 유형화할 것이다. 공감의 章에는 (1) 소통 및 화합능력, (2) 德治와 能治, 명분과 실리의 조화 (3) 인재발굴의 역량을 포함시킬 것이고, 熱情의 장에는 (1) 無私心의 정신과 공적인간 (2) 大義의 정치 (3) 책임윤리를 포함시킬 것이다. 아울러 결론 장에서 현대 복합사회의 리더십을 위한 더 많은 논의, (1) 시민정신으로서의 리더십 (2) 협치(거버넌스)형 리더십을 간결하게 논할 것이다.

II. 유교이념과 서애 류성룡의 리더십

잘 알려진 바와 같이 서애 류성룡은 안동 풍산의 사족으로서 퇴계 이황의 도학을 잇는 수제자 중의 하나였다. 유학자로서 석학의 반열에 오른 그는 성리학은 물론 양명학, 불교에 이르기까지 광범위한 지식을 습득했고, 이를 비판적으로 수용한 인물로 평가를 받기도 한다.[3] 또한 그는 최고위 정치인으로서 유교의 통치이념과 현실의 차이와 처세를 누구보다도 잘 알고 있었다. 유교가 단순한 지식이론이 아니라 수양을 통해 몸에 익히는 知行合一을 추구한다는 점에서 그 역시 유교의 이념을 정치를 통해 구현하려 하였다.

유교의 통치이념은 德治와 正名이다. 제도와 법, 권력 이전에 仁과 義라는 덕을 통해 백성을 다스리고, 백성의 마음을 얻어 통치를 하는 것이다. 맹자는 권력에 의한 통치, 혹은 인의를 가장하여 권력

---

3) 이성무, 이태진, 정만조, 이헌창, 『류성룡과 임진왜란』, 파주 : 태학사, 2008.

을 사용하는 통치를 '覇道'라 칭했고 이를 신랄하게 질타했다. 맹자는 인과 의에 의한 통치를 '王道'라 했으며 군주들에게 왕도의 길을 것을 직언하기도 했다. 그리고 백성이 주인인 바, 백성들의 마음을 얻어야 비로소 바른 정치가 된다고 하는 민본정치를 주장했다.[4]

유교정치의 德治는 '修己治人'을 이상으로 하고 있다. 『大學』에서 가르치는 대로 스스로 수련을 쌓아 자신을 도덕적 완성자로 만든 후 세상을 다스리는(治人) 것인데 군왕은 바로 수기치인의 수행자로서 성현의 지위와 군주의 지위를 동시에 가져야 한다는 것이다. 治人도 왕이 능동적으로 백성을 다스린다는 의미보다는 수련을 통해 쌓은 군주의 덕이 은은하게 백성들에게 퍼져 백성들이 자발적으로 왕을 따르게 하는 것을 목표로 하고 있었다.[5]

물론 현실은 그렇게 순탄하지 않다. 아무리 왕이 도덕적 완성자인 성현의 반열에 올랐다 하더라도 현실의 정치는 호락호락하게 왕의 덕을 따르는 것이 아니다. 그렇기 때문에 왕이 능동적으로 백성을 다스리는 통치행위가 요구되기도 하였는데 따라서 수기와 치인을 구분하여 왕의 적극적인 개혁정치를 정당화하려는 시도들도 나타나고 있었다.[6] 유학자들이 관료가 되고 나면 바로 이념과 현실의 충돌사이에서 명분을 어떻게 현실화하는가, 혹은 현실의 개혁을 위해 어떻게 명분을 재해석하거나 변형하는가에 고민을 하기도

---

4) 『孟子』, 「公孫丑 上」. 民本정치에 대해서는 「盡心章句 下」, 패도비판에 대해 「公孫丑 上」 3편을 볼 것.
5) 배병삼, 앞의 글, 1997.
6) 이러한 고민은 율곡에게도 나타나며 다산은 이를 보다 적극적으로 해석하여 정조의 적극적인 개혁정치에 힘을 실어주려 하기도 했다. 배병삼, 위의 글, 1997.

했다.[7] 更張, 變法, 維新 등이 모두 유교의 이념적 명분을 제도개혁을 위해 현실적으로 재해석하려는 개념들로 등장했다.

한편 非관료 유학자들은 어떠했는가? 당시의 유학자들은 세속적인 정치권력을 소유하지 않았다 하더라도 높은 도덕적 이상(유교이념)을 보유함으로써 군주 못지않게 통치자의 이념을 체화하고 있었다. 많은 유학자들은 성인은 아니더라도 군자의 이상을 통해 유교의 통치 이념을 수련하고 있었던 것이다. 그들은 스스로를 요순황제와 공맹, 주자의 도통을 잇는 지식인 집단으로 간주했다. 조선시대의 유학자들 중에는 벼슬을 하지 않았다 하더라도 높은 수준의 지식과 도덕권력을 통해 군주의 권력을 견제했던 것이다.[8]

공자 스스로도 관직을 맡았던 만큼 대부분의 유학자들은 공부와 궁리, 수련을 통해 학문을 익힌 후 벼슬길에 올라 뜻을 펼치는 것을 이른바 대장부의 뜻으로 생각했다. 비록 군주는 아니지만 관직에 오른 그들은 유교의 통치이념을 궁극적 리더십으로 삼고 있었다고 볼 수 있다. 한편 주자는 군주를 보필하는 재상의 역할을 논의하고 있다. 재상은 군주의 그늘에 서서 군주가 유교의 통치이념을 구현할 수 있도록 보필하는 역할을 해야 한다. 주자의 재상론은 '君主一心成敗論'과 '君主聖學論'으로 요약되는데, 주자는 일찍이 군주 일인에 의한 일인의 절대성을 자연질서로 인정하면서도 군주의

---

7) 정명주의란 명분을 올바르게 함, 혹은 명칭을 바로 잡는다는 뜻으로 모두가 주어진 명칭에 들어맞는 모양과 행동을 하도록 한다는 것으로 질서의 극치를 뜻한다. 김종식, 「공자와 리더십」, 『한국행정사학지』 12, 2003, 189~213쪽.

8) 김상준, 『맹자의 땀, 성왕의 피』, 서울 : 아카넷, 2011 ; 최연식, 『조선의 지식계보학 : 조선은 어떻게 지식인의 나라가 되었나?』, 서울 : 옥당. 2015.

전제와 독단을 비판하였다. 그는 군주는 강직하고도 원칙에 밝으며 매사에 공정하게 일을 처리할 수 있는 剛明公正한 인물을 재상으로 선택하고 그와 함께 정사를 논해야 한다고 역설한다. 주자는 재상은 군주의 옳은 일을 적극 봉행하여 왕을 옳은 길로 인도해야 한다고 했으며(獻可替否), 군주의 권력을 최대한 억제하면서 재상을 대표로 하는 신료의 발언권을 강조하는 입장을 취했다. 따라서 재상이 된 자는 성현의 正道를 상고하여 천리의 소재를 구하고 이를 통해 그 마음을 바르고 이를 기초로 미루어 군주를 바르게 해야 한다. 즉 주자는 군자 일인의 절대적 권력에 의한 정치보다는 대다수 신료들의 공론을 집약한 재상중심의 정치론을 지향했던 것이다. 즉, 재상은 천하의 公議의 소임을 살펴야 한다.[9]

간단히 말해 재상의 리더십은 군주를 바르게 하기 위해 스스로 유교의 이상적 이념을 습득, 체화하고, 신료와 민의 뜻을 모아 군주를 바른 길로 보필하여 나라를 부강하게 하고, 백성을 편안하게 하는 것이다. 유학관료로서 영의정 직을 맡고 있었던 류성룡 역시 조선시대의 여러 재상들이 그렇듯 주자가 밝힌 재상의 이념형에 충실했다고 볼 수 있다. 그러나 그가 유교적 재상의 이념형적 리더십을 추구하였던 것은 남다른 공감능력과 소통화합의 역량에서 비롯된 것이었다고 볼 수 있다.

---

9) 도현철, 「류성룡의 생애와 조선시대의 평가」, 연세대학교 서애 류성룡 연구사업단 학술대회 발표문, 2014, 11~12쪽.

III. 공감과 소통

1. 공감

공감이란 타자를 이해하는 상상력으로서(타자성찰), 상호성에 기초하며, 나아가 동정을 유발시키고 이를 실행하는 감성적 작용이다. 맹자가 인간의 본성 중에서도 仁의 단서가 된다고 본 惻隱之心은 인간이 공감의 성질을 본성으로 가지고 태어났음을 의미한다. 남의 불행을 보고 이를 가엾이 여기는 것, 이는 곧 측은지심의 본성이다.10) 측은지심의 공감이 직관적 태도를 넘어 성찰적 태도로 이어진다면 이는 타자성찰과 타자이해로 발전한다. 인간의 마음의 한 부분인 理가 발현되는 과정이라면 측은지심의 완성단계는 仁이다. 맹자가 주목한 것은 인간의 기본적 심성적 가치인 인의예지 중에서도 가장 으뜸이 되는 덕은 仁이었다. 인은 어짐, 선, 사랑, 효, 悌, 忠, 恕 등 타자를 품고 이해하고, 관용하며 받아들이는 태도인 것이다.

이러한 인을 바탕으로 禮에 의해 이끌리는 義에 의한 정치가 왕도정치이다. 그렇기 때문에 맹자의 인의 정치는 법가 등이 주장하는 법과 권력에 의한 통치와 다르며, 묵자처럼 보편적 사랑을 앞세우는 것과도 다르다.

조직의 리더십에 가장 필요한 것은 리더와 구성원들간의 공감적 교류이다. 즉, 타자성찰과 타자이해, 포용과 관용의 정신이다. 덕치

---

10) 맹자는 측은지심의 본성을 우물에 빠진 아이를 보고 '무조건적'으로 건지는 행위로 비유한다.

는 군주가 성품을 통해 백성들의 마음을 얻는 것인데 백성들이 원하는 바에 귀를 기울이는 공감의 자세와 능력이 있어야 한다. 백성들의 소리를 민심이라 한다. 통치자가 민심에 귀를 기울이고, 그들이 처한 상황과 어려운 처지를 이해하려 하고, 이해할 수 있을 때 백성들로부터 지지를 받지만 군주의 아집과 독단에 사로잡혀 있을 때 백성들로부터 원성을 듣는다. 영의정으로서 서애는 군주에 대한 '충'을 내세우면서도 민심에 귀를 기울이고, 백성들의 아픔을 함께 하려 했다. 특히 임진왜란 당시 백성들이 "시체를 뜯어 먹는 참혹한 현실"을 글로 남기며 연민을 금치 못하고 있다.[11]

2. 소통과 화합

개인 및 집단 간 소통과 화합은 타자에 대한 이해와 성찰 즉, 공감을 기반으로 이루어진다. 조선사회는 현대사회에 비해 동질적이

---

11) 『懲毖錄』, 257, 271쪽. 류성룡은 정치가이기에 앞서 유학자였으며 문장가이기도 했다. 그는 800 편이 넘는 시를 남겼다. 그의 시 세계에는 우국충정과 백성에 대한 근심과 걱정, 인생의 무상함이 그대로 녹아나 있다. 당시의 문인들은 단순히 지식을 쌓는 것이 아니라 지식의 내용을 몸소 실천하려 하였으며 유교의 높은 이상을 향해 끊임없이 자신을 수련해야 했다. 그리고 동시에 시를 썼고 그림을 그렸으며, 음악을 즐김으로써 총체적이고 유기적인 지식인의 모습을 지향했다. 서애 류성룡도 예외가 아니었다. 그의 풍부한 시의 세계는 인간과 세상에 대한 공감력을 더욱 배양시켰을 것으로 생각된다. 그는 타계하기 전 자손들에게 7언고시의 결구에서 다음과 같은 구절을 남기고 있다. "권하노니 자손들아 반드시 삼가하여라, 충효밖에 달리 할 일이 없는 것임을."(류명희, 안유호 역, 『국역 류성룡 시Ⅱ』 해제, 서애선생기념사업회, 2014, 15쪽) 이 밖에도 그는 애국애민과 박애정신을 나타나는 시들을 쓰고 있는데 오늘날로 말하면 단순히 전문지식과 경륜을 쌓은 전문지식인 및 관료가 아니라 인문학적 소양을 갖춘 학자며 관료라는 것이다.

고 단순한 사회인 것은 분명하지만, 원시부족사회와는 비교가 되지 않을 정도로 사회의 구조적 분화가 상당한 수준에 이르러 있었다. 조선사회는 당시 서구에 비해 중앙집권체제가 일찍이 수립되어 있었고, 사농공상의 신분체제와 이를 정당화하는 유교이념이 국가이데올로기로 작동하고 있었던 사회였다.[12] 잘 알려진 바와 같이 조선은 왕을 중심으로 양반관료층들이 복잡한 권력관계를 형성하고 있었고, 오늘날 정당(party)정치에 비유될 정도로 붕당정치의 파당제도를 가지고 있었다. 유교의 통치이념을 공유하면서도 이들은 서로를 견제하고 대립하는 정치적 권력관계를 형성하고 있었다.

유교이념 중에서도 성리학은 골간을 건드려서는 안 될 하나의 지식권력이었다. 지식과 권력이 서로 분리되지 않고 융합되어 있는 권력구조 속에서는 문사가 무사를 능가하는 신분적 지위를 차지하고 있었다. 지식과 권력이 융합된 체제 속에서는 지식이 곧 이념이며 권력의 기반이다. 그렇기 때문에 당시 지배이념이며 권력인 유교사상에 대항하는 어떠한 사상도 허용되지 않았고, 비록 유사하다 하더라도 기존 성리학 개념을 공개적으로 비판하는 것은 불가능한 일이었다.[13]

지식은 단순한 객관적 대상에 대한 앎이 아니라 도덕적 실천의 길잡이가 되었다. '知行合一'의 사상이 이를 잘 증명해 준다. 지식을 소유한 자들은 도덕을 소유한 사람들이었고, 이들은 제도정치에

---

12) 더구나 조선의 유학자들은 중국의 공맹사상 중에서도 특히 성리학 부분을 보다 심도 있게 논의했고, 그 수준은 중국을 능가한 것으로 평가된다.
13) 유학의 한 부류였던 양명학이 조선에서는 수용되기 힘들었다. 조선 후기 실학자들에 이르러 기존의 성리학의 원리들이 재해석, 변형되기 시작했다.

직간접적으로 '도덕권력'을 행사하고 있었으며 이 도덕권력은 항상 왕권과 상대 권력집단을 견제하는 또 하나의 수단이 되었다.[14]

서애 류성룡이 활동하던 조선 중기는 유림들의 도덕권력과 관료들의 제도권력, 왕권이 서로 분화되면서 서로를 견제하고 갈등하던 시기였다. 지식과 권력, 이념과 도덕이 서로 융합되어 있었기 때문에 '상대'들은 좀처럼 자신들의 세계관(이념)을 양보하려 하지 않았다. 조선시대의 朋黨정치는 권력의 분산과 견제를 가능하게 한 정치제도로 긍정적 평가를 받고 있기도 하지만 사실상 한 치의 타협과 양보 없는 死活의 정치였다고 해도 과언이 아니었다.

그러나 동인의 수반이었던 류성룡은 상대 세력인 서인들과의 소통과 화합을 게을리하지 않았다. 비록 반대세력이라 하더라도 그들을 하나의 정책 수행의 동반자로 인식하였고, 포용을 통해 국정의 협조세력으로 끌어들임으로써 국정 목표의 달성능력을 높이려 하였다. 이는 비록 전쟁이라는 특수한 상황에서만은 아니었다. 평상시 그의 화해 및 화합 능력은 다음과 같은 사건에서도 잘 나타난다.

> 선조께서 일찍이 경연에서 여러 신하에게 묻기를 "나는 전대의 제왕에게 비교한다면 어느 군주에 견줄 수 있겠는가?" 정이주가 대답하기를 "전하께서는 요 순과 같은 군주이십니다"라고 했고, 정언 김성일은 "전하께서는 요순제도 될 수 있으며, 桀왕, 紂왕이 될 수도 있습니다"라 했다. 선조가 말하기를 "요순과 걸주를 이처럼 같은 반열에 두고 논할 수 있겠는가" …

---

14) 김상준, 앞의 책, 2011.

류성룡이 나와 아뢰기를 "두 사람의 말이 다 옳은 말입니다. 정이주의 요제, 순제와 같이 된다는 대답은 군주를 인도하는 말이고, 김성일의 걸왕, 주왕과 같이 된다는 비유는 군주를 경계하는 말입니다" 하니 선조께서 얼굴빛을 고쳐 부드럽게 하고는 이내 술을 내리시었다.[15)]

그의 붕당론에서 조화와 화합의 능력은 더욱 빛을 발한다. 동인의 영수였던 서애는 율곡과 마찬가지로 주자의 兩是兩非론을 수용한 調劑論의 입장을 취했다. 즉, 동인이나 서인 모두에게 군자와 소인이 있을 수 있으므로 이 중 군자만 뽑아쓰면 된다는 것이었다. 그는 당파와 관계없이 인재를 발탁해서 적재적소에 써야 한다고 주장했던 것이다.[16)] 전쟁 수행기 그는 다양한 세력들의 사람들과 더욱 면밀한 관계를 수립한다. 비록 전쟁이라는 특수한 상황이기는 했지만 왕권의 보존에 연연하던 선조나 전쟁와중에도 권력의 확장을 꾀하던 일부 서인들의 행보와는 전혀 달랐다.

소통은 민주사회의 근본이다. 공론장에서의 의사소통은 다양한 이해관계를 지닌 집단들이 서로 다른 의견의 개진을 통해 '합의'에 이르는 과정이다. 동서고금을 막론하고 어느 사회, 어느 집단이나 '소통'이 중요한 것은 두말할 나위가 없다. 특히 복잡하게 분화된 현대사회에서는 다양한 이해관계들이 충돌되기 마련이고, 필연적으로 갈등이 발생한다. 문제는 갈등이 발생한다는 그 자체가 아니라 "그 갈등을 어떻게 제도적으로 흡수하고 해소하는가, 그 과정이

---

15) 류성룡, 이재호 역, 『懲毖錄』, 고양 : 위즈덤하우스, 2005, 49쪽에서 재인용.
16) 이성무 외, 앞의 책, 2008, 146쪽.

마련되어 있는가, 협의와 합의 수준에 도달할 만한 태도와 절차가 존재하는가, 즉 소통이 가능한가 하는 것이다.[17]

갈등의 해소과정은 갈등의 一掃가 아니라, 양보를 통해 협상하고, 협상을 통해 합의에 이르는 것이다. 그리고 그 합의는 잠정적이고 얼마든지 변화할 수 있다. 이 과정이 '갈등의 제도화'이고 갈등의 제도화 과정이 곧 다양한 집단 간의 의사소통인 것이다. 소통을 인정하지 않는 것은 전제정치의 증후이며 반대로 소통의 정치는 仁의 정치를 펴는 것과 같다.[18]

소통은 인간의 신체로 말하자면 혈맥으로 기가 통함을 의미한다. 주자의 『近思錄』에서는 유교이념에서 가장 중추를 이루는 仁을 해치는 不仁, 즉 인이 아닌 것을 혈의 흐름을 막음으로서 신체의 사지를 마비시키는 것으로 묘사한다.

> 의서에서 수족이 마비되는 것을 不仁이라고 하는데 이 말은 仁을 가장 잘 표현하고 있다. 인이란 것은 천지만물을 일체로 보아 천지만물이 내 몸과 다를 바 없는 것으로 여기는 것이다. 천지만물이 자기의 몸과 일체라는 것을 인식하게 되면 인을 베푸는 것이 어느

---

17) 일반적으로 한국인들은 갈등 그 자체를 부정적으로 바라보고 있거나, 갈등의 근원자체를 부정하려 한다. 그렇기 때문에 상대를 인정하지 않으려 한다.

18) 오늘날 현대사회에서 소통은 심의민주주의를 가능하게 한다. 단순히 선거에 투표함으로써 자신들의 대표를 선출하는 최소민주주의를 넘어, 특정한 의제(agenda)에 대해 자신들의 의견을 표출하고 협의함으로써 직접참여의 이상을 구현한다는 것이다. 이를 하버마스는 심의민주주의라 부른다. 또한 의사소통은 시민사회에서 시민 주체들의 공론장을 형성시키는데 결정적 기여를 한다.

곳엔들 미치니 않는 곳이 있겠는가? 만약 자기에게 인이 없다면 천지만물과 자기와의 교섭도 없어진다. 이는 손발이 불인하게 되면 기가 소통되지 않게 되어 손발 모두가 내 몸에 속하지 않게 되는 것과 같은 이치이다.[19]

사회가 제대로 평형을 이루고 안정적으로 성장하기 위해서는 다양한 집단들의 유기적인 소통이 요청된다. 굳이 기능주의자들의 입장을 빌리지 않더라도, 사회는 인간의 몸과 유사한 측면이 많다. 인간의 몸이 안정적이고 성장을 하기 위해서는 인간의 몸을 구성하고 있는 다양한 기관(organ)들이 각각의 정상적인 기능을 통해 유기적으로 상호작용을 해야 한다. 사회 역시 다양한 하부체계들이 서로 각각의 기능을 담당하면서 유기적으로 통합되어 있을 때 지속적인 안정과 발전이 가능하다.

소통은 바로 유기적 통합의 과정을 구축하는 핵심적 요인이다. 소통은 상대의 소리를 듣는 것, 敬聽과 설득을 포함한다. 자신의 견해를 관철시키기 위한 설득은 상대와 소통하는 과정의 일부이다. 『근사록』에는 개혁은 아무리 잘못된 것이라도 소통을 통해 포용하는 도량을 발휘한다면 진가를 발휘할 수 있다고 말한다.

인정이 안락과 나태함에 빠지면 정치가 물러지고 법도가 무너지며 모든 일에 절도가 없어진다. 이것을 고치는 방법으로 반드시 좋지 않은 것도 포용하는 도량이 필요하다. 그러면 실시하는 과정에 관대함과 여유가 생기고 상세하고 긴밀해져서 소략함이 없게 된다.

19) 주자, 여조겸, 이범학 역,『近思錄』, 서울 : 서울대학교출판부, 2004, 29쪽.

그러나 포용하는 도량이 없이 분노하며 미워하는 마음만 가지면 멀리 내다보는 사려성이 결여되어 서두르고, 소란스럽게 만들지 않을까 우려된다. … 관용의 도량과 강직, 과단한 시행의 겸비야말로 성현만이 할 수 있는 일이다.[20]

'外柔內剛'의 성격을 지녔던 류성룡은 자신의 주장을 관철시킬 때에도 상대에 대한 설득을 포기하지 않았다. 그의 정치는 독선이 아니라 설득을 통한 개방적인 타자이해의 리더십을 보여주었다고 볼 수 있는 것이다.

3. 德/能, 名分과 實利의 조화

구성원들로 하여금 집단 정체성과 함께 리더를 따르게 하기 위해서는 리더의 인격이 필요하고, 현실 목표를 달성하기 위해서는 리더의 지혜와 기술이 필요하다. 전자를 德治라고 한다면 후자는 能治라 할 수 있다. 중국 사회가 덕을 강조해 왔다면 일본은 능을 강조해 왔고, 이에 비해 한국은 덕과 능의 이중성을 동시에 강조한 특성을 보인다고 말한다.[21] 덕과 능은 리더십이 갖추어야 할 동전의 양면이다. 덕을 통해 구성원들의 자발성과 책임성을 유도하고, 각자의 맡은 바 직분에 '몰입과 열정'을 불러일으키게 한다. 반면 능치를 통해 현실적으로 목표를 달성하기 위한 판단력과 융통성. 유연성을

---

20) 『近思錄』, 387쪽.
21) 송복, 「한국적 리더십의 특질 : 강유(剛柔)와 덕능(德能)의 이중성 세계」, 『한국논단』 153, 2002, 116~129쪽.

발휘하며 아울러 수단과 자원을 동원할 수 있다. 결국 바람직한 리더십은 덕과 능을 적절하게 혼용하는 것이다. 덕과 능의 혼용은 명분과 실리의 조화와 맥을 같이한다.

서애 류성룡은 당대 최고의 유학자로서 유학이념의 명분을 그 누구보다도 중요하게 여겼음은 두말할 나위 없다. 당시 주자학을 이어받은 조선의 성리학자들은 요순황제와 공맹의 道統을 이어가고 있다는 자긍심과 함께 정치적으로는 중국에 대해 각별한 사대의 예를 갖추고 있었다. 虛禮란 말이 있을 정도로 예절의 형식적 명분을 강조했던 조선 성리학자들은 혼자 있을 때에도 자신을 규제하는 태도, 즉 愼獨을 군자의 도로 강조하였다. 유교론자들은 원리론과 명분을 앞세워 행동했으며, 명분을 동원하여 상대방을 비판하거나 비난하기도 했다.

이러한 명분주의는 현실에서 이득을 취하려는 공리주의적 사고를 하대하거나 반대했다. 특히 세속적인 효율성과 이익을 추구하는 자세는 군주의 도리가 아니라는 점을 강조한다.[22] 그러나 현실 사회를 운용하고 현실을 개혁하기 위해서는 명분에 대한 재해석을 통해 융통성을 발휘하는 유연한 사고가 요구되었다. 유학 내에서의 경장과 변법은 현실을 개혁하고 이념을 완성하기 위한 또 하나의 명분(원리)이다. 즉, 기존의 주석과 해석을 계승하여 기존 질서를 유지하고자 하였으나, 제도를 개혁해야 하는 현실적 상황에서는 유교의 이념을 재건한다는 명분으로 기존의 관습과 제도를 바꾸려 했던 것이다.[23] 또한 유교이념에는 유연함에 대한 논리도 포함되어

---

22) 이는 맹자가 양혜왕을 만났을 때의 대화 속에서 잘 나타난다. 『맹자』, 「양혜왕장구 상」 1.1.

있다. 이러한 유연함을 權이라 칭한다.[24] 저울추를 헤아린다, 경중을 가린다, 대소를 분별한다는 의미의 權은 상황에 따른 유연한 사고와 임기응변의 자세를 강조하기도 한다.

유학자로서 류성룡은 유교의 명분을 강조했지만 정치인으로서 류성룡은 현실의 사정을 경장과 유연함을 통해 개혁하고 극복하려 하였다. 즉, 그는 전략적 실천가의 용모를 보이기도 했던 것이다. 리더십의 중요한 요인 중의 하나는 집단을 위기 상황으로부터 구제하고, 위험을 예방하면서 목표를 달성하는 현실적 능력이다. 리더십에는 위에서 말한 바와 같이 德과 能의 조화가 필요한데, 덕이 다소간의 정태적 개념이라고 한다면 능은 실천적인 동태적 개념이다. 능을 발휘하기 위해서는 현실을 파악하고, 이에 맞게 명분을 조율하는 능력이 필요하다. 유학자로서 서애는 명분을 중히 여겼지만, 이를 현실화시키는 데에도 탁월한 역량을 발휘했다.

현실에 유연하게 대처하는 방법은 매우 다양하지만 일단 현실의 판세를 정확히 읽는 능력이 필요하다. 전쟁기간 동안 보여준 서애 류성룡의 현실에 대한 혜안은 남달랐다. 그는 국방과 전술에 대해서도 높은 수준의 일가견을 보였고, 현안의 해결을 위해 명나라와의 외교관계에서 현실론적인 방법을 채택했다.

송복 교수는 류성룡이 치른 전쟁은 두 가지 내부전쟁이었다고

---

23) 장숙필, 「유교적 이상과 개혁」, 2002 ; 한국사상사연구회, 『조선유학의 개념들』, 서울 : 예문서원, 2009.

24) 남녀가 서로 손을 잡을 수 없다는 맹자의 남녀유별에 대한 강론에 대해 순우곤이 그렇다면 형수가 물에 빠졌을 때 어찌해야 하는가하고 물었다. 맹자는 서슴지 않고 일단 형수의 손을 잡아 구하라고 말한다. 남녀가 손을 잡지 않는 것은 일반적 예의요 형수가 물에 빠졌을 때 손으로 구해내는 것은 임시변통의 방법이다라고 말한다.(『맹자』, 「離婁章句 상」)

평가한다. 하나는 명과 왜가 밀약을 통해 조선반도를 분할통치하려는 것을 막는 것이었고, 하나는 명나라 군사에게 먹일 식량을 구하는 것이었다. 즉 류성룡은 조선의 국력이 완전히 고갈되어 있는 풍전등화의 상황 속에서 필사적으로 강대국들의 협상을 막아야 했고, 하나는 아사상태에 빠져 있는 백성들로부터 군량미를 구축해야 했다.[25]

이 과정에서 그가 보여준 또 하나의 태도는 '인내'였다. 그는 명나라 장수 楊鎬로부터 온갖 모멸적인 언사를 들었으나 전혀 내색하지 않았다. 비록 전쟁 상황이라고는 하나 한 나라의 최고지위에 있는 관료가 일개 장수에게 모멸을 당하는 일을 개인의 명분을 위해 피할 수도 있었지만 그는 끝까지 수모를 참고 견디어 냈다. 리더십은 개인의 명분이나 이익을 위해 작용하는 것이 아니다. 리더는 조직, 사회, 국가를 대표하는 공인으로서 필요하다면 집단의 득을 위해 자신을 버릴 수 있어야 한다. 개인이 추구하는 이념과 명분, 취향, 자존심이 현실상황에서 어긋난다 하더라도 대의와 실리를 위해서라면 자신을 희생할 수도 있어야 한다는 것이다.

그러나 류성룡은 강화를 도모했다는 이유로 반대세력에 의해 '主和誤國'의 죄명을 덮어쓰게 된다. 전쟁으로 인해 초토화된 조선은 스스로의 힘으로는 도저히 왜를 물리칠 수가 없는 상황이었고, 명군 역시 전투를 회피한 채 철병을 내세우며 화의를 강요하고 있는 상황이었다. 이러한 정국 속에서 그가 택할 수 있는 길은 무엇이었겠는가? 그가 일단 명나라의 의중에 동의하는 듯한 입장을 보인 것은 내부적으로 민생을 살피고, 민심을 수습하고, 군사를

25) 송복,『위대한 만남 : 서애 류성룡』, 서울 : 지식마당, 2007.

강화하여 전쟁을 수행할 시간을 버는 것이었다.

　명분론과 강경론이 현실론과 온건론을 누르는 경향이 있지만 주자학의 명분만을 앞세웠던 당시의 지배층이 한 일이라고는 백성을 도탄에 빠트리고, 전쟁 중에도 권력을 차지하기 위해 파당을 일삼는 일이었다. 명분론은 관념적 선명성을 통해 현실론을 단죄하거나 비판하는데 동원되기도 한다. 도달할 수 없는 이상적 세계의 원칙들은 세속과 현실의 세계에 대해 항상 도덕적 우월성을 갖는 경향이 있다. 물론 명분 없는 현실론은 보편적 방향성을 상실하고, 역사의 진보를 왜곡할 수 있는 위험성을 보인다. 결국 리더십은 명분과 현실의 조화, 원칙과 융통의 조절, 덕치와 능치의 균형, 사태를 헤아리는 정확한 시선과 문제해결의 능력이라고 볼 수 있다. 간단히 말해 '中庸의 리더십'이라고 하자.

4. 인재발굴의 선견지명

　리더가 갖추어야 할 리더십 중의 하나는 조직의 목표실현을 위한 다양한 역량을 구사하는 일이다. 예를 들어 국가 리더는 일차적으로 국가와 민족의 안위와 번영을 위한 목표를 설정하고 이를 위해 현실적 방안을 마련한 후, 많은 장애를 뚫고 목표를 달성할 수 있어야 한다. 조직이나 국가의 리더는 내부와 외부의 상황을 단기와 장기적인 시간차를 두고 두루 살펴볼 수 있는 혜안을 가져야 하고, 목표달성을 위한 균형 있는 평가와 판단을 내려야 한다. 그 중에서도 인재를 발굴하는 역량은 리더십의 기본이다. 인재양성과 적재적소의 인재등용은 조직이든 국가든 목표달성을 위해 자원을 배양시키는 일이다. 또한 마땅한 자리에 알맞은 사람을 앉히는 등용은 사회정의의 근간을 공표하는 일이기도 하다.

　서애 류성룡의 가장 큰 리더십 중의 하나는 인재를 발굴, 적재적소에 등용한 것이다. 그는 하위직분을 수행하고 있던 이순신의 재능을 미리 헤아렸고, 그를 임진왜란이 나기 전 수군 장수로 천거한다. 이순신의 발탁은 그야말로 최고의 선견지명에 의한 인사발탁이었고, 송복의 표현대로 '위대한 만남'이었다. 비록 그들이 한양의 같은 고을에 태어나 한 사람은 문사로 한사람은 무인으로의 길을 택했지만, 류성룡은 이순신의 타고난 기질과 용맹, 성품을 간파했고, 그를 임란이 발발하기 바로 前 전라좌수사의 직책에 앉힘으로써 왜군을 물리치고 조선을 구하는 결정적 발판을 마련하게 되었던 것이다.26) 또한 권율을 파격적으로 발탁했고, 문벌세력이 없는 신충원과 같은 사람이 공을 세우자 절도사로 발탁하기도 했다. 서애는 인재라면 "서얼이나 공사천, 장사꾼, 졸병을 막론하고 신분의 구분 없이 서용해야 한다"고 주장했던 것이다.27)

　인재 발굴과 등용에는 능력과 성품이 고려되기도 하지만 충성심과 친밀성, 지연, 학연, 혈연 등의 연고성이 개입되고 이를 피하기가 어렵다. 적재적소, 분수, 各得其所의 원리에 따른 인재등용을 막는 것은 무엇보다도 연고주의이다. 연고주의에 기초한 인재등용이 반드시 나쁜 결과를 나타내는 것은 아니지만, 무적격자와 무절차 등용의 연고주의는 경계되어야 함이 물론이다.28)

---

26) 사실상 7품계를 뛰어넘은 파격적 인사였다. 그 인사에 대한 이야기를 『징비록』에서는 상세히 소개하고 있다. 『징비록』, 44~45쪽.
27) 이성무 외, 앞의 책, 2008, 147쪽.
28) 인재등용은 조직 목표달성의 성패를 좌우한다고 할 만큼 핵심적 사안으로

최근 한국사회의 정치권은 인사파탄이란 말이 있을 정도로 무적격 인사 논란이 빈번히 발생하고 있다. 대기업의 관행도 예외가 아니다. '오너' 일가의 무조건적 경영승계는 종종 무자격자의 논란을 자아내고 있다.[29] 한국사회 전반에 걸친 가족, 족벌, 파벌, 파당, 등에 기초한 인재등용의 폐습이 여전히 작용하고 있다. 이른바 '낙하산 인사'라고 불리는 등용, 특히 전문지식이 요구되는 국공기업이나 연구기관에서조차 논공행상식의 인사가 횡행하고 있다.

낙하산 인사와 함께 최근 한국사회의 '積弊'로 지목되고 있는 "관피아, 정피아" 등의 연고주의적 인맥 교환도 큰 문제가 되고 있음을 두말할 나위 없다. 물론 인적 자원의 활용이라는 측면도 간과할 수 없지만, 견제와 긴장, 통제와 감시의 관계에 있어야 할 당사자들이 서로 긴밀한 폐쇄적 네트워크를 형성하면서 이권을 주고받는 시스템은 필히 개선되어야 한다. 이런 시스템 속에서는 부정과 부패가 관행처럼 확산되기 마련이다.[30]

연고주의적인 정파적 이해관계와 파벌에 얽매이지 않고 인재발굴과 등용을 수행했던 류성룡의 리더십은 오늘날 한국사회에 각별한 메시지를 전달해 주고 있는 것이다.

서, 조선시대 역시 인재등용에 대한 논의가 끊이지 않았다. 조선 시대 이율곡 등이 군주에게 올린 상소에는 항상 제도개혁과 함께 인재등용의 문제가 거론되고 있었다.

29) 기업이 이른바 가신문화와 황제 경영 같은 전근대적 조직문화도 불식되어야 한다.

30) 최근 방위산업뿐 아니라 원자력 발전소에서의 부패는 폐쇄된 조직 시스템과 패거리 인적교류로 인해 발생한 것들이다. 또한 편법을 통한 검사의 청와대 파견 역시 인재등용에서의 폐단이다.

IV. 熱情

1. 無私心의 정신과 공적인간

사회나 국가, 집단의 리더가 갖추어야 할 리더십 중의 하나는
개인의 사욕을 조직의 발전에 비추어 최대한 절제해야 한다는 것이
다. 동양사상에서 중요한 덕목은 '절제의 도'이다, 공부와 수련을
통해 자신의 욕망을 극복하고 공공의 도 즉, 예로 돌아가는 것을
'克己復禮'라 하였다. 물론 이런 절제의 태도는 동양사상에서만 중요
한 것은 아니다. 아리스토텔레스와 같은 서양의 철학자들도 일찍이
절제의 덕목을 강조했다. 절제는 '過猶不及'이라는 중용의 가치와도
상통한다. 그러나 중용은 단순히 양적 평균값을 의미하는 것이
아니다. 중용은 "지극한 道를 지속시킨다는 의미, 즉, 올바른 덕의
가치를 변하지 않고 유지한다는 뜻을 가지고 있다." 중용의 중은
極이고, 용은 常으로 평범하다는 뜻이며 그렇기에 바뀌지 않는 가치
란 뜻으로, 중용은 평범하기 때문에 "바뀌지 않는 최선의 가치,
즉 보편적 가치"를 말한다.[31] 그리고 그 행동방식은 정성을 다하는
것, 지극함, 진실로 다하는 것, 誠이다. 성은 뜻을 다하여 이루고자
하는 진지하고도 순수한 열정을 말한다. 그 안에는 진지하게 마음을
다한다는 의미의 '충'이 서려있다.

자신의 사욕을 불식시키고 욕망을 절제한다는 덕목은 리더십이
조직이나 사회, 국가의 공적 영역에서 발휘된다는 점에서 중요하다.
공적인 것, 즉 공공성은 오늘날 '사회적인 것(the social)'을 의미하기

---

31) 『大學·中庸』, 이세동 옮김, 을유문화사, 2011, 33쪽. 옮긴이의 말에서 따옴.

도 하고, '공통체(the common)적인 것'을 의미하기도 한다. 공공의 영역은 개개인의 절제된 욕망이 타자와의 관계성 속에서 인정을 받는 공간이며, 타자와의 약속과 합의가 실행되는 신뢰의 장이기도 하다. 이 공공성에 개인의 권력욕, 물욕, 명예욕이 개입되게 되면, 특히 권력을 행사하는 지위의 리더가 그렇다면 공공성의 성격은 훼손되고 만다. 오늘날 부패가 만연한 후진국의 악순환은 특정한 리더의 지위에 있는 사람들이 공공성보다 개인의 욕망을 채우려 하기 때문에 발생한다. 국가권력을 지닌 개인들이 자신의 욕망을 공공집단주의에 침윤시키는 행위가 곧 전체주의적 횡포이다.

인간은 자신의 욕망을 실현하고자 하는 존재로서 '욕망실현의 욕구'가 사회발전의 원동력이 되어 왔다는 사실을 숨길 수 없다. 인간 외의 동물은 순간적인 욕망을 실현하고 나면 휴식을 취하는 반면 인간은 더 큰 욕망을 만들고 그 욕망을 완수하기 위해 기술을 발전시킨다.[32] 조직의 리더 역시 지위와 평판, 목표달성 등 개인의 욕망을 가질 수 있다. 문제는 이 개인의 욕망이 어떻게 공공의 영역(조직, 사회, 국가)의 발전 원동력으로 '인정'될 것인가, 즉, 공적 집단을 움직이는 공적욕망으로 어떻게 전환될 것인가, 그리고 그 공적욕망이 보편적인 공적도덕으로서 인정받을 수 있는가 하는 것이다.

私心은 개인의 욕망을 만족시키려는 동기로서, 개인의 권력, 부, 명예를 위해 공적 집단의 자원을 남용하고 유용하려는 경향이 있다.

---

32) 원숭이는 배가 고프면 배고픔의 욕망을 달래기 위해 사과나무의 열매를 따먹는데 그치지만 인간은 더 많은, 더 맛있는 사과를 생산해 내기 위해 고안을 한다.

유교이념은 바로 이러한 사심을 경계하는 훈계들로 가득 차 있다. 학문의 목적은 벼슬이나 출세를 하기 위함이 아니라 도를 익히는 것이며, 개인의 공명심을 추구하는 것은 군자의 학문하는 태도가 아니라고 말한다(爲人之學과 爲己之學). 한마디로 無사심의 자세로 '公'에 임하는 것이 집단 리더가 지녀야 할 가장 근본적 태도이다.

유교국가에서의 公은 근대국민국가의 형성과정에서 출현하는 사회적 물리적 공적 공간과는 다소 다른 개념을 가지고 있다. 사회적 공간으로서의 공적 영역은 개인적인 사적 행위 공간(예를 들면 가족이나 일차집단의 공간들로서 사랑, 친밀성 등의 감정이 주를 이루는 영역이다)과는 달리, 개인들 간의 약속이나 기대, 계약 등의 관계, 즉 도덕이나 규범 등에 의해 규제되고 규율된 행위가 발생하는 곳이다. 오늘날 현대사회에서 공/사의 구분은 바로 이러한 잣대로 이루어진다. 하지만 동양사상에서 公은 단순히 私에 대응하는 행위 양식이 발생하는 공간으로서가 아니라 '도덕'을 의미하는 가치평가적인 대상이다. 즉, 공은 군자가 추구해야 할 도덕적 가치이며 덕이 실현되는 장이고, 道 그 자체이다. 공적 인간이 된다고 하는 것은 유교의 이념을 온 몸으로 체화하여 도덕을 실현하는 존재가 된다는 것이다. 이에 반해 私는 평가절하된 대상들, 예를 들어 인간의 이기심, 절제되지 않은 욕망, 소인, 非道들을 의미한다.[33]

서애 류성룡은 동인을 대표하는 인물이었고, 권력과 공명을 누릴 수 있는 높은 지위에 있었다. 하지만 그는 개인이나 자신이 속한

---

33) 滅私奉公이란 이런 부도덕한 사를 지우고 도를 위해 헌신한다는 자세를 의미한다. 물론 집단주의 사고가 강하게 배태되어 있고, 그 위험성도 존재한다. 유교의 공의 개념에 대해서는 나종석, 박영도 외, 『유교적 공공성과 타자』, 서울 : 혜안, 2014 참조.

집단의 당파적 이해관계를 떨치고 나라와 백성의 평안을 위해 노력하는 자세를 가졌고, 전쟁기에는 아예 자신의 권위와 자존심을 바닥에 내려놓고 인내와 멸사봉공의 자세로 임했다. 이러한 멸사봉공의 리더십은 곧 소의가 아닌 대의의 정치를 지향하게 하는 동력이었다.

2. 大義의 정치

서애 류성룡은 재상으로서 군주에 대한 '충'의 가치를 누구보다 잘 알고 있었고 몸소 실천하고 있었지만, 군주의 왕권보호를 넘어서 백성과 나라를 지켜야 한다고 믿었다. 물론 당시에는 왕조와 국가의 구분이 없었지만 그는 나라의 주인이 백성이라는 민본의 신념을 굳게 가지고 있었다. 임진왜란기 왜군이 개성을 점령하고, 평양으로 진격해 올 즈음 선조는 요동에 망명하여 임시정권을 세우고자 하였으나 서애는 이를 극구 말리고 있었다. 조선이라는 나라가 소멸될 것을 두려워했던 것이다. 그는 훈련도감을 설치하고 면천제를 도입, 양반이나 노비 등의 신분에 구애되지 않고 병사를 모집하기 위한 제도개혁을 도입했으며, 대동법의 전신이라 할 수 있는 세제개혁을 실시하여 당시 양반 기득권층으로부터 심한 반대에 부딪히기도 했다. 그 역시 양반 기득권층에 속하였지만 그는 과감하게 나라를 위한 개혁을 실시했던 것이다.

권력자에 대한 충을 小義라 한다면 나라에의 충을 大義라 할 것이며, 자기가 속한 당파나 집단의 이념과 이해관계에 충을 다하는 것이 소의라 한다면 자신의 당파나 진영의 이해관계를 넘어 공공선을 추구하는 것을 대의라 할 것이다. 동인의 영수이며 재상으로서 서애 역시 군주와 자신이 속했던 당파의 이해로부터 온전히 자유로울 수는 없었을 것이다. 그러나 서애는 대의를 따르려 했다. 그는 당리당략을 떠나 재능 있는 인물을 요직에 등용했으며, 군주의 왕위 보전에 앞서 나라의 안위를 먼저 걱정했다.[34]

3. 책임윤리

무사심의 정신은 오늘날 직업윤리와도 상응한다. 직업윤리란 자신이 맡은 업무나 직업을 단순한 가족의 생계유지나 개인 욕망을 채우기 위한 수단으로서가 아니라 '소명의식'을 가지고 몰입하는 태도이다. 소명의식은 직업이나 업무에 대한 신념과 책임의식을 동반한다.[35] 직분을 다하고 책임을 지려는 의식이 열정이다. 열정은 역할완수를 통해 자신의 사회적 존재를 타자로부터 인정받고, 타자와 함께 공공의 안녕을 도모하려는 욕망이다. 소임에 대한 열정이 없으면 직분의 몰입은 있을 수 없고, 직분에 대한 몰입이 없으면

---

34) 또한 그는 31세 젊은 나이에 홍문관의 修撰에 임명되었을 때 서인들과의 붕당에 대한 논쟁에서 다음과 같이 말하고 있다. 이 논쟁은 영의정이었던 이준경이 선조에게 붕당의 사당을 깨트려 없앨 것을 유차(유서)로 남기자, 이율곡이 이준경을 비난하면서 서인들이 그의 삭탈관직을 요청한 사건이 있었다. 정철이 갑자기 성을 내면서 "그대는 利害를 돌아보지 않는가?"하므로 서애가 이렇게 말하였다. "내 한 몸의 이해는 진실로 돌아볼 수가 없지마는 나라의 이해는 또한 돌아보지 않을 수가 있겠는가. 지금 만약 이준경의 관작을 삭탈할 것을 주청한다면 나는 나라의 체통에 해로움이 있을 것을 두려워하고 있소."(이재호 역, 앞의 책, 2005, 47쪽).

35) 막스 베버의 직업윤리에 대한 논의를 참고할 것.

직업윤리는 찾아보기 힘들다.

오늘날 많은 직업이 존재하고, 이 직업군을 이끄는 리더의 자리는 많다. 예컨대 관료나 정치인, 전문가 집단, 조직의 장 급들 등의 직책을 맡고 있는 리더들은 많지만 직분을 다하려는 열정은 찾아보기 힘들다. 소임에 대한 열정이 없으면 파편화되고 이기주의적인 개인의 욕망만이 존재할 뿐이고, 리더는 자신의 안위를 위해 조직의 공공자원을 남용하거나 자신의 보신을 위해 腹肢不動에 급급할 뿐이다.

열정은 또한 책임의식을 동반한다. 소임을 수행한 결과에 대해 책임을 질 수 있는, 질 줄 아는 책임윤리는 소임에 대한 열정으로부터 나온다. 자신의 행동 결과에 대해 평가와 판단, 보상과 처벌을 기꺼이 수용하는 의식으로서의 책임윤리가 오늘날 현대 사회에서 리더들에게 절실히 요청되고 있다.

서애 류성룡은 전쟁 후 권력의 직분에 연연하지 않았고 남을 탓하기 전 스스로 책임을 지려 했다. 『징비록』의 서문에는 전쟁을 막지 못하고 백성을 참혹하게 만든 책임을 자신에게 지우려는 태도가 잘 묘사되고 있다.

나와 같이 보잘 것 없는 사람이 어지러운 시기에 나라의 중대한 책임을 맡아서 위태로운 판국을 바로잡지도 못하고, 넘어지는 형세를 붙들어 일으키지도 못했으니, 그 죄는 죽어도 용서받을 수가 없을 것이다. … 근심하고 두려워하는 마음이 조금 진정되어 지난 날의 일을 생각하니 그때마다 황송하고 부끄러워 容身할 수가 없다. 비록 보잘 것 없지만 모두 그 당시의 事蹟이므로 버리지 말고 두어서 이것으로 내가 시골에 살면서도 성심으로 나라에 충성하고자 하는 나의 간절한 뜻을 나타내고, 또 어리석은 신하가 나라에 보답하지 못한 죄를 나타내도록 할 것이다.[36]

책임윤리는 또한 자리에 연연하지 않는 모습을 보이는 것이다. 그는 유학에서 말하는 '進退'의 순간을 누구보다 잘 알았다. 서애 류성룡은 동인의 수장이었고 고위 관료였지만 당파나 사적인 권력에 사로잡히지 않았다. 그는 그가 서야할 곳과 나아갈 때, 물러나야 할 곳과 때를 잘 알았으며, 파직 후에는 선조의 부름에도 응하지 않음으로써 자신의 신조를 굳게 지키기도 하였다. 유교는 장부가 벼슬에 올라(出世) 자신의 뜻을 올바로 펼치는 것을 정당하게 보고 있다. 그러나 한편 나가야 할 때와 물러나야 할 때를 살피고 실행하는 '진퇴'의 덕을 갖추어야 한다고 보았다.

그는 권력을 잡기 위해 아첨과 술수를 쓰지 않았고, 자리에 미련을 두지 않았으며 초심을 잃지 않으려 하였다.[37]

---

36) 『懲毖錄』, 14쪽.
37) 『선조실록』과 『선조수정실록』에는 류성룡에 대한 평가가 매우 부정적이다. 예를 들어 『선조수정실록』에는 "…국량이 협소하고 지론이 넓지 못하여 붕당에 대한 마음을 떨쳐버리지 못한 나머지 조금이라도 자기와 의견을 달리하면 조정에 용납하지 않았고, 임금이 득실을 거론하면 감히 대항해서 바른대로 고하지 못하여 대신다운 풍절이 없었다. … 무술년에 주화하여 나라를 그르치고 辨誣의 使行을 피했다는 이유로 탄핵을 받고 떠나게 되었는데."(『선조수정실록』, 도현철, 앞의 글, 2014, 9쪽에서 재인용). 하지만 이는 임란 이후 세력을 잡은 북인이나 서인들이 의도적으로 동인의 수장이었던 류성룡을 폄하하기 위한 것으로 보인다. 또한 전란의 책임을 선조가 아닌 누군가에게 전가해야 했을 당시 권력자 층의 필요에 의해 희생양으로 지목되었을 가능성도 크다.

그렇다면 이 열정은 어디에서 비롯되는가? 앞서도 잠깐 말했지만 열정은 진지함과 다함(盡), 애씀, 진실을 다하려는 마음 즉, 誠으로부터 나온다. 열정은 무책임하고 방만한 감정의 남용, 이성적 판단과 합리성을 그르치는 과잉 감정이 아니다. 열정은 사적 욕망을 절제시킨 진지함이며 無사심의 정신과도 상통하는 것이다.

V. 더 많은 논의를 위하여

오늘날 다양한 이해관계를 지닌 집단들이 전세계적으로 무한경쟁을 벌이고 있는 이른바 新다원주의 시대에서 서애 류성룡이 보여주었던 리더십은 많은 시사점을 던져주고 있다. 특히 글로벌시대의 동아시의 판도는 그 누구도 예측할 수 없을 만큼 급변하고 있다. 중국의 급부상은 전 세계의 정치, 경제, 문화 등의 재편을 알리고 있으며, 일본의 우경화와 함께 한반도를 둘러싼 긴장과 갈등이 어느 때보다 높아지고 있다. 시공간 압축성장을 경험한 한국사회는 '半極化' 사회로 묘사될 만큼 다양한 갈등들이 첨예하게 부딪히고 있다. 집단 간, 세대 간, 지역 간 갈등은 물론 이념 간의 대립이 여전히 개인과 집단들 간의 증오와 반감, 불신과 반목을 빚어내고 있다. 대형사고와 사건은 물론 경제침체, 실업, 비정규직 확산 등 시장의 불안 등 제도적 위험이 우리 삶을 더욱 '불안'하게 만들고 있다. 이런 갈등들을 통합하고 제도화시킬 수 있는 리더십이 그 어느 때보다도 절실히 요청되고 있는 것이다.

나라의 존망이 걸린 극단적인 위험상황에서 보여준 서애 리더십

은 오늘의 갈등 시대를 살아가는 우리에게 많은 것을 성찰하게
해 주고 있다. 당대 서애 류성룡은 퇴계의 뒤를 잇는 유학자이며
동시에 정치인이었다. 그는 성리학에 능통하였을 뿐 아니라 양명학,
불교 등에 대해서도 해박한 지식과 함께 이를 비판적으로 수용하기
도 했던 것으로 평가받고 있다. 그는 국가의 업무를 총괄하는 재상으
로서 전란의 위기상황을 수습해간 정치인이기도 했다. 그의 리더십
은 한마디로 소통과 화합의 추구, 명분과 실리의 조합, 그리고 탁월
한 인재발굴 등으로 요약해 볼 수 있다.

그런데 오늘날 리더십 논의는 특정한 영웅적 행위자보다는 제도
화된 리더십 혹은 시스템화된 리더십 등에 주목하는 경향이 있다.
복합적 현대사회를 통합하고 목표달성을 하기 위한 역량을 상대적
으로 단순한 사회를 이끌었던 몇몇 영웅적 개인의 역량으로 대체하
기에는 많은 무리가 따른다. 즉 맥락성의 차이가 존재한다. 나는
서애 류성룡의 리더십을 제도적 차원의 리더십에 대한 논의로 좀
더 확장해 보고자 한다. 하나는 1) 시민정신으로서의 리더십으로
시민 개개인이 '리더'라는 사고로 확장될 필요 2) 두 번째는 협치형
(거버넌스) 리더십으로서 다양한 집단, 즉 기업, 종교, 학교, 시민단
체, 지자체, 결사체, 정부 등이 사회연대를 통해 통치하는 리더십
시스템이다.

첫째, 리더십은 특정한 리더 개개인에게만 요청되는 것이 아니라
현대 시민사회에서 우리 모두에게 요구되는 시민정신이기도 하다.
현대사회는 시민들 모두가 리더이며 영웅이다. 시민들 하나하나가
시대의 주체로서 살아가기 위해서는 무엇보다도 그들이 시민정신
(citizenship)으로 무장되어야 한다. 시민정신은 간단히 말해 자율성

과 책임성을 의미한다. 그리고 타자와의 관계성을 성찰하는 공공성의 담지자들이다. 이러한 시민들이 나태해지고, 게을러질 때, 무관심과 이기주의에 물들 때, 시니시즘과 책임회피주의에 젖어들 때 사회는 병들기 마련이다.

한편 시민들이 합리적이고 자유로운 의사소통을 통해서 즉, 협의의 과정을 통해 잠정적 합의에 이를 때, 자율적이고 책임을 질 줄 아는 시민들이 상호 성찰적 교감을 이룰 때 성숙한 시민사회가 형성된다. 이러한 사회에서 사회자본이라고 명명할 만한 신뢰와 공감이 발생한다. 개방적이고 자율적이면서 책임성 있는 시민들의 소통과 화합, 신뢰와 공감으로 다져진 사회가 성숙하고 발전된 사회이다. 신뢰와 소통과 화합의 리더십은 오늘날 우리에게 요청되는 시민정신(citizenship)의 골자이기도 하다. 비단 서애의 리더십뿐 아니라 유교이념의 君子論이 오늘날 시민정신과 상통할 수 있는 이유이다.

둘째, 개인형 리더십과 '협치(거버넌스)'형 리더십의 사고이다. 개인의 德, 용기와 지혜, 술수 등 출중한 개인적 자질을 통해 집단의 구성원을 통합하고, 설정한 목표를 실현시키는 리더십을 '카리스마형'이라 부른다. 카리스마란 "초능력이나 절대적 권위, 혹은 대중을 복종시켜 따르게 하는 출중한 자질"을 뜻하는 말로서, 베버(Weber)는 일찍이 권위의 정당성을 도출시키는 지배의 한 유형으로 주목한 바 있다. 개인의 출중한 역량에 의해 발휘되는 카리스마형 리더십은 일반적으로 집단이나 사회가 위기상황에 처해 있을 때 즉, 전시상황이라든가, 사회갈등이 첨예화된 상황에서 통합이 요구될 때, 식민지로부터 해방 후 신생 국민국가가 형성되는 과정에서 나타나며 카리스마 리더십의 소유자는 가끔 '영웅'이란 칭호를 얻는다.

　카리스마형 리더십은 시간이 지나 상황이 변하면 쇠퇴하거나 제도화되는 경향이 있다. 현대 사회에서 관심을 받고 있는 리더십은 제도화된 통로를 통해 조직이나 사회 개개 구성원들의 협력과 합의를 도출하려는 '구조형 리더십'이다. 카리스마형 리더십이 가부장적 권위주의 특징을 갖고 있다면 구조화된 리더십은 성원들의 의사소통과 협의 및 합의에 기초한다는 점에서 민주주의 원리를 가지고 있다.

　혼란한 국제질서와 경제 불안정 등으로 강력한 카리스마적 리더십이 갈망되기도 하지만 복잡한 현대사회는 카리스마형의 리더십이 발현되기가 어렵다. 현대의 복합 다원사회에서는 수직적이고 위계적이며 가부장적인 통치 리더십보다는 다양한 조직이나 집단들의 수평적이고 유기적인 상호연관을 통해 통치권이 발현되는 '協治(거버넌스)'의 리더십이 요구되고 있다.

　간단히 말해 협치 리더십의 속성은 '조정(steering), 조율(coordination), 조절(regulation)'이다. 조정이란 집단(사회)의 나아갈 바, 즉 목표를 설정하고 이에 대한 현실가능한 방향성(direction)을 설정하는 것이다. 배가 산으로 가지 않도록, 배를 경로에 맞게 조정하는 것과 마찬가지이다. 집단의 경로는 사회적 합의와 협의에 바탕을 두어야 한다. 집단의 경로를 결정하는 이념은 사회정의와 결합하는가, 사회구성원들의 협의와 합의를 거치고 있는가 등 민주주의의 원칙과 사회정의에 대한 윤리적인 평가를 받아야 한다.

　조율은 현대의 복합사회에서 다양한 물질적, 정신적 이해관계를 지닌 개인, 집단들 간에 발생하는 갈등을 적절하게 해소하는 과정이다. 현대는 다원사회이며, 다원사회는 글자 그대로 구조적 분화와 함께 이해관계의 중심이 다양해진 복합사회를 말한다. 다원사회는 하나의 이데올로기와 이해관계로 다양성을 수렴시키려는, 그것도 위력을 사용하여 강제적으로 통합시키고 배제하는 전체주의 사회와 다르다. 거버넌스의 조율기능은 바로 이러한 다양성 속에서 가능한 한 모두가 잠정적으로 동의할 수 있는 공통분모로서의 접합지점을 찾는 리더십의 한 속성이다.

조절은 다양한 집단이나 사회의 구성원들 간에 적절한 합의가 이루어지지 않을 때 개입을 통해 갈등을 해소하고, 개혁을 추진해 나가는 보다 적극적인 과정이다. 누가, 어떤 식으로 개입할 것인가에 대해서는 맥락에 따라 다양하지만, 현대 국민국가에서 개입의 주체는 '정부'이다. 국가의 핵심장치인 정부는 독점적으로 폭력을 이용할 수 있는 정당성을 부여받은 집단이다. 그러나 정부의 개입은 '개입의 한계'라는 원칙을 준수했을 때 그 정당성이 인정된다. 즉, 그 조절을 위한 정부의 폭력수행이 아무리 정당하다 하더라도 매우 제한적이어야 한다는 것이다.[38]

조정, 조율, 조절의 측면에서 본다면 조정은 집단이나 조직, 국가의 기본 이념인 國是나 사회정책의 철학적 기초를 세우는 일일 것이고, 조율은 공감, 소통을 통해 다양한 이해관계를 지닌 집단의 화합을 도모하는 일일 것이며, 조절은 다양한 정책을 수행하고, 자원동원을 가능하게 하는 능력을 의미할 것이다.

---

38) 예컨대 헌법에 보장된 개인 혹은 집단의 자유와 권리를 공공의 안녕과 질서를 위해 제한할 때 그 제한은 매우 '제한'적이어야 한다. 모든 국가의 개입은 기본적으로 헌법적 가치를 훼손할 수 없다.

당시 서애가 남겨준 리더십은 현대사회에서 보다 다양한 방향으로 확장될 필요가 있다. 그러나 무엇보다도 서애의 리더십을 통해 배울 수 있는 덕목은 '열정'이다, 이 열정은 개인의 욕망, 나의 자존심, 나의 앞날을 걱정하고 계산하는 자기애를 死滅시키고 오로지 나라와 백성을 구하겠다는 공인정신으로 나타났다. 열정은 자신의 사리사욕에 집착하는 집요함이나, 아집과 주관에 빠져 자신의 행위를 객관화하지 못하는 방만하고도 과잉화된 감정과는 다른 것이다. 열정은 성의와 진정을 다하는 정신이다. 때로는 차가운 열정도 존재한다.

서애 류성룡은 나라의 안위를 위한 열정으로 일생을 보냈다. 그의 열정은 국난을 극복하고, 관료와 지식인으로서 막중한 책임을 다하고 그 결과에 책임을 지려는 리더십으로 드러났다. 나는 오늘날 한국사회를 이끌어 나가는 주요 엘리트들이 가장 결여한 것이 바로 이 열정이라 본다. 특히 정치인, 고위 행정관료는 물론이려니와 전문가 집단(교수, 언론인, 의사, 변호사 등)의 엘리트 집단, 기업인들에게서 직업소명의식으로서의 열정, 無사심 정신으로서의 열정을 찾아보기 힘들다.39)

일찍이 베버는 도구적 합리성의 증대와 함께 열정이 사라진 독일 근대국민국가의 관료제 사회를 매서운 눈으로 바라본 바 있다. 정치인과 관료들이 직분의 수행에 대한 열정이 사라질 때, 즉, 공인으로서의 진지함과 진정성이 사라질 때 국가와 조직의 번영은 기대

---

39) 왜 그럴까? 왜 열정이 사라졌는가? 어떤 열정이 필요한 것인가? 냉철함은 열정이 아닌가? 이 이유들을 밝히는 것이야 말로 사회변동에 대한 사회학적 과제이다. 세대의 차이, 정치의 시장화와 관료제화, 사고와 행위유형의 표준화, 규격화와 무관심 등 여러 측면에서 볼 수 있을 것이다.

할 수 없다. 그들뿐 아니라 각 사회의 시민들이 스스로의 책임을 다하려는 열정이 사라질 때 이 사회는 이기주의에 의해 파편화될 수밖에 없다.

열정은 맡은 바 직업이나 소임에 대한 몰입과 책임의식을 동반한다. 열정은 개인에게는 삶의 에너지이고, 사회를 동적으로 움직이게 하는 힘이다. 무관심과 나태함과 책임회피와 시니시즘과 이기심에 물든 오늘날 현대사회에 열정을 다 바쳐 살았던 서애의 생애와 그의 리더십은 많은 의미를 전해주고 있다. 우리의 자손들이 당해서는 안 될 불행을 막기 위해 우리들의 잘못을 뉘우치고 기억하기 위한 『징비록』을 다시 쓸 수는 없지 않은가?

참고문헌

김상준, 『맹자의 땀, 성왕의 피』, 서울 : 아카넷, 2011.
김종식, 「공자와 리더십」, 『한국행정사학지』 12, 2003.
김홍회, 「21세기를 위한 지도성 모델 : 발전적 지도성」, 한국행정학회 춘계학술
　　　대회, 1999. 3.
나종석, 박영도 외, 『유교적 공공성과 타자』, 서울 : 혜안, 2014.
도현철, 「류성룡의 생애와 조선시대의 평가」, 연세대학교 서애 류성룡 연구사업
　　　단 학술대회 발표문, 2014.
류성룡, 류명희·안유호 역, 『국역 류성룡 시Ⅱ』, 서애선생기념사업회, 2014.
류성룡, 이재호 역, 『懲毖錄』, 고양 : 위즈덤하우스, 2007.
맹자, 우재호 역, 『孟子』, 서울 : 을유문화사, 2007.
문재윤, 「조선조 왕가의 군주리더십 — 왕가 가법을 중심으로」, 『대한정치학회

보』 11(2), 2003.

배병삼, 「조선시대 정치적 리더십론 : 수기치인과 무위이치론을 중심으로」, 『한국정치학회보』 31(4), 1997.

西厓先生紀念事業會, 『西厓 柳成龍의 經世思想과 救國政策』(上·下), 서울 : 책보 출판사, 2005.

송복, 「한국적 리더십의 특질 : 강유(剛柔)와 덕능(德能)의 이중성 세계」, 『한국 논단』 153, 2002.

송복, 『위대한 만남 : 서애 류성룡』, 서울 : 지식마당, 2007.

연세대학교 서애학술연구단, 『서애 류성룡의 학문과 계승』, 서울 : 혜안, 2015.

오문환, 「율곡의 '군자'관과 그 정치철학적 의미」, 『한국정치학회보』 30(2), 1996.

이남영, 「율곡의 수기치인론」, 『율곡사상연구』 1, 1994.

이덕일, 『류성룡 : 난세의 혁신 리더』, 고양시 : 위즈덤하우스, 2012.

이명석, 「거버넌스의 개념화 : '사회적 조정'으로서의 거버넌스」, 『한국행정학 보』 36(4), 2002.

이성무, 이태진, 정만조, 이헌창, 『류성룡과 임진왜란』, 파주 : 태학사, 2008.

이창원, 박희봉, 「리더십 유형이 조직효과성에 미치는 영향에 있어 집단효능감 의 매개역할 : 한국과 뉴질랜드 단체장 리더십의 비교」, 『한국정책과학 회보』 9(4), 2005.

이해영, 「정책리더십의 실체와 정책리더의 수신론」, 『한국정책논집』 2, 2002.

이해영, 「정책리더십의 접근방법으로 자정모형의 가능성탐색」, 『한국정치학 회보』 39(2), 2005.

장숙필, 「유교적 이상과 개혁」, 2002 ; 한국사상사연구회, 『조선유학의 개념들』, 서울 : 예문서원, 2009.

정인재, 황경식, 「군자와 시민」, 『철학연구』 37, 1995.

주자, 여조겸, 이범학 역, 『近思錄』, 서울 : 서울대학교출판부, 2004.

최연식, 『조선의 지식계보학 : 조선은 어떻게 지식인의 나라가 되었나?』, 서 울 : 옥당, 2015.

한국사상사연구회, 『조선유학의 개념들』, 서울 : 예문서원, 2009.

Conger Jay A., *"The Charismatic Leader: Behind the Mystique of Exceptional Leadership"*, California: Jossey-Bass, 1989.

Dreher Diane, *"The TAO of Personal Leadership"*, New York: HarperBusiness, 1996.

Gardner John W., *"The Antileadership Vaccine"*, William E. Rosenbach and Robery L. Taylor, eds. "Contemporary Issues in Leadership", 239-246. Boulder: Westview Press, 1998.

Kellerman Barbara, *"Reinventing Leadership"*, New York: State University of New York Press, 1999.

백기복

서애 류성룡의 경영사상
전략적 주도사상

Ⅰ. 들어가면서

경영학은 시간, 공간, 학문의 경계를 초월하여 효과적 경영에 도움이 될 수 있는 지혜를 찾는다. 시간의 경계를 넘어, 챈들러(Chandler, 1962)는 다양한 역사적 기록들에 대한 치밀한 분석을 바탕으로 오늘날 경영전략의 모토가 되고 있는 "구조는 전략을 따른다(Structure follows strategy)"는 명제를 이끌어냈으며, 홉스테드(Hofstede, 1980)는 공간을 가로질러 50개 국가의 문화비교를 통해서 국가의 문화가치가 경영에 미치는 영향을 밝혔다. 학문경계를 초월하는 차원에서는, 물리학의 복잡계이론을 차용하여 경영현상을 이해하는 틀을 제시하기도 하였으며(예 : Nonaka, 1991), 다윈의 진화론 입장에서 기업의 생존과 소멸을 설명하기도 한다(Barney, 2002).

시간을 초월하여 역사로부터 경영의 지혜를 얻는 것은 공간이나 학문경계를 넘나드는 것과는 다른 특징을 갖는다. 역사는, 내용이 풍부할 뿐 아니라 이미 종결된 史實을 다루기 때문에 사건의 전말을 추론하기 용이하며, 경영의 소재가 되는 인적, 물적, 상황적 요인들

　* 본 연구는 (사)서애선생기념사업회의 연구비 지원에 의해 수행되었음.
　** 본 논문은 국민대학교 경영연구소 발간 북악경영연구(백기복, 「서애 류성룡의 경영사상 : 전략적 주도사상」, 『북악경영연구』 23, 2015, 61~83쪽)에 실렸던 것을 해당 연구소의 허락을 받아 재게재함.

을 동시에 고려하여 종합적으로 판단할 수 있게 한다. 역사에 기록된, 전쟁과 평화, 풍요와 빈곤, 갈등과 타협 등 다양한 내용들은 오늘날의 기업경영을 비춰볼 수 있는 거울의 기능을 할 수 있다고 본다.

이러한 관점에서 본고는 임진왜란의 全과정을 주관했던 西厓 柳成龍(1542~1607)을 분석하여 현대경영에 필요한 경영사상을 도출하는 것을 연구목적으로 한다. 류성룡은 임진왜란이라는 절체절명의 위기상황에서 난의 발발에서 종식에 이르는 모든 과정 동안 당시의 국가 최고 통치자 선조를 가장 가까운 곳에서 지켜보고 조언하고 결정을 내렸던 인물이었기 때문에 국가경영의 요체를 잘 보여줄 수 있는 인물이라고 봤다.

한 역사적 인물을 학술적으로 분석할 때는 다양한 관점을 취할 수 있다. 업적의 위대성을 부각시킬 수도 있고, 삶의 특이성이나 행위와 사건의 교훈적인 측면을 강조할 수도 있다. 본고에서는 오늘날의 조직경영에 지침이 될 수 있는 경영사상(management thoughts)의 발굴에 초점을 맞췄다. 개인의 행동은 생각의 산물이며, 조직의 집단적 행동성향은 공유된 경영사상의 종속변수라고 보았기 때문이다. 관점을 더 넓히면, 역사는 나라경영을 어떻게 해야 하는가를 둘러싼 여러 "(나라)경영사상들"의 역동적 상호작용의 결과물이라고 해석할 수도 있을 것이다. 특정 경영사상은 그를 구현하려는 사람의 행동을 통해서 나타나게 되므로 역사적 인물의 행적을 분석하면 어떤 경영사상을 표방했었는지를 추론해 낼 수 있다.

II. 경영사상

사상(thoughts)이란 특정 주제에 대한 "생각의 틀"이라고 할 수 있으며, "주의(ism)"로 표현되기도 한다(송복, 2012). 경영사상이란 조직을 경영하는데 대한 생각의 틀이다. 즉 어떻게 조직을 경영해야 효과적인지에 대한 사고체계라고 할 수 있다. 지난 약 1세기 동안 경영학계는 다양한 경영사상들을 개발하였다. 학자가 개발한 경영사상도 있고 기업이나 조직을 직접 경영한 경험이 있는 실무자들이 개발한 것들도 있다. 오늘날 경영학계에서 보편적으로 통용되고 있는 몇 가지 경영사상들을 정리하면 아래와 같다.

성과주의 : 기업은 성과를 내야 한다는 경영사상을 말한다. 성과란 매출이나 이익 등과 같은 재무적 성과를 지칭하기도 하고 시장점유율이나 고객만족 같은 마케팅적 성과나 종업원 수와 같은 조직의 규모를 뜻할 때도 있다(Dess & Robinson, 1984). 조직의 건전성, 잠재력, 생산성, 지속가능성 등의 지표를 가지고 기업의 성과를 평가하기도 한다. 기업이 성과를 중시하는 것은 자본주의의 원리에 따라 매우 자연스러운 현상이다. 하지만 오늘날 성과주의 사상이 문제가 되는 것은 성과를 내기 위해서는 무슨 짓이든 할 수 있다는 '成果至上主義' 때문이다. 특히 경영자가 단기목표에 치중하여 궁극적으로 회사의 설립가치를 훼손시키든가 구성원들의 삶을 피폐케 하는 문제가 심각하게 제기되고 있다(Mayer, 2013).

상황적합화사상 : 다윈의 진화론에서 말하는 적자생존의 원리가 기업사회에도 적용될 수 있다는 논리적 근거에 기초하여 기업생태

계의 상황특성에 적합한 기업은 생존, 번영하고 그렇지 못한 기업들은 쇠퇴한다는 사상을 뜻한다. 이러한 상황적합화사상은 개별기업 수준에서 인력의 배치, 전략이나 구조의 선택, 자원의 분배 등 다양한 경영현상을 설명하는데도 사용된다. 좀 더 적극적으로는 기업경영자는 상황에 맞추려고만 할 것이 아니라 상황을 유리하게 만들어 가야 한다는 논리도 가능하다.

경쟁주의 : 경쟁을 통해서 유능한 인재를 가려낼 수 있다는 사상이다. 경쟁과 협력의 문제는 조직경영에 있어 많은 논란을 불러일으킨 두 축이다. 경영이란 한편에서는 경쟁을 하도록 하고 다른 한편에서는 협력을 독려해야 하는 모순적 구조를 갖는다. 능력에 입각한 경쟁주의는 편애주의, 족벌주의, 연고주의, 서열주의 등을 배격한다. 능력 이외의 다른 기준으로 사람을 채용, 승진, 보상하는 것을 효과적 경영의 적으로 보는 것이다. 과열된 경쟁이 협력을 해칠 수 있고, 당사자들에게 상당한 심리적 압박을 줄 수 있으므로 건설적 경쟁을 유지하는 것이 경영의 관건이다. 또한 경쟁주의는 '시장'개념의 조직차원의 구현방법이라고 해석될 수도 있다.

이해충족사상 : 조직은 여러 이해관계자들의 각축장이므로 경영이란 이들의 이해를 충족시키는 과정이라는 관점이다. 조직을 둘러싼 이해관계자들은 주주, 고객, 종업원, 경영자, 하청업체 등 매우 다양하다. 이들의 이해관계가 서로 상충되는 경우가 많으므로 성공적 경영이란 상충되는 이해를 어떻게 조정하고 충족시키는가에 달려있다고 보는 것이다. 주주이익 극대화, 고객만족, 동반성장, 도덕적 해이 등은 이해관계자들의 욕구들 중에서 누구의 욕구를 우선시 하는가를 나타내는 표현들이라고 볼 수 있다(Lord, 2000).

인본주의 : 자본, 사람, 자산, 정보 등 경영의 중요한 제 요인들 중에서 사람을 가장 중시해야 한다는 사상이다. 특히 조직구성원들을 비용이 아니라 자산으로 보고 자산을 증식시키기 위해서 투자해야 한다는 논리를 편다. 인본주의 사상을 견지하는 기업들은 구성원들을 인격적으로 대하고 남다른 처우를 해주며 역량개발에 힘쓴다. 인본주의 하에서는 회사가 어려워도 해고 등의 노력을 자제하며 회사가 잘 되어 큰 성과를 거뒀을 때는 구성원들과 적절히 과실을 나누는 미덕을 보인다. 또한 성과를 내기 위해서 구성원들을 비상식적으로 몰아붙이는 식의 경영을 자제한다.

이상에서 우리는 몇 가지 경영사상을 조망해 봤다. 이들 이외에도 여러 가지 경영 사상들을 정리해 낼 수 있다. 중요한 것은, 경영자나 구성원들이 어떤 사상을 공유하는가에 따라 결정과 선택이 달라지고 행동과 일처리 방식이 영향을 받게 된다는 사실이다. 우리가 조직경영에 있어 결과에 이르는 길은 다양하다는 '等結果性(equifinality)'의 가설을 견지한다면(Weisbord, 1987), 조직효과성이라는 동일한 목적을 달성하는데 있어 다양한 사상이 활용될 수 있다고 볼 수 있다. 따라서 임진왜란이라는 난세를 극복하는데 핵심적인 역할을 했으며, 수많은 기록물을 남기고 있는 서애 류성룡을 분석하여 오늘날 조직경영자들에게 도움이 될 수 있는 경영사상을 적립하는 것은 시도할만한 가치가 있다고 판단된다.

III. 서애 류성룡의 경영사상

류성룡은 군자다. 당대의 大賢이라 해도 옳다.
그 사람됨을 보고 말하노라면 저도 모르게 心服된다.
(선조, 1585년)

1. 서애 류성룡(1542~1607)의 생애[1]

서애 류성룡은 조선시대 중종 37년 1542년 10월 1일에 경상도 義城縣 沙村里 외가에서 당시 황해도 관찰사였던 안동 豊山 류씨 류중영의 둘째 아들로 태어났다. 어머니는 안동 김씨였으며, 형은 류운룡(1539~1601)이었다. 아버지 류중영은 1540년에 문과에 급제한 후 의주목사, 황해도 관찰사, 예조참의를 거친 강직한 관료였다. 17세 되던 1558년 세종대왕의 다섯째 아들 廣平大君의 5세손인 李坰의 딸과 결혼하였다.

1562년 21세 때, 안동의 도산서원에서 퇴계 이황으로부터 형 운룡 및 金誠一과 함께 주자학의 교과서로 알려진 『近思錄』을 전수받는다. 이때 류성룡은 퇴계선생으로부터 "하늘이 내린 사람(此人天所生也)"이라는 극찬을 받는다. 1564년 23세에는 생원, 진사과에 합격하고, 2년 뒤인 1566년(명종 21)에는 과거시험 문과에 급제하여 문서의 교정과 수정을 보좌하는 종9품의 承文院 權知副正字라는 벼슬자리

---

1) 류성룡, 이재호 번역·감수, 『국역 징비록(懲毖錄)』, (사)서애선생기념사업회, 2009 ; http://navercast.naver.com/contents.nhn?rid=77&contents_id=7677 ; http://terms.naver.com/entry.nhn?docId=946570&cid=49618&categoryId=49618.

에 오른다. 그 후 1569년(선조 2) 28세에는 圖籍(지도와 호적)을 관리하는 정6품의 성균관 典籍으로 승진하고 工曹佐郎을 거쳐 국정 감찰, 기강정립, 풍기문란 단속을 관장하는 정6품 司憲府監察이 되어 聖節使(중국 황제 생일 축하 사신)의 書狀官(사신들의 행동을 기록하여 귀국 후 임금에 보고하는 역할 담당)으로 명나라 燕京에 가게 된다. 이때 명나라 太學生(성균관 유생을 태학생이라 불렀음) 수백 명에게 주관적 관념을 주장하는 명나라 王陽明이나 독서보다 정좌에 의한 우주이치 탐구를 중시한 陣白沙 대비 인간본성에의 복귀를 설파한 薛文淸(薛瑄)이 정통유학의 종주라는 논리를 펴 굴복 시켰으며, 궁중서열에서 儒生이 도사나 승려보다 높다는 점을 정확 히 지적하여 명성을 얻었다.

1570년(선조 3)에 賜暇讀書(학문전념을 위한 휴가)를 얻었고, 궁궐 을 경비하는 장수와 장사들을 관리하는 병조좌랑 겸 홍문관수찬(글 이나 서한을 관장하는 직)으로 임명되었다. 모두 정6품 직이었다. 이때 전 영의정 李浚慶이 생을 마감하면서 올린 상소에서 "붕당의 조짐이 있다"고 한 것을 대신들이 모함하여 그의 관작을 삭탈해야 한다는 주장에 대해서 그 부당함을 항변하여 저지하였다. 1573년 이후 1580년까지는 이조좌랑, 부교리, 이조정랑, 교리, 헌납, 檢詳, 典翰, 부응교, 舍人, 軍器寺正, 司諫, 응교, 直提學, 同副承旨, 吏曹參議, 副提學 등 정3품까지 승진, 임명되었으나 노모봉양을 이유로 계속 사양하든가 사임을 청한다. 1580년(선조 13) 39세 때 선조의 특명으 로 정3품 무관직인 尙州牧使가 되어 노모를 모시면서 임무를 수행하 게 된다.

1581년 40세 되던 해, 홍문관 副提學이 되어 『大學衍義』를 지어 임금에게 올린다. 홍문관 부제학은 궁중의 경서와 역사서적을 관리하고 문서처리, 임금 자문, 經筵官의 역할을 수행하는 직이다. 이때부터 임진왜란이 일어난 류성룡이 51세 되던 1592년까지 정3품 사간원 대사간, 우부승지, 도승지를 거쳐 종2품 대사헌(1582)으로 승진하였고, 종2품의 경상도 관찰사(1583)를 거쳐 정2품 예조판서 겸 同知經筵 春秋館事, 홍문관 대제학(1584), 형조판서 겸 홍문관 대제학, 예문관 대제학, 知經筵春秋館·成均館事(1588), 사헌부 대사간 겸 병조판서, 이조판서(1589), 그리고 정1품의 우의정 겸 이조판서(1590), 좌의정 겸 이조판서(1591) 등의 직책을 맡으면서 승승장구한다. 서애 류성룡은 이 기간 동안, 『皇華集』의 서문 작성, 이언적 선생의 『九經衍義』의 발문작성, 『文山集』의 서문과 『精忠錄』의 발문 등을 지어 임금에게 올린다.

또한 류성룡은 이 기간 동안 많은 일을 겪는다. 1589년에는 貞敬夫人 이씨가 별세하였으며, 1590년 3월에는 황윤길, 김성일 등을 통신사로 倭國에 파견하여 정세를 살펴오게 하였고, 같은 해 5월에는 明의 조정에 잘못 기재된 조선왕조 宗系를 바로잡음으로써 왕실의 계통을 바로잡은 공로를 세운 신하에게 내리는 칭호인 豊原府院君의 칭호를 받는다. 1591년 2월에는 조정의 반대를 무릅쓰고 왜국의 침공조짐을 明 조정에 알리도록 하였으며, 7월에는 전쟁에 대비하여 備邊司에 장수감을 추천하라는 명에 따라, 井邑縣監 李舜臣을 全羅道 左水使에, 刑曹正郎 權慄을 義州牧使에 추천하여 임명토록 하였다. 또한 임진란 내내 논란이 되었던 '制勝方略'의 分軍法 대신에 祖宗朝의 鎭管法을 다시 시행하도록 청하였으나 받아들여지지 않았다.

1592년 4월 임진왜란이 발발한 후 1598년 10월 18일 영의정에서 파직당하는(같은 날 이순신 장군이 전사함) 날까지 6년여 동안 위기의 조선을 구하기 위해서 종횡무진 한다. 1604년 7월『懲毖錄』저술을 마쳤고 공신에 복권된다. 1607년 5월 6일 鄕里에서 운명한다. 그의 부음을 접하여 조정에서는 사흘 동안 공휴일로 정하였으며, 상인들은 나흘 동안 자진하여 撤市하였다.

2. 서애 류성룡의 경영사상

위에서 우리는 서애 류성룡의 일생을 개략적으로 살펴봤다. 하지만 그의 진면목은『징비록』에 잘 나타난다. 그의 자서전에 해당하는 『징비록』에는 임진왜란을 겪으면서 그가 조선의 재상으로서, 또는 책임 있는 선비로서 내렸던 결정과 행동과 존재양식이 구체적 사건별로 자세히 나타나 있다. 아래에 제시된 내용은 류성룡에 관한 여러 서적들[2]을 참고하여 주요한 사건들을 중심으로 그의 경영사상을 현대적으로 해석하여 정리한 것이다.

서애 류성룡의 경영사상은 다음의 〈그림 1〉과 같이 요약될 수 있다.

여기에서 主導思想(proactivism)이란, '스스로 설계하여 구현하는 정신'을 의미하며, 독립적, 계획적, 변화지향적 특징을 갖는다. 또한 시간적으로 주도사상은 사건이 일어나고 나서 대응하는(reactive) 사후적 조치보다는 事前 예방과 환경을 자신에 유리하게 만들어

---

2) 류성룡, 이재호 번역·감수, 앞의 책, 2009 ; 이덕일,『난세의 혁신리더 : 유성룡』, 역사의 아침, 2012 ; 류성룡, 김시덕 역해,『교감/해설 징비록 : 한국의 고전에서 동아시아의 고전으로』, 아카넷, 2013.

가는 보다 적극적인 時空 설계를 포함한다. 주도사상을 갖는 사람은
남에게 의존하여 안위를 취하지 않으며, 자신의 미래를 운명이나
우연에 맡기지 않고, 생각없이(mindless) 상황에 이끌려 다니지 않는
다는 차원에서 독립적, 자주적이라고 할 수 있다. 주도적 인간은
또한 다양한 정보를 분석하여 목적과 의지를 가지고 미래에 일어날
일을 꾸며 구현한다는 차원에서 계획적 인간이다. 아울러 주도사상
은 현실을 있는 그대로 받아들이기 보다는 더 나은 세상을 위해서
현실에 도전하여 바꿔나가는 변화지향적 혁신사상이다.

서애의 이러한 주도사상은 위에 정리한 그의 일생을 통해서, 또한
〈부록 1〉에 요약, 제시한 『징비록』의 구체적 사건과 기술된 내용
속에 잘 나타난다. 임진왜란과 정유재란의 양난의 본말을 자세히
기록하여 후대에 교훈으로 전하려 했던 바로 그 생각 속에서 서애의
주도성을 읽을 수 있다.

한편 서애의 전략적 주도사상은 '이론적' 또는 '관념적'이기보다는
'실천적'이라는 또 다른 속성을 갖는다. 사상이란 '생각의 틀'로서
현실성을 결여하여 관념에 흐르는 경우가 많다. 서애의 주도사상은
그가 왜란을 몸소 겪으면서 구체적 사건으로 보여준 것이며 실용적
대안들을 많이 포함하고 있다는 측면에서 '실천적'이라고 볼 수
있다. 끊임없이 명군의 식량을 구해 와야 했고 소극적인 명나라
장수들에게 왜를 추격하도록 압박해야 했던 서애 류성룡에게 전쟁
이란 적어도 관념의 문제일 수는 없었다. 그에게 전쟁이란 개인적으
로는 하루하루가 생존의 문제였고 국가적으로는 국체존립의 문제
였다. 서애의 전략적 주도사상은 이러한 치열한 현실 속에서 발아되
었다는 측면에서 '실천적'이다.

〈그림 1〉 서애 류성룡의 경영사상 체계

위의 〈그림 1〉에 나타난 것과 같이, 서애 류성룡의 전략적 주도사상은 존재, 지혜, 행동을 통해서 구현되었다. 요컨대 그의 사상은 '존재의 아름다움', '지혜의 빛남', 그리고 '행동의 과감함'으로 나타난다는 것이 본고의 주장이다. 여기에서의 존재란 인간됨, 내면의 가치, 본성 등을 포괄적으로 일컫는다. 상황이나 어떤 주제를 주도하기 위해서는 주도하는 사람의 존재가 바르고 아름답게 느껴져야 한다. 역사는 주로 성과나 업적 위주로 기록되어 있어 특정인의 존재 행태가 잘 나타나지 않는다. 하지만 당대의 聽者들에게 있어서는 주도하는 사람의 사람됨의 존재양식은 주도의 자격을 평가하는 중요한 지표가 된다. 만약 평양성을 떠나야 하는 상황에서 서애가 자신을 포함한 많은 신하들의 가족들이 피해 있던 '北道行'을 주장했다면 그의 상황주도에 의심을 갖는 사람들이 많았을 것이다. 서애 류성룡은 이처럼 사적인 이익보다 국가와 공익을 앞세우는 존재양식을 갖고 있었다. 그의 공익적 존재가치는 다른 사례에서도 많이 나타난다. 임진년 7월 7일 痔疾에서도 "엉금엉금 기어 나와" 명나라 구원병들이 먹을 식량을 구하기 위해서 정사를 살폈던 것이나, 양곡이 바닥난 것에 대해서, "… 제독(李如松)은 노하여 나(류성룡)와 호조판서 李誠中, 京畿左監司 李廷馨을 불러 뜰아래 무릎 꿇어

앉히고 큰 소리로 꾸짖으면서 軍法을 시행하려 하자 이내 나라지경이 이 지경에 이른 것을 생각하게 되어 나도 모르게 눈물을 흘렸다"[3]는 데에도 잘 나타난다. 서애는 국가와 공익을 위해서 기꺼이 개인적 희생을 치렀고 수모를 인내했다. 그의 공익의식은 임진년 5월 1일에 수상에 봉해졌다가 하루 만에 파직되었을 때, 임금을 따라 白衣從軍했던 사건에서도 읽을 수 있다. 많은 대신들처럼 멀리 달아날 수도 있었고, 가족을 찾아 떠날 수도 있었지만, 국난에 대한 일종의 공익적 책무감을 갖고 있던 서애는 "감히 뒤떨어질 수 없어"(65쪽) 임금을 묵묵히 따라간다. 류성룡의 존재양식은, 임금과 함께 박천에 있을 때 병조좌랑 李幼澄을 평양에 보내려 하자 "그곳은 적병이 들끓는 곳인데 어찌 갈 수 있겠습니까?"라며 평양행을 거부한 데[4] 대해서 꾸짖는 대화 속에도 잘 나타난다.

> 나라의 녹을 먹고 있다면 어려운 일을 辭避하지 않는 것이 臣子된 도리인데 지금 나라 일의 위급함이 이와 같으니, 비록 끓는 물과 불 속이라도 피하지 않아야 할 것인데, 어찌 이 한번 걸음 하는 것을 어렵게 여기는가?(93쪽)

서애 류성룡의 존재를 아름답게 하는 것은 그의 백성을 향한

---

3) 류성룡, 이재호 번역/감수, 앞의 책, 154쪽.
4) 대동강 건너편에 있던 왜군이 얕은 여울을 찾아 건너올 것에 대비하여 마름쇠를 찾아 아래 깔도록 평양성에 전하기 위해서 이유징을 선발했으나 "그곳은 적병이 들끓는 곳인데 어찌 갈 수 있겠습니까?"라며 거부한 데 대해서 류성룡이 책망한 것. 서애의 책망을 듣고 유징은 뉘우치는 기색이 있었다. 하지만 이미 왜는 王城灘을 건너와 평양성이 무너진 후였다.

극진한 연민과 다른 신하들과의 관계형성 속에서 극치를 보여준다. 피난을 가면서 그가 항상 먼저 생각했던 것은 '민심'이었다. 임금이 서울을 버리고 황해도를 거쳐 평안도로 피난을 갈 때 가장 먼저 했던 것은 세자를 보내어 양도의 백성들의 민심을 수습하는 것이었다. 또한 평양을 수복하고 권율의 행주대첩 이후 류성룡이 東坡에 주둔할 때 수많은 백성들이 굶주리는 것을 보고,[5] 굶주린 백성들을 구제하기 위해, 군량미를 풀어 '솔잎가루 10%와 쌀가루 한 홉'을 물에 타서 백성들에게 먹였던 것에서도 백성에 대한 연민의 소치가 드러난다. 그는 또한 파벌을 싫어했으며, 생각이 다른 栗谷 李珥와도 원만한 관계를 유지하였다. 이것은 아마 그가 가졌던 능력주의 가치관이나 공익우선 가치관의 발로였던 것 같다. 어느 파에 속하든 서애는 능력을 중시하는 가치관을 견지했다. 그의 능력주의 가치관은 인재에 대한 엄격한 평가로 나타난다. 후대가 높이 평가해온 申砬 장군에 대해서 "잔악, 우쭐, 불통" 등으로 매우 엄격하게 묘사하고 있는 것이 하나의 예가 될 수 있을 것이다. 자신과 退溪 李滉 밑에서 동문수학한 金誠一이 왜에 黃允吉 正使를 따라 副使로 다녀와서 왜의 침략가능성이 없다고 조정에 거짓 보고한 것에 대해서 류성룡이 질책한 것도 일과 능력을 우선시하는 능력주의의 또 다른 예가 될 것이다.

그대의 말은 黃使의 말과 같지 않으니 만일에 兵禍가 있게 되면

---

5) 류성룡은 이때 査大受 總兵이 "길가에서 어린애가 기어가서, 죽은 어미의 젖을 빨고 있는 것을 보고 불쌍히 여겨, 이를 거두어 군중에서 기르게 하였다"(163쪽)는 사실을 마음아파하면서 기록하고 있다.

장차 어떻게 할 것인가?(15쪽)

　서애의 능력주의 신봉은 이순신을 발탁하고 끝까지 신뢰했던 데서도 잘 나타난다. 10년 동안 승진에서 누락되다가 뒤늦게 정읍현감이 되었던 이순신을 과감히 발탁한 것이나 왜의 첩자 요시라(要時羅)의 간계와 南以信의 거짓보고로 탄핵을 받는 상황에서도 정탁, 이원익과 더불어 끝까지 그를 신뢰했던 것, 그리고 『징비록』에 이순신의 인품을 너무나 자세하게 기록하고 있는 것 등은 능력 있는 사람을 귀하게 여겼던 그의 가치관의 발로였다고 본다.

　이상에서 살펴본 바와 같이, 서애 류성룡은 공익을 향한 희생과 인내, 연민, 그리고 능력에 기초한 봉사정신을 보여줬으며, 이러한 내적 가치가 그의 존재를 아름답게 하는 것임을 살펴봤다.

　전략적 주도사상의 두 번째 요인은 지혜이다. 지혜란 문제의 정확한 인식, 막힘을 뚫어줄 수 있는 창의적 해법 발견, 복잡한 현상을 쉽고 단순하게 설명할 수 있는 지적 역량 등을 포함한다. 세종대왕이 평화의 시대에 빛나는 지혜를 발휘했다면, 서애 류성룡과 이순신은 전쟁의 매 단계마다 빛나는 지혜를 발휘하여 국면을 전환시켰다고 볼 수 있다. 주도하는 사람이 구태의연한 현실인식과 고정된 정신 틀(mental frame)에 갇혀 있어서는 빛나는 지혜를 갖고 있다고 볼 수 없다. 앞서 논의한 존재가 주도의 조건이라면, 지혜는 주도의 방향을 결정하는 역할을 한다. 또한 지혜는 뒤에 설명하는 행동의 선행요건이기도 하다. 존재가 사악하면 그에 바탕을 두고 발현되는 지혜가 이기적, 부정적, 파멸적 방향으로 활용되지만,

존재가 아름다우면, 지혜는 공익적, 긍정적, 건설적 방향으로 쓰이게 된다. 아울러, 지혜가 참신하고 빛나면 행동이 과감하고 탄력을 받을 수 있지만, 지혜가 진부하고 구태에 갇혀 있으면, 행동이 소극적이고 머뭇거리는 형태로 나타날 수밖에 없는 것이다. 따라서 존재와 지혜와 행동은 상호관련성을 갖는다고 볼 수 있다.

서애 류성룡의 빛나는 지혜를 보여주는 증거들은 〈부록 1〉에 제시되어있다. 그의 분석적 성향은 여러 일화를 통해서 확인된다. 예를 들어, 유사시 대응하는 방법 중에 제승방략의 문제점을 적절히 파악하여 이를 포기하고 진관법을 사용하자고 주장했던 것은 너무나 잘 알려진 사실이다. 또한『징비록』의 錄後雜記에 보면, 城을 짓는 법과 강을 건너기 위해서 임시다리(浮橋)를 놓는 법[6] 등 스스로 분석하여 개발한 다양한 지혜들이 기록되어 있다. 또한 왜란에 대비하기 위해서 진주성을 평지로 옮기는 것을 보고 "대저 성은 튼튼하고 작은 것을 위주로 하는 것"이라면서 반대했던 것이, 1593년 6월 28일, 왜가 소·말·개·닭까지 다 쓸어버리면서 진주성을 농락하는 것을 보고(6만 명 사망) 자신의 성에 대한 생각이 옳았음을 확인한다.

서애는 사람을 움직이는데 있어서도 남다른 지혜를 보였다. 명나라 군사가 도착하여 식량을 조달해야 하는데 所串驛에 이르러 보니 모두 도망가고 숨었는데 도망간 사람들을 모으기 위해서 참으로 기발한 조치를 취한다.

---

6) 이덕일(2012)은 류성룡의 부교를 吊橋라 하고 미국 사학자 헐버트(Hulbert)를 인용하여 금속활자, 거북선, 한글과 더불어 한국의 4대 발명품이라고 기술한다.

공책을 꺼내어 와 있는 사람의 성명을 먼저 써서 그들에게 보이면서, '훗날에 이것으로써 공로의 등급을 사정하여 임금께 아뢰서 상을 줄 것인데, 만일 이 기록에 기재되지 않은 사람은 난리가 평정된 뒤에 일일이 조사해서 벌을 줄 것이니, (한 사람도) 면하지 못할 것이다.' 하였더니 조금 후에 사람들이 잇달아 와서 말하기를, '소인들은 볼 일이 있어서 잠시 나갔던 것이오니 어찌 감히 身役을 피하겠습니까? 그 책에 이름을 기재하여 주시옵소서'라고 하였다. … 즉시 여러 곳에 공문을 전하여, 考工冊을 비치하여 사용하도록 하여 상당한 효과를 보았다.(107~108쪽)

병사를 동원하여 강제로 숨어있던 백성들을 잡아다 노역을 시킬 수도 있었을 것이다. 하지만 "공책에 기록한다"는 간단한 방법을 통해서 사람들이 자발적으로 동참하도록 하였다. 서애 스스로도 "한 사람도 매질하지 않고 오로지 성심껏 타일렀다"고 적고 있다. 오늘날의 경영학 이론으로 보더라도 매우 탁월한 동기부여 방법이라고 평가할 수 있다.[7]

류성룡은 장수를 쓰고 조직을 관리하는데 있어서도 빛나는 지혜를 보인다. 녹후잡기에 나타난 다음과 같은 언급이 조직관리에 대한 창의적 관점을 대변한다.

국가는 사변이 없을 때 장수를 선택하고 사변이 있을 즈음 장수를

---

7) 예를 들어, 현대적 동기부여 이론들 중에서 기대이론(expectancy theory)이나 행동수정이론(OB Mod), 또는 공정성이론(equity theory)이 제시하는 해법과 맥을 같이 한다고 평가할 수 있다.

임명하되, 선택은 정밀해야 하고 임명은 專任해야 될 것인데 …
역경에 나오는 輿尸(여러 사람이 주관하면 실패한다)라는 말처럼
실패했다. 자기가 양성한 군사를 자기가 지휘하는 것이 아니어서
장수와 병사 소통부재로 실패했다.(237쪽)

장수를 정밀하게 선택하고, 선택 후에는 믿고 맡기며(專任), 命令
一元化(chain of command)의 법칙을 준수하고 장수와 병사가 긴밀히
소통할 수 있도록 해야 한다는 매우 현대적 사상체계를 서애가
갖고 있었음을 알 수 있다(백기복, 2013). 당시의 학문이 조직관리와
군자의 도에 관련된 내용들이 주를 이뤘다는 사실을 놓고 볼 때,
서애의 빛나는 지혜는 아마도 다양한 학습과 실질적 경험의 교집합
으로 발현되었던 것으로 판단된다.

아울러, 적과 싸울 때 지혜가 얼마나 중요한지를 경기감사 沈岱의
사례를 통해서 보여준다. 경기감사 심대는 서생인데 분개하여 무조
건 적과 싸울 기세를 보이는데 대해서 류성룡이 말하기를, "밭가는
일은 종에게 물어야 한다, 직접 싸우지 말고 군사나 수습해줘라"고
충고했으나 기세를 믿고 나가 싸우다 전사했다. 전문적 지혜를
중시하는 서애의 사상이 이 사례에 잘 나타난다. 이뿐 아니라, 서애
는 전국에서 민병들이 나라를 지키기 위해서 일어나도록 독려했지
만, 다른 한편으로는 충정만 믿고 우후죽순처럼 생겨나는 의병들에
대해서 크게 우려하였다. 용인전투에서 패한 것에 대해서, "군사행
동을 봄놀이 하듯 하면 어찌 패전하지 않겠는가"라고 한 말이 축약적
으로 그의 전문성 중시사상을 보여준다.

서애의 지혜는 전란의 판세를 읽고 군사를 움직이는 데에서 특히

빛났다. 그는 평양수복 후, 왜의 패잔병을 매복, 공격하라는 밀서를, 황해도 방어사 李時言과 金敬老에 보냈지만, 김경로가 도주하면서 실패하게 되자, "한사람의 잘못으로, 일은 천하의 평화와 관계되었으니, 진실로 통분하고 애석한 일이다"라고 두고두고 한탄했던 일에서 엿볼 수 있다. 류성룡은 이 매복으로 전쟁을 끝낼 수 있는 결정적 기회를 가질 수 있었는데 놓친 것이라고 녹후잡기에 다시 적고 있다. 뿐만 아니라, 류성룡은 평양수복 후 내내 명나라 장수들이 왜를 추격하든가 싸우려고 하지 않고 소극적인 태도로 일관했다는 사실을 『징비록』여러 곳에 구체적으로 적고 있다. 평양성을 탈환한 후 이여송 제독이 서울까지 밀어붙이지 않아 왜가 군사들을 추스를 수 있는 시간을 충분히 벌어준 점이나 정유재란 때 울산 등의 남부지방 성들을 공격함에 있어 군사들이 약탈에 눈이 멀어 밀도 있는 공격을 하지 않은 점 등에 대해서 신랄하게 비판하고 있다. 이여송이 서울을 치지 않고 철군하려는 것에 대해서 류성룡이 '퇴각불가 5개항'을 제시하면서 항변했던 것에서도 군사전략에 대한 그의 탁견을 읽을 수 있다.[8]

같은 선상에서 서애는 왜와의 화친을 끝까지 반대했다. 그는 왜가 이순신 장군에게 해전에서 연패한 뒤 동력을 잃었다는 사실을 간파하고 있었으며, 무엇보다도 그들의 진정성을 믿을 수 없다는 생각 때문이었다. 沈惟敬 등 명나라 전략가들이 왜와 내통하면서

---

8) 서애가 이여송에 제시한 임진강 북쪽으로의 퇴각불가 5요인은, "1) 선왕 분묘가 경기에 있음, 2) 경기남쪽 백성이 황제의 군대를 기다림, 3) 우리나라 강토 한자 한 치 땅도 쉽사리 버릴 수 없다, 4) 우리나라 장수와 군사가 진격계획을 세우고 있는데 명이 물러가면 원망, 분개할 것, 5)물러간 후 적이 후방 쳐들어오면 임진북쪽도 보전하지 못한다" 등이다.(157쪽)

거짓 합의서를 만들어 임시변통으로 사태를 무마하려 할 때 류성룡은 명나라 황제에게 사신을 보내어 사태의 진상을 알리고 올바른 조치를 촉구하였다. 명나라 사신이나 장수들의 횡포는 참으로 황당하기 이를 데 없었으나 명의 조정에 사실을 알리고 시정을 촉구한 것은 그렇게 많지 않다. 倭人들의 예측할 수 없는 꼼수와 겉과 속이 다른 이중적 태도는 서애 류성룡에게 '군사적 정복'만이 왜를 굴복시킬 수 있는 유일한 방법이라는 확신을 갖게 했던 것으로 추론된다.

이상에서 살펴본 바와 같이, 서애 류성룡의 지혜는 군사전략 차원에서, 조직관리 차원에서, 인재활용 차원에서, 그리고 사태를 분석하여 창의적 해법을 찾는 차원에서 남달리 빛났다고 평가할 수 있을 것이다. 1607년(선조 40) 『선조실록』의 「류성룡 졸기」편에 나타난 그에 대한 평가를 보면 그의 빛나는 지혜가 어디에서 오는 것인지를 유추할 수 있다.

어린 나이에 과거에 급제하여 명예가 날로 드러났으나, 아침저녁 여가에 또 학문에 힘써 종일토록 단정히 앉아서 조금도 기대거나 다리를 뻗는 일이 없었다. 사람을 응접할 때는 고요하고 단아하여 말이 적었고, 붓을 잡고 글을 쓸 때에는 一筆揮之하여 뜻을 두지 않는 듯하였으나 문장이 精熟하여 맛이 있었다. 여러 책을 博覽하여 외우지 않은 것이 없었는데 한 번 눈을 스치면 환히 알아 한 글자도 잊어버리는 일이 없었다.

끝으로, 전략적 주도사상에서 '행동의 과감함'이란 국가와 대의를 위해서 하기 싫든가 개인적 어려움이 있더라도 필요한 것을 즉각적으로 실천에 옮기는 용기를 의미한다. 임금과 같이 권한이 있는 사람에게 싫어하는 것도 때를 보아 제언할 줄 알고 백성들에게 돌을 맞을지 모르는 험악한 상황에서도 앞에 나서서 설득하는 행동을 보이는 것 등은 과감함에 속하는 행동들이다. 주도정신이 과감한 행동으로 나타나지 않으면 사변적이라든가 관념에 치우였다는 비판을 받게 된다. 〈부록 1〉에 정리된 바와 같이, 서애 류성룡은 존재의 아름다움, 지혜의 빛남과 더불어 행동의 과감함에 있어서도 모범을 보였다고 할 수 있다.

류성룡은 백성이 동요하든가 갈등을 조정해야 하는 상황에서 뒤로 숨든가 피하지 않고 항상 직접 앞에 나서 설득하고 대화했다. 평양성을 떠난다는 소문에 백성들이 민란수준의 소동을 피울 때도 직접 나서서 행동으로 소동을 잠재웠다. 그는 "… 조정에서도 이곳을 굳게 지키기를 계청하여 임금께서 허락, 무슨 까닭으로 이렇게 야단스러운가?"라고 하며 백성들을 타일러 신뢰를 회복한 바 있다. 임금에게 중국으로 가서는 안 된다고 직언했으며, 순변사 李彬을 李鎰로 교체하자는 중론에 대해서 金命元이 강력히 거부하면서 초래된 갈등도 스스로 직접 나서서 조정하여 원만히 해결한 바 있다.

서애 류성룡의 과감한 행동, 또는 강력한 추진력을 단적으로 보여주는 사례가 임진왜란 중(선조 27년, 1594)에 그가 영의정으로서 양반들의 들끓는 반대를 무릅쓰고 강력히 주장하여 실시했던 大同收米法(또는 大同法, 作米法)이라고 볼 수 있다. 이 법은 각 지방의 특산물을 세금으로 바치는 貢納의 폐해가 너무 커서 특산물 대신 쌀로 대신 납부하도록 함으로써 백성들의 부담을 덜어주고자 하는 취지에서 제정되었다(이덕일, 2012). 그 핵심은, "수많은 가짓수의 공납을 쌀 한 가지로 통일하고, 부과 단위를 家戶에서 토지면적의 多寡로 바꾸는"(이덕일, 2012, 293쪽) 것으로 토지가 많은 양반들은 토지만큼 세금을 내고 토지가 전혀 없는 백성들에게는 면세를 해주자는 것이다.[9] 이 법에 대해서 양반 사대부들은 물론이고 지방의 수령과 아전 등 조세를 징수하는 관료들까지 모두 반대하는 진풍경이 벌어졌다. 그만큼 공납을 둘러싼 비리가 많았다는 것을 암시하며 동시에 류성룡의 추진력이 얼마나 과감하고 집요했는지를 보여준다.

『징비록』에는 류성룡의 "과감한 행동"을 보여주는 다양한 사례들이 등장한다. 그 중에서도 왜의 勢가 꺾인 상황에서 신속히 추격해서 그들의 전력을 완전히 유린하려 했던 사례가 가장 눈길을 끈다. 이여송에게 추격압박을 여러 번 청했고, 전국에 방을 내려 의병의 융기를 독려했으며, 퇴각하는 왜군의 퇴로를 매복을 통하여 차단함으로써 결정적 일격을 가하도록 지시했던 사례들이 그의 단호한 행동성향을 잘 보여준다. 예컨대, 류성룡은 평양성 수복 후 개성에 주둔해 있던 명 장수 王必迪에게 서울 수복을 위한 구체적 작전계획까지 제시하며 추격을 압박한다.

(류성룡이) "남방 군사 1만 명으로 강화를 거쳐 한강 거쳐 서울을 치면 왜가 龍津을 향해 달아날 것이니 매복공격하면 섬멸가능하다

---

9) 당시로서는 이 법이 매우 혁신적이었다. 중종 때 조광조도 이 법을 추진하다가 기묘사화로 목숨을 잃는다. 이 법은 류성룡이 실각하면서 폐지되었다가 숙종 34년 1708년 전국적으로 실시된다.

며 군사를 요청하자 왕은 손뼉치며 호응했으나 북방군사 이제독이 남방군사가 공 세우는 것을 꺼려 거부했다.”10)(161쪽)

류성룡의 강한 추진력을 보여주는 또 하나의 예는 訓鍊都監의 설치이다. 이 기구는, “임진왜란 중인 1593년(선조 26) 8월에 임시기구로 설치되어 점차 상설기구로 변모한 뒤 1746년(영조 22)『속대전』에 올라 법전에 규정되었다.”11) 이 기구는 류성룡이 건의하고 선조가 받아들여 실현된 것으로 나오고 있다. 체계적 훈련을 통해 군사력을 강화함으로써 왜의 군사적 침략에 자주적으로 대처하려는 주도적 신념을 엿볼 수 있는 사례라고 본다. 임진왜란을 명에 의존하고 의병에 호소하면서 치렀던 류성룡으로서는 자주적 주도정신이 간절히 필요했을 것이다. 당시 성리학적 문인교육에 치중했던 조선에 소위 신체적, 집합적 “훈련”(training)개념이 도입되었다는 차원에서 큰 의미가 있다고 본다.『징비록』錄後雜記에 따르면, 많은 사람들이 지원하도록 매일 곡식 두되를 제공하여 동기부여 시킨 것은 류성룡다운 조치였다. 아울러, 시험으로 돌 드는 것과 흙담 뛰어넘기를 실시했는데 훈련과정에서 담 넘는 훈련을 하다 사망하기도 했다는 것을 보면 당시의 조선인들이 얼마나 신체적 훈련에 익숙하지 않았는지를 짐작케 한다. 서너 달 후 조총을 잘 쏘게 되었다는 것을 보면 훈련의 효과가 만족할 만 했던 것 같다.

류성룡의 주도적 행동은『징비록』을 기술한 행위 자체를 통해서

---

10) 류성룡, 이재호 번역/감수, 앞의 책, 2009.
11) (네이버 지식백과) 訓鍊都監(한국민족문화대백과, 한국학중앙연구원). http://terms.naver.com/entry.nhn?docId=571582&cid=46622&categoryId=46622.

도 확인할 수 있다. 김시덕(2013)은 역해에서『징비록』이 일본과 중국을 통틀어 넓게 읽혔다는 사실을 고증하면서 한국의 고전이 아니라 동아시아의 고전이라는 주장을 폈다. 일본에서는 1695년 교토의 출판업자 야마토야 이베에(大和屋伊兵衛)가 출간한『조선징비록』이 널리 읽혔으며, 이 책이 19세기 말에 일본에 갔던 중국학자 楊守敬이 청나라에 소개하면서 중국에도 알려져 많이 읽히게 되었다고 한다.[12] 한민족은 기록을 잘 하는 민족이다. 세계적인 기록물로 인정받는 방대한 조선왕조실록을 비롯하여『亂中日記』,『白凡日誌』,『熱河日記』 등 빛나는 기록문화를 갖고 있다. 이들은 당시의 세대가 아니라 '후대'를 위해서 기록된 결과물이라는 공통점을 갖는다. 서애의『징비록』은 제목에서부터 후대를 위한 '경계'를 담고 있다는 측면에서 보다 직접적이고 공격적이다. 그의 주도 사상이 기록이라는 행동으로 표출된 중요한 증거라고 해석할 수 있다.

이상에서 살펴본 것과 같이, 류성룡은 직접 설득, 제도적 혁신, 강력한 건의, 기구설치, 그리고 구체적 기록 등의 과감한 행동을 보여준다. 이것은 반대와 저항, 무책임과 나태, 무능과 무방비 등의 극복과 퇴치를 목적으로 하는 주도사상의 발로였다고 본다.

서애 류성룡의 이러한 전략적 주도사상은 전쟁을 방불케 하는 오늘날의 기업경영에도 커다란 시사점을 제공한다. 생존과 경쟁과 성과를 중시하는 기업들은 '전략적 주도사상'을 구현함으로써 지속적인 경쟁력을 확보할 수 있을 것이다.

---

12) 류성룡, 김시덕 역해, 앞의 책, 20~21쪽에서 인용.

IV. 현대 기업경영에 주는 의미

오늘날 한국기업 경영자들의 고민거리 중 하나는 어떻게 조직원들의 주도정신을 최고 수준으로 향상시킬 것인가의 문제이다(백기복, 2014). 조직구성원들이 스스로 주인정신을 가지고 일을 찾아할 줄 모르고, 시키지 않으면 움직이지 않으며, 시키면 시키는 것만 하는 답답한 현실에 경영자들은 당황하고 있다. 한국이 경제적으로 고도성장을 이룩하는데 밑거름이 되었던 도전적 열정이 사라지고 있다고 한탄하는 목소리도 높고, 오늘날의 젊은이들이 지나치게 부모의 보호아래 유복한 환경에서 성장한 나머지 온실의 화초처럼 나약하여 난관에 봉착했을 때 도전하여 극복하려고 하기 보다는 쉽게 포기하고 좌절하는데 익숙해져 있다고 비판하는 사람들도 많다. 많은 경영자들이 이러한 평가에 동의한다(이투데이, 2014).

하지만 어떻게 문제를 극복할 것인가에 대해서는 실효성 있는 별다른 대책을 내놓고 있지 못하다. 본고는, 이러한 문제에 대해서, 서애 류성룡의 '전략적 주도사상' 체계를 하나의 해법으로 제시한다. 앞서 제시한 실천적 주도사상에 입각하여 소유주, 경영자, 그리고 모든 조직원들이 존재를 아름답게 가꾸고, 지혜를 빛내며, 행동을 과감하게 한다면 경쟁력 있는 주도적 기업으로 재탄생할 수 있다고 보았다. 이를 위해서 몇 가지 구체적인 노력의 포인트를 아래에 기술한다.

첫째, 단기적 이윤추구에 앞서 공익적 대의를 먼저 고려해야 한다. 오늘날 윤리경영, 기업의 사회적 책임, CSV(Creating Shared Value), 자본주의 4.0 등 기업의 공익적 역할을 부르짖는 다양한 시도가 있지만, 제도적, 형식적 접근에 머물러 있는 것이 현실이다. 이보다는 극한 상황에서 서애가 보여줬던 공익적 가치추구의 존재양식을 모든 조직원들이 내면화하도록 하는 것이 단기업적주의로 피폐해진 기업 조직원들의 마음과 삶이 '아름다운' 본래 모습을 되찾게 하는데 보다 효과적일 것으로 판단된다. 공익을 먼저 생각하도록 하는 것은 제도적 압박으로는 한계가 있다. 소유경영자에서 말단 조직원에 이르기까지 모두가 공익인식을 고취하는 다양한 형태의 교육과 훈련을 지속적으로 받아야 한다. 이것은 단순히 인문학 특강이나 윤리경영의 일반적 내용을 한, 두 시간 교육받는 수준으로는 충족시키기 힘든 내용이다. 적어도 매년 1년에 2주일 이상은 모든 구성원들이 진지하게 공익의식 향상교육을 받아야 효과가 나타날 것으로 판단된다. 한국기업들은 교육에 인색하고 특히 소유경영자나 최고경영자들은 거의 교육을 받지 않는다. 하지만 가장 많은 교육이 필요한 조직계층은 소유경영자를 포함한 최고경영층이다. 그들이 다른 조직원들과 함께 교육을 받는 보다 적극적 노력이 필요하다.

둘째, 구성원들에게 '일 꾸미기' 훈련을 통하여 자발적으로 혁신적 지혜구현에 동참할 수 있도록 유도할 필요가 있다. 서애가 도망가 숨은 백성들이 자발적으로 식량운반사역에 참여하도록 하는데 있어 목을 베는 강압적 방법보다는 '考工冊'을 사용하여 성공했듯이 자발적으로 나서도록 하는 것이 중요하다. 하지만 구성원들의 자발성은 지시하든가 타이른다고 해서 확보되는 것은 아니다. 훈련을 시킨다고 해도 조직현장에서 교육받은 대로 하는 조직원들은 많지 않다. 스스로 일을 꾸며보는 훈련을 현장에서 많이 해봐야 한다.

무엇을 바꿀지, 무엇이 필요한지를 스스로 판단하여 일을 꾸며 추진해보는 연습이 가장 효과적이다. 그 과정에서 무엇이 중요한지를 판단할 수 있는 관점이 생기고 혁신이란 멀리 있는 것이 아니라 각자의 일상 속에 배태되어 있다는 사실을 체득할 수 있는 기회를 갖게 된다. 스스로 일을 꾸며보지 않은 사람은 위에서 시키는 일을 수행하는 것이 자신의 과업이요 임무인 것으로 착각하게 된다. 반드시 거창한 과업일 필요는 없다. 작은 일을 꾸미는 데서 시작하는 것이 좋다. 일 꾸미기는 회사의 주인은 아니지만 일에 있어서는 주인이라는 인식과 일에 대한 책무감(accountability)을 갖게 한다.

셋째, 자기 생각을 효과적으로 말하는 습관을 길러야 한다. 오늘날의 조직은 말하는 행태에 있어 옛날만 못하다. 서애를 비롯한 당대의 사람들은 모든 사람들에게 자신의 생각을 거리낌 없이 표현할 줄 알았다. 심지어 임금에게도 바른 말을 하는 용기를 갖고 있었다. 물론 눈치를 보든가 상황을 파악하여 해야 할 말을 삼가는 경우도 있었지만, 누군가는 해야 할 말을 하지 않았다는 사실 자체를 문제 삼는 분위기였다. 당시의 이러한 현상을 지나친 당파싸움이나 과도한 정치적 술수로 해석하는 경우도 있지만, 임금을 포함한 다양한 宰臣들이 모든 주제에 대해서 그처럼 활발한 논의가 있었던 朝廷은 세계적으로 많지 않다. 오늘날에는 개인적 이해에 너무 민감하고 대의보다는 개인의 일상적 무사안일에 더 많은 비중을 두는 풍조로 말미암아 내면의 진정한 생각과 언어표현이 일치하지 않는 경우가 너무나 많다. 그만큼 자신의 생각을 효과적으로 말하는 훈련이 안 되어 있다고 볼 수 있다.

넷째, 모든 조직원들이 '주도적 자기정체성(proactive self-identity)'을 갖춰야 한다. 자기정체성이란 자신이 어떤 사람인가에 대한 내적 이미지를 뜻한다. '나는 주도하는 사람'이라는 정체성이 확립되면, 일상 업무를 수행하는 과정에서도 새로운 것을 추구하는 것을 마다하지 않지만, '월급쟁이', '편하고 싶다'는 정체성을 갖는 조직원들은 시키는 일에 머무르게 된다. 류성룡은 나라와 백성과 조정을 위해서 필요한 일을 희생적으로 앞장서 해내야 한다는 매우 주도적인 자기정체성을 갖고 있었다. 주도적 자기정체성을 갖는 개인들로 가득 찬 조직은 진취적이고 도전적인 조직문화를 갖게 되며 이것이 직, 간접적인 루트를 통해서 새로운 조직원들에게 주도적 DNA를 보존, 전수케 되는 것이다.

끝으로 다섯째, 완결정신이 있어야 한다. 서애는 많은 아이디어를 제안했고 또 많이 거부당했다. 하지만 이에 굴하지 않고 지속적으로 제안했으며, 일단 정해진 일에 대해서는 반드시 완결하여 최종 결과를 내는 집요한 완결정신을 보여줬다. 완결정신은 과감한 행동으로 나타난다. 오늘날의 조직원들이 나약하고 도전정신이 없다고 평가받는 이유 중 하나는 일을 시작하고 나서 제대로 끝낼 줄 모른다는 용두사미 정신에 대한 비판이며, 과정 중에 장애가 생겼을 때 그것을 극복하려 하기 보다는 포기하는데 필요한 구실로 여기는 경우가 많다는데 대한 실망의 표현이다. 완결정신은 구성원 선발을 통해서 통제할 수 있으며, 아울러 일 관리 시스템을 통해서 구현할 수도 있다.

참고문헌

류성룡 저, 김시덕 역해,『교감/해설 징비록 : 한국의 고전을 넘어 동아시아의
　　고전으로』, 아카넷, 2013.

백기복,『조직행동연구』(제6판), 창민사, 2014.

송복,「특수성으로서의 태준이즘 연구」,『태준이즘』, 송복 외 지음, 아시아,
　　2012.

류성룡, 이재호 번역/감수,『국역 징비록』, (사)서애선생기념사업회, 2009.

이덕일,『난세의 혁신리더 : 유성룡』, 역사의 아침, 2012.

『이투데이』2014. 4. 15,「'국토종단 성공' 김태진 두일 회장 "젊은이에 도전정신
　　심어주고파"」(http://www.etoday.co.kr/news/section/newsview.
　　php?idxno= 901275.)

조선왕조실록. http://sillok.history.go.kr/main/main.jsp

Barney, J. B., *Gaining and sustaining competitive advantage*, 2nd ed. Upper River,
　　NJ: Prentice Hall, 2002.

Chandler, A., D. Jr., *Strategy and structure: Chapters in the history of the industrial
　　enterprise*, Cambridge, MA : MIT, 1962.

Hofstede, G., *Culture's consequences: International differences in work-related values*,
　　Beverly Hills, CA: Sage, 1980.

Lord, M. D., "Constituency-based lobbying as corporate political strategy: Testing
　　an agency theory perspective," *Business and Politics*, Vol.2, No.3, 2000.

Mayer, C., *Firm commitment: Why the corporation is failing us and how to restore
　　trust in it*, Oxford University Press, 2013.

Nonaka, I., "The knowledge creating company," *Harvard Business Review*, 69(6
　　Nov-Dec), 1991.

Weisbord, M. R., *Productive workplaces: Organizing and managing for dignity, meaning,
　　and community*, San Francisco: Jossey-Bass Publishers, 1987.

〈부록 1〉 류성룡의 존재, 지혜, 행동 요약 : 징비록을 중심으로

영역	제목	사건 개요
존재	김성일 거짓보고 힐난	"그대의 말은 황사의 말과 같지 않으니 만일에 병화가 있게 되면 장차 어떻게 할 것인가?"
	난에 대비	"모든 일에 예비하는 것이 중요하므로 하루 빨리 장수 임명하여 훈련시켜야"
	인재에 대한 냉정평가	신립 : "잔악, 우쭐, 불통"
	군사모집	신립의 모집 실패 ; 류성룡이 대신 모집
	민심수습	항상 민심수습을 먼저 생각 ; 세자를 앞세워, 황해도/평안도 순행에 앞서
	수상 승진 하루 만에 파직	백의종군 ; "감히 뒤떨어질 수 없어"
	패장 이일의 모습	"비단옷에 짚신은 격이 서로 맞지 않는걸"
	북도 행 반대	"지금 조신들의 가속이 북도로 많이 피란해 가 있는 까닭에, 각자가 자기 집 생각만 해서 모두 북쪽으로 가는 것이 옳다고 말하고 있습니다. 신도 늙은 어머니가 계시온데, 듣건대 동쪽 방면으로 나가서 피란하였다 하니"
	박천에서 이유징이 평양성 행 거부하자	"나라의 녹을 먹고 있다면 어려운 일을 사피하지 않는 것이 신자된 도리인데 지금 나라 일의 위급함이 이와 같으니, 비록 끓는 물과 불 속이라도 피하지 않아야 할 것인데, 어찌 이 한번 걸음 하는 것을 어렵게 여기는가?"
	병중에도 기어 나와 업무	7월 7일에 엉금엉금 기어 임금 알현. 구원병 오는 길에 식량준비 지시.
	수모 인내	이여송이 양곡 바닥 난 것에 대해서, 호조판서 이성중, 경기 좌감사 이정형, 류성룡 무릎 꿇고 앉히고 군법시행하려 하다. 류성룡의 눈물.
	군량미로 백성구제	굶주린 백성 위해, "솔잎가루 10%+쌀가루 한 홉" 물에 타 백성에 먹였지만, 굶는 사람이 너무 많다.
	旗牌 참배거부 사건	이제독에게 사과하러 갔다가 만나주지 않아 비오는데 문밖에서 두 손 모아 기다림.→ 기패 때문이 아니라 그 옆의 송응창의 "적군을 죽이지 말라"는 글 때문이라 변명→ 변명문 써오라.
	이순신에 대한 신뢰	평행장의 첩자 요시라의 간계, 김응서의 호응, 선조의 조사지시와 남이신의 거짓보고, 정탁/이원익/류성룡만 이순신 지지 ; 행장의 계책대로 순신은 옥살이, 원균은 공격 유인하여 살해.
	이순신 전사에 대한 안타까움	이순신의 인품을 자세히 기록하여 후대에 알림.

지혜	명의 조-왜 내통오해	"사실대로 명 조정에 알리자"
	진주성 평지 이전반대	"대저 성은 튼튼하고 작은 것을 위주로 하는 것" ; 1593년 6월 28일 : 왜가 진주성 분풀이, 6만 사망, 소/말/개/닭까지…김시민에게 진 것 분풀이. 류성룡의 생각이 옳았음이 밝혀짐.
	진법에 대한 분석	제승방략 대신 진관법 회복 건의
	용인전투 패퇴	"군사행동을 봄놀이 하듯 하면 어찌 패전하지 않겠는가"
	왜와 대동강 대치	"적병이 반드시 얕은 여울로 해서 건너올 것이니 마름쇠를 물속에 많이 깔아 방비해야 합니다."
	임금 따라 정주에서 선천으로 가는 도중, 종사관 홍종록에게,	"창고가 비어 명군이 오면 어떻게 식량공급 할 것인가?…어떻게 운반할 것인가? 한 지방 사람들이 힘을 다하여 군량을 운반해서 군용에 부족하지 않도록 하면, 훗날 반드시 후한 상이 있을 것이다.'라고 하여라."
	명군과 평양을 칠 때	"…여러 신하들로 하여금 명나라 장수와 서로 의논하여 융통성 있게 계획하고, 편의한 대로 일을 시행하도록 하소서."→선조가 따르다.
	所串驛에서 도망간 사람들을 모으기 위해서 내린 조치	"공책을 꺼내어 와 있는 사람의 성명을 먼저 써서 그들에게 보이면서, "훗날에 이것으로써 공로의 등급을 사정하여 임금께 아뢰서 상을 줄 것인데, 만일 이 기록에 기재되지 않은 사람은 난리가 평정된 뒤에 일일이 조사해서 벌을 줄 것이니, (한 사람도) 면하지 못할 것이다." 사람들이 달려와 이름 써 달라 하다. 고공책 사용은 다른 곳으로 전파되어 상당한 효과 봄.
	경기감사 沈岱의 전사	서생인데 분개하여 무조건 적과 싸울 기세 ; 류성룡 왈, "밭가는 일은 종에게 물어야 한다, 직접 싸우지 말고 군사나 수습해줘라" 충고.
	평양수복 후, 왜의 패잔병 매복공격, 이시언과 김경로에 밀서	"양군은 (中和) 길가에 복병했다가 적군이 지나가는 것을 추격하면 굶주리고 피곤한 채 도망쳐 싸울 생각 못하고 잡힐 것이다" ; 김경로의 도주로 실패, "한사람의 잘못으로, 일은 천하의 평화와 관계되었으니, 진실로 통분하고 애석한 일이다."
	퇴각불가 5가지 이유	1)선왕 분묘 경기에 있음, 2)경기남쪽 백성 황제군대 기다림, 3)우리나라 강토 한자 한치 땅도 쉽사리 버릴 수 없다, 4)우리나라 장수, 군사 진격계획 세우고 있는데 명이 물러가면 원망, 분개할 것, 5)물러간 후 적이 후방 쳐들어 오면 임진북쪽도 보전 못함.

	파주산성 지키기	권율이 행주승리 후, 파주주둔. 달려가 파주산성에 올라 지형 살펴 험준하여 지킬만하다 여겨 <u>매복, 게릴라전</u>으로 파주 막도록 하다. →왜군이 나와 땔감 못 구해감. 말이 수없이 죽었다.
	왜의 저격 소문 듣고	"왜가 류성룡 잡으려 한다. 개성으로 피하라"는 조언에 대해서, "…우리들이 한번 움직인다면 민심이 반드시 동요될 것이니, 가만히 기다리는 것만 같지 못합니다."
	화친반대	심유경의 화친시도에 대해서, "<u>화친하는 것이 좋은 계책이 아니니 적군을 치는 것만 같지 못합니다.</u>"
	경략 고양겸의 왜의 봉공 옹호에 대해서	"…마땅히 근일의 사정 상세 기록하여 중국에 알려서, 그곳의 처분 기다리자." →고양겸 해임
	녹후잡기에서 왜와 아군에 대한 평가	"서울에 들어오기까지는 잘 했으나 평양에서는 졸렬했다", 구체적 이유를 들어 주장 ; "평양에서 패전한 적군을 서울이남에서 쳤더라면 장차 한척의 수레도 돌아가지 못하게 했을 것이다." ; "숲에서 조총은 활보다 못했다." ; 성을 지키는 법 ; 무쇠갑옷－빠르지 못하여 무용.
	장수의 결정적 중요성	"전진에는 일정한 형세가 없으며 전투에는 일정한 방법이 없으므로, 시기에 따라 적당히 처리하여 나아가고 불러가며 합치고 흩어져서 기계를 쓰는 것이 한 없는 것은 <u>다만 장수에게 달려있을 따름이다.</u>"
	장수의 선택과 임명 실패	"국가는 사변이 없을 때 장수를 선택하고 사변이 있을 즈음 장수를 임명하되, 선택은 정밀해야 하고 임명은 專任해야 될 것인데…" ; '輿戸-'여러 사람이 주관하면 실패한다' 는 역경의 말처럼 실패했다. 자기가 양성한 군사를 자기가 지휘하는 것이 아니어서 장수와 병사 소통부재.
행동	이순신 추천, 의심하는 이들에게 항변	"담력, 지략, 말타기, 활쏘기, 造山(함경도 마을) 萬戸(종4품 무관) 출신, 그 때 사변이 많았다. 배반한 오랑캐 우을기내를 꾀로 유인하여 잡아죽여 오랑캐 근심 끊었다."
	평양성 민란수습 : 백성, 임금, 정철 설득	"…조정에서도 이곳을 굳게 지키기를 계청하여 임금께서 허락, 무슨 까닭으로 이렇게 야단스러운가?"
	위기 때마다 상대방 설파	어려운 상황에 처할 때마다 백성이나 대신, 또는 임금에게 직접 나서 설득하고 설파함.
	평남 강동 서생 전 의금부 도사 曺好益을 파격 지원	"명 군사 곧 올 것이니 왕 있는 의주가지 말고 강동 가서 군사모아 명군과 함께 도와라" 하며

	기병공문, 병기 지원.
의병용기 독려	안주에서 "국난 구하러 오라" 각처에 공문, 유정이 금강산에서 이것 보고 눈물 흘리며 승군 일으킴.
순변사 이빈 교체를 둘러싼 갈등 조정	김원명의 이빈 옹호 vs. 이일로 교체 중론 ; 김원명 설득하여 이일로 교체
김순량 간첩 사건	수군장 김억추에게 전령 金順良을 보내 적군공격 약속토록 했으나 전령 회신 없어 알아본 즉, 평양 성 왜에 가서 비밀공문 주고 소 한 마리 받아다가 무리들과 친족 집에 맡겼던 소라하며 함께 잡아먹다. 첩자 40명 색출/소탕, 순량 성 밖 참수. 명군의 입국→왜가 모름.
이여송에 진격 압박	이여송에게 빨리 진격할 것 연달아 청, 머뭇거리며 여러 날 만에 파주도착 ; 이여송 벽제에서 왜에 패배 ; 이여송 개성으로 퇴각
퇴로차단 주도	경기, 충청, 경상, 각도에 관군과 의병에게 공문을 보내 각자 맡은 곳에서 좌우로 적군의 가는 길을 막도록 하라.
계속되는 추격요청	추격 요청, 제독 "급히 추격하지 못하는 것은 한강 에 배 없기 때문"→ 배를 마련해 주자, 반쯤 한강 건너자 아프다 핑계대고 회군,
진린의 추행제지	"수령을 때리고 욕하고 察訪 李尙規 목에 새끼 매어 끌고 다님"→제지, 한탄 ; 이순신의 극진한 대접에 "통제사는 經天緯地의 재주와 補天浴日의 공이 있습니다" 칭찬.
정유재란에서 명군의 대응에 대한 불만	울산 전투, 명군 물건 노획에 여념 없다가 1월에 춥다고 모두 중국으로 회군
훈련도감의 설치	매일 곡식 두되 제공, 시험둘 드는 것. 흙담 뛰어넘기→담 넘다 사망하기도 ; 서너달 후 조총 잘 쏘게 됨.
징비록 작성	징비록을 자세히 남겨 후대에 교훈을 주다.

윤정숙·박은선

서애 류성룡가 宗婦의 삶과 정신

Ⅰ. 시작하며

우리나라 명문가들이 오랜 기간 지속되고 유지되어 온 것은 여러 관점에서 설명될 수 있다. 특히 그 가문의 고유한 생활과 전통적인 문화가 오늘날에도 지속되고 있는 배경에는 그 가문의 여성인 종부의 삶과 정신이 중요한 역할을 하고 있음을 알 수 있다.

며느리로서, 아내로서, 어머니로서, 종부로서 부모에 효도하고 윗사람을 예로 존중하며 남편을 존경하며 자녀를 보살피고 친족과 이웃, 아랫사람들을 포용하는 종부의 역할이 가문을 결속시키고 이끄는 원동력이 되었다. 종부는 전통 계승과 가족, 친족의 화합을 위해 자신을 희생하고 인내하면서도 한편으로 종가의 문화지킴이로서의 자부심과 진취적인 도전 정신을 가지고 적극적으로 어려운 현실을 극복하고 새로운 삶을 개척하였다.

본고는 '서애 류성룡의 학문과 계승'을 탐구하는 연구의 일환으로 류성룡가의 후대들이 계승하고 있는 충효당이라는 삶의 터전에서 이루어지는 생활적인 측면을 파악해 보고자 한다. 서애 류성룡가 13대 박필술 종부와 14대 최소희 여사 및 안동 지역 종부를 대상으로 그들의 생각과 태도가 종가의 가문과 가계를 유지하는 데 어떤 영향을 미쳤는지를 파악하여 종부의 삶과 지혜를 전하고자 한다.

II. 종부의 성장 과정

박필술 종부

안동 하회마을 류성룡가 박필술 종부는 務安 박씨로 1917년 영덕에서 태어나 스무 살 때 서애 류성룡 종가로 시집와 13대 종부가 되었다. 임진왜란 시 의병을 일으켜 적을 물리친 공을 인정받아 호조판서를 제수받고 武毅公이라는 시호를 받은 朴毅長의 후손으로, 5남매 중 막내로 태어났는데, 아버지가 세 살 때 돌아가시고 어머니 홀로 5남매를 키우셨다. 어머니는 아버지 없이 자란 자식이라는 소리를 듣지 않게 하시려고 자식들을 무척 엄하게 키우셨다고 한다. 박필술 종부는 학교 교육을 받지는 않았고 야학을 통하여 글을 배우고 신학문을 접하면서 여성운동에도 관심을 가지게 되었으며, 어려운 환경을 극복하고 희생정신으로 도전해보자는 생각이 들어 대가문의 종부자리를 택해 결혼을 하게 되었다고 한다.

어머니는 특별히 가정교육이라고 내세워 가르치신 적은 없었다. 누구를 어떻게 위해라, 행동은 이렇게 저렇게 해라, 어른은 어떻게 섬겨야 한다는 말씀을 한 번도 들은 적이 없었다. 어머니는 다만

충효당 사랑채　　　　　　　　충효당 현판

몸소 실천하는 분이셨다. 당신 스스로 모범을 보이시는 걸로 말을
대신하셨으니까. 그게 內訓이라는 건지는 몰라도, 결국 가정교육이
아니겠는가? 어머니의 슦을 지상으로 알았고 그 말씀을 어긴다는
것은 생각조차 해본 적이 없었다. 어머니께서는 특히 여자는 어떠한
경우도 입을 함부로 놀려서는 안 되고 어떤 말이든 남의 말을
함부로 해서는 안 된다고 늘 말씀하셨다.[1]

　시집 오기 전 야학을 다녔는데 야학에서는 모이면 습자도 쓰고
수도 놓고 작문도 짓고 토론회도 벌였다. 때로는 만들어 놓은 작품
들로 전시회 같은 것도 가졌다. 주로 단일부락 일가들끼리만 모이고
하는데 때로는 이 부락 저 부락 연결해서 연합회를 만들어 지도자를
모셔 강연도 받았다.[2]

　6·25가 끝나고 김일엽 스님이 자기 친구인 노천명 씨에게 공개서
한을 보낸 것이 실렸었는데 그 서한을 읽고 그때부터 불교에 대해

---

1) 박필술, 조규순, 『명가의 내훈』, 서울 : 현암사, 1985, 10쪽.
2) 위의 책, 14쪽.

관심을 갖기 시작했다. 또래 중에서 신문학을 일찍 접한 셈이었다. 한때는 독신주의를 꿈꾸기도 했고 김활란 여사나 김일엽 여사처럼 독신생활을 하면서 여성운동도 하고 한번 뛰어 보겠다는 꿈을 꾸었다고 한다. 그 무렵의 여성운동이란 남녀 동등 같은 권리 주장 이라기보다는 일종의 여성계몽 같은 거였으며 여자도 배워야 한다, 규중에 묻혀 있을 게 아니라 배워야 한다는 것이었다.[3)]

순탄치 않은 삶에 한번 뛰어 들어가 멋지게 희생을 하면서 살아 보자는 일종의 용맹심이 생겼고 대가문의 종부라는 자리가 마음에 들어서 혼인을 하기로 결심하게 되었다. 종가 맏며느리에게 지워지 는 무형의 책임감이나 의무감은 언제나 떨쳐 버릴 수 없는 짐이지만 그걸 극복해내 보자는 의협심이 일어났다고 한다.[4)]

어머니는 늘 사람이 정성을 다하면 안 되는 일이 없다. 무슨 일이든지 다 자기 하기 나름이다. 남에게 대접을 받으려면 내가 먼저 대접을 해야 한다. 자기가 노력한 만큼 돌아오게 마련이라고 말씀하셨다.[5)] 또한 어머니의 가르침 중의 한 가지는 세상에 물질이 전부가 아니라는 것이었다.[6)]

안동 하회마을 류성룡가 최소희 종부[7)]는 경주 최부자집으로 유명

3) 박필술, 조규순, 앞의 책, 15쪽.
4) 위의 책, 23쪽.
5) 위의 책, 17쪽.
6) 위의 책, 19쪽.
7) 강병록, 「안동 하회마을 충효당 종부 최소희 여사」, 『매일신문』 2009년

한 월성 최씨 2남 4녀의 둘째딸
로 태어나 경주에서 소학교를 마
치고 부산 동래여고를 다녔다.
만석군 집안에서 태어나 어려움
을 모르고 자랐다. 스무 살 때
집안 어른이 가라고 하니깐 신랑
얼굴도 모르고 시집을 왔다. 당
시에는 신행을 석 달이나 일년
만에 하는 경우도 있는데, 최소
희 종부는 종손이 서울에서 의과
대학을 다니고 있어서 삼일 만에

최소희 종부

신행을 했고 방학 때만 얼굴 보는 신혼 생활을 하였다.

조모한테 같이 자고 그래서 항상 종부로 가면 문중을 껴안고
베풀고 그래 살라 카는 처녀때도 종부로 간다고 카니까 그래 교육을
하셨어.[8]

안동 도산 삼백당 종가 김시필 종부[9]는 안동의 명문가인 천전의
의성 김씨 종가 2남 5녀 중 다섯째로 유복하게 어린 시절을 보냈다.
어릴 때는 아버지에게 천자문을 배웠다. 이후 국민학교를 다녀
16세에 졸업을 하였고 졸업 후 어머니께서 歌辭를 배우라고 권하여

9월 10일자.
8) 이세동, 『안동 서애 류성룡 종가』, 서울 : 예문서원, 2011, 203쪽.
9) 엄재진, 「안동 도산 삼백당 종가 김시필 여사」, 『매일신문』 2009년 8월
27일자.

'회혼앙축가'를 처음으로 배우고 붓으로 가사를 한글로 베끼며 붓글씨를 익혔다. 결혼 전에는 집이 부유하여 손에 물을 묻히지 않고 생활하였다.

상주 청리 창석 종가 윤갑묵 종부[10]는 파평 윤씨 대운공파로 여자는 시동생도 많고 제사도 많은 곳에 시집가야 한다던 친정아버지의 말씀대로 스물네 살에 홍암 이씨 창석공파 13대손 종부가 되었다. 종부의 친정아버지는 '여자는 보통만 알면 된다'며 글을 잘 가르쳐 주지 않았다. 친정아버지는 종부가 되려면 제사 지내는 것도 알아야 한다시며 칠촌의 제사를 일부러 모시고 와 딸들에게 제사에 대해 가르쳤다. 시집 오던 날 친정아버지가 "들어도 못 들은 척, 알아도 모르는 척, 알려고 애도 쓰지 말고 니가 일어서려고 하면 가정의 풍파가 생긴다"고 당부했다.

의성 금성 산운마을 영천이씨 황수석 종부[11]는 울진군 기성면 사동에 위치한 해월헌에서 14대 종녀로 태어났다. 어린시절 일제 강점기에 서울에서 초등학교와 중학교를 다녔다. 한국전쟁을 겪으면서 해월헌 13대 종손이셨던 아버지가 행방불명되어 집안 형편이 조금 어려워졌다. 서울에서 돌아와서는 신부수업으로 살림살이를 배우면서 살았다. 어머니가 해월헌 이차야 종부인데 어려서부터 어머니의 힘든 인생을 보고 자라면서 종부의 삶에 회의를 느껴 할머니 몰래 교사가 되려고 시험 원서를 제출해 보기도 했으나, 대소가의 어른들과 할머니의 뜻이 완강하셔서 종가로 시집오게

---

10) 김유희, 「상주 청리 창석종가 종부 윤갑묵 여사」, 『매일신문』 2009년 9월 18일자.
11) 김태홍, 「의성 금성 산운마을 영천이씨 황수석 여사」, 『매일신문』 2009년 10월 1일자.

되었다.

안동 수곡 전주 유씨 정재종택 김영한 종부[12]는 안동의 부유한 가문인 광산 김씨 설월당 문중에서 2남 4녀의 막내로 태어나 23세에 정재 문중으로 시집왔다. 어릴 때 할아버지께 천자문을 배운 후 예안 초등학교를 졸업하고, 경안여상을 졸업한 후 중매로 마나 1975년 안동 예식장에서 신식 결혼을 치렀다. '사람이 만나 무엇을 못 만들어 갈 것인가'라는 낙관적 마음이 정재종택의 종부로 만들었다.

수졸당 15대 고와당 윤은숙 종부[13]는 파평 윤씨 소정공파 네 자매 중 막내로 태어났는데, 친정아버지께서는 네 딸을 아주 엄하게 키웠다. 동네 어른들은 네 자매를 두고 '저 아이는 시집살이를 해보고 시집을 간다'고 말을 할 정도였다고 한다. 부친 앞에서는 함부로 고개를 들 수도 없었고 말씀이 다 끝날 때까지 고개를 숙이고 바른 자세로 앉아서 경청을 하고 난 뒤 그 뜻을 가슴 깊이 새기게 하셨다. 엄한 아버지 밑에서 사람들과 남편에게 지켜야 할 삼강오륜의 덕목을 배웠으며, 한자와 한글을 익혔다. 다른 문중의 이야기며, 다른 집 며느리 이야기 등을 해주었는데 이는 네 자매가 혼인해 부녀자로서 어떻게 살아가야 하는지의 덕목을 가르치고 이를 바탕으로 종부의 삶을 지탱할 수 있는 재산이 되게 했다.

종부의 성장 과정을 보면 어려서부터 종가의 가풍을 직접 또는

---

12) 권두현, 「안동 수곡 전주 유씨 정재종택 김영한 여사」, 『매일신문』 2009년 10월 15일자.
13) 권설희, 「수졸당 15대 고와당 윤은숙 여사」, 『매일신문』 2009년 11월 12일자.

간접으로 경험하며 어렵고 힘든 환경을 극복할 수 있는 인내와 의지를 배울 수 있었고, 엄한 분위기 속에서도 노력하면 어떤 어려운 일도 이룰 수 있다는 긍정적 자세와 물질보다 정신을 중히 여기는 분위기 속에서 종부로서의 소양을 키울 수 있었다.

Ⅲ. 종부의 결혼과 생활

1. 종부에 대한 자부심으로 정성을 다하다

종가에 있어서 봉제사와 접빈객은 종부의 가장 큰 덕목이며, 또한 가계에 대한 책임감과 종부에 대한 자부심을 가지고 가족, 친족, 인간관계 등을 잘 감당하였다.

맏며느리, 종부는 힘은 들지만 한번 평생을 걸어 볼 만한 자리지. 종부가 고생을 한다 해도 보람 같은 것이 있지. 모름지기 종부는 넓은 아량과 깊은 이해심을 가지고 자손들을 대해야 한다. 그래서 그들의 부모가 되어 주어야 한다. 나라의 국모가 모든 국민을 자기 자식같이 생각해야 하는 것처럼 종부는 지손들을 자식같이 생각해 야 한다. 종부는 넓은 아량과 깊은 이해심을 가지고 지손들을 대해 야 한다. 그래서 그들의 부모가 되어 주어야 한다. 처음 시집와 7대 조까지 모시고 있었는데, 명절 제사에 기제사, 사당제사, 1년에 열여덟 번 제사를 지냈다. 봉제사는 현실에 맞게 마음으로 우러나서 정성껏 모시는 것이 기본이다.[14]

권리란 자기의 사명을 다 했을 때 스스로 오는 것이지 집안 일 팽개치고 거리로 나가서 떠든다고 오는 것이 아니다. 권리란 눈에 보이는 것도 아니고 주고 받는 물건 또한 아니다. 그러나 자기 책임을 다하지 못하면 아무도 권리를 주지 않는다. 스스로 책임을 다하면 남이 나를 추앙하는 법, 그것이 권리가 아니겠는가.[15]

여자로 태어나서 서애 선생 같은 훌륭한 분을 모신다는 것만 해도 나는 자랑스러워. 종부라는 것은 운명 같은 거지. 주어진 소임이라고 생각하고, 정성껏 모시는 거지. 지금도 경상감사 마다 하고 서애 선생 모시길 잘했다고 생각해. 신행와 남편이 직장을 잡으면서 쭈욱 서울 생활하다가 마흔 다섯에 다시 하회로 내려와서는 고생스러웠어. 하지만 서애 선생 모신다는 자랑 하나로 그 고생스러움을 잊을 수 있었지.[16]

하회마을 풍산 류씨 양진당 종가 이정숙 종부[17]는 결혼 후 몇 달을 하회마을에 들어와 살았지만 생업을 위해 남편을 따라 울산에 정착했다가 남편의 퇴직과 함께 하회로 내려왔는데, 종부는 1년에 불천위와 시제 4대 봉사 등 18차례의 제사를 모셨다. 제사를 지내는

---

14) 박필술, 조규순, 앞의 책, 34쪽.
15) 위의 책, 116쪽.
16) 강병록, 「안동 하회마을 충효당 종부 최소희 여사」, 『매일신문』 2009년 9월 10일자.
17) 정수임, 「하회마을 풍산 류씨 양진당 종가 이정숙 여사」, 『매일신문』 2009년 10월 22일자.

음식 준비에서 음복까지 준비하는 과정이 일반 가정의 대여섯 배 가까이 되었다. 낮에는 종가의 일로 바쁘고 밤에는 노종부와 동침하며 잠을 못이루기 일쑤였다고 한다. 육체의 고단함을 종부에게 대하는 예우로 인해 잊고, 자신의 몫이라 생각하며 살아간다고 하였다.

봉화 물야 창녕 성씨 종가 강순자 종부[18]는 시집왔을 당시 시어머니가 일찍 돌아가시고 없어 시집 오자마자 곳간 열쇠를 비롯해 모든 제사를 물려받았다. 집안 대소사를 처리하는 것도 그녀의 몫이 되었다. 창녕 성씨 계서공파 종가의 제사는 일년에 열세 차례나 되었는데, 여기에다 명절이나 집안 어르신의 생신상을 차리며 단 한 번도 어렵거나 힘들다는 생각을 해본 적이 없다고 한다.

수졸당 15대 고와당 윤은숙 종부[19]는 불천위 2번, 10월 시제, 4대 봉사와 설 차례만 해도 10번이 넘는 제사를 치러야 했다. 또한 남편의 적은 월급으로 시동생 셋에다 시어머니 봉양, 수없이 많은 제사, 자녀 양육에 많은 돈이 나갔다. 어려운 사정을 잘 아시는 시어머니는 힘든 그녀의 삶을 보듬어주었고, 시동생들과 자녀들은 그녀를 잘 따르며 서로 의지하면서 살았다. 수졸당에서는 불천위 제사보다 더 중요하게 6월 보름 유둣날 '유두차사'를 지냈는데, 그해에 제일 먼저 나는 햇곡식, 햇과일을 간단하게 올려놓고 사당에서 제사를 지냈다. 시집 온 지 50여 년 동안 유두차사만은 소홀히 한 적이 없다고 한다. 그 이유는 100년이 넘게 내려오는 하계파만의

---

18) 박동철, 「봉화 물야 창녕 성씨 종가 강순자 여사」, 『매일신문』 2009년 10월 8일자.
19) 권설희, 「수졸당 15대 고와당 윤은숙 여사」, 『매일신문』 2009년 11월 12일자.

전통과 다른 곳에서는 지내지 않는다는 자부심 때문이었다.

종부란 양면의 세계 즉 동전의 앞뒷면과 같은 것이다. 종부의 길은 쉬운 길이 아니다. 보통 가계보다 살림의 배가 넘는 일을 하기 때문에 추앙받는 존재가 될 수 있다. 힘든 가사일과 제사 준비, 손님맞이 등으로 대접을 받기도 하지만 정작 본인은 그것을 준비하느라 진이 빠지기 때문이다. 이 때문에 종부의 삶이란 양면의 세계이다. 종부의 덕목은 종부의 자질을 충분히 갖추고 있어야 하고 고상한 취미 또한 있어야 한다.
종부란 무엇인가에 대해 생각해 본 적은 없지만 옆에서 종부라고 대접을 해 주면 그에 맞는 종부의 도리를 해야겠다는 다짐을 하였다.[20]

진성 이씨 노송정 종택 최정숙 종부[21]는 아무리 힘든 일이 주어지더라도 '이것도 내 일인 거지' 그저 이 한마디뿐 억울함이나 서운함은 없었다. 죽을 만큼 힘든 일도 없지만 그렇게까지 느껴질 정도로 힘들 땐 나에게 맡겨진 책임을 생각하면 못할 일이란 없다고 생각한다. 세월이 흐르고 보니 지금 종부로 살아온 인생이 참 뿌듯하다고 한다.

---

20) 임종교, 「풍양 조씨 오작당 채춘식 여사」, 『매일신문』 2009년 12월 30일자.
21) 이형일, 「진성 이씨 노송정 종택 최정숙 여사」, 『매일신문』 2009년 10월 29일자.

2. 옛것을 지키고 가꾸면서 시대변화에 순응하다

종부에게는 의식주 및 관혼상제와 관련된 전통문화를 계승하고 보존하는 것이 중요한 일이다. 시대가 바뀌고 생활이 변화하더라도 후손에게 물려주어야 할 옛것을 지키고 가꾸는 것뿐만 아니라 후손이 현실적으로 큰 부담 없이 지속적으로 계승할 수 있도록 시대에 맞게 변화시켜 물려주는 것 또한 종부의 역할이라고 보았다.

탈춤이다, 다도다, 다 좋은 일이긴 하다. 하지만 외형적인 것만 찾지 말고 거기에 깃들여 있는 정신을 함께 찾아야만 진정한 전통을 찾는 길이 아닐는지. 무엇보다 중요한 것은 발을 땅에 붙이고 살아야 하는 것이다. 사람도 자연속의 나무와 같아서 뿌리를 굳건히 땅에 묻고 하루가 다르게 변천해 가는 물질 문명을 받아들이는 것이 중요하다고 생각한다. 전통이란 무슨 대단한 행사나 치레 속에 있는 게 아니라, 매일매일 숨쉬는 우리의 삶에 깃들어 있는 게 아닐까.[22]

법이라 하는 것이 물수자에 갈거 아닌가. 물 흐르듯 변하는 것이 법의 이치가 아니가. 그때 그때 필요에 따라서 법은 새로 만드는 것이다. 상이 났을 때도 3년상을 고집하는데 우리 영감이 돌아갔을 때 나는 3년 탈상을 안했다. 1년 탈상으로 정하는 데도 반대를 했지만 내가 밀고 나갔지.[23]

---

22) 박필술, 조규순, 앞의 책, 21쪽.
23) 위의 책, 32쪽.

우리는 유가에서도 지도층에 속한다. 우리들이 그렇게 혁신을 안 하면 작은 문중들은 '저 양반이 그렇게 하지 않는데 우리가 그렇게 하면 상놈 소리를 듣는다'고 해서 못하고 만다. 큰집들이 먼저 솔선수범해야 따라오게 마련이다.[24]

요사이 사람들은 간장을 담그지 않고 진간장이라고 하는 왜간장을 쓰더군. 이 지방 사람들은 아직까지 그걸 별로 쓰지 않는다. 뭐니뭐니해도 간장 된장만은 우리 것이 제일이지. 가장 영양가 많다는 콩을 깨끗이 씻어 삶아서 곱게 빻아 띄운 메주로, 그것도 맑은 날을 받아 담그는 장맛이 제대로 안 날 리가 없다. 물론 장 담그는 일이 쉬운 것이 아니다. 하지만 하려고만 든다면 그보다 더한 것도 못할 거 없지 않은가.[25]

의성 김씨 사우당 종가 류정숙 종부[26]는 자녀교육의 기본을 '溫故而知新'으로 삼고 있다. 자식들과 손자들에게 옛것은 지키고 새로운 것을 받아들이라고 한다. 예부터 전해 내려오는 전통을 지켜야 하는 이유와 도리를 설명하며 지킬 수 있도록 배려하는 것이라고 한다.

안동 김씨 양소당 종가 현경자 종부[27]는 며느리를 맞게 되면서

---

24) 위의 책, 33쪽.
25) 박필술, 조규순, 앞의 책, 167쪽.
26) 강병두, 「의성 김씨 사우당 종가 류정숙 여사」, 『매일신문』 2009년 9월 24일자.
27) 김은정, 「안동 김씨 양소당 종가 현경자 여사」, 『매일신문』 2009년 11월 5일자.

며느리가 또 지게 될 '종부'라는 이름이 혹여나 부담이 되지는 않을지 안쓰럽고 안타까운 마음이 든다고 하였다. 앞으로 제사도 시대 변화에 맞춰 이어나갈 수 있도록 했으면 좋겠다는 작은 소망도 가지고 있었다.

3. 효와 존경의 마음으로 가족에게 헌신하다

안동 하회마을 류성룡가 박필술 종부는 부모님께 효도하는 것을 평생의 도리로 알고 부모님 뜻을 받들었다. 또한 남편이 정치에 관심을 갖고 가정일보다 외부활동에 힘쓸 때도 존경하는 마음으로 남편을 공경하고 헌신적으로 뒷바라지하여 시련을 극복하였다.

> 시부모님을 참고 정성스럽게 받들면 자기 자식들이 보고 배워서 자신도 모르게 덕이 되고 복이 오는 것이다. 조금 손해가 오더라도 어른 마음을 편하게 해드리는 것이 수하의 도리가 아니겠는가? 그저 자신의 생각은 머리에 담아 두고서. 이렇게 하는 것이 좋겠다 싶어도 어른이 원하시니까. 그 어른이 평생을 그렇게 하였으니까 저 어른 뜻대로 받아주자, 이렇게 너그럽게 생각하고 또 한 편으로는 조금씩 이해시켜 가면서. 자신이 세운 뜻은 일단 보류해둘 줄도 알아야 한다. 어떻게 자신의 주장을 단번에 관철시킬 수 있겠는가.[28]

---

28) 박필술, 조규순, 앞의 책, 60쪽.

자신의 의사를 고운 말씨로 시어머니가 납득이 가게끔 설명을 드리고 그런 다음 좋겠다고 하시면 그때 그렇게 행하는 것이 좋다. 만일 시어머니가 완강하게 안 된다 하시면 우선은 시어머니 뜻대로 순응하며 서서히 조금씩 바꿔 나가야 한다.[29]

내가 불평하지 않고 고생을 감수하고 있으니 집안 식구들도 불평을 하지 못했다. 빚쟁이마저 과격하게 못하더군. 오히려 도와주려는 사람까지 있었으니까. 남편의 책임을 내 책임으로 알고 살아가니 극복하기에 힘이 덜 들었다. 부부는 결국 떨어질 수 없는 존재니까 남편이 남에게 잘 보여야 자기한테도 행복이 오고 아내가 남편한테 잘 보여야 남편에게도 행복이 오고, 그게 불가분의 관계인 것이다. 요즈음 세상이야 그래도 남편이 아내를 많이 위해 주고 가사도 도와주고 하지 않는가. 그렇다고 너무 쉽게 생각하는 것은 금물이다. 그럴수록 더욱 위하고 조심하는 것이 아내의 도리이다.[30]

남편과 아내의 관계에 대해서는 여자란 별 수 없이 자기 희생을 해야 한다. 가족을 위해서. 평화를 위해서. 건전한 가정을 위해서 자기희생이 따르지 않으면 안 된다. 항상 내가 밑지고 살아야 한다. 내가 욕심을 다 부리자면 절대로 그 가정에 평화가 오지 않는다. 가정의 융화에 자기가 손해를 봐야 한다.[31]

---

29) 위의 책, 59쪽.
30) 위의 책, 70쪽.
31) 위의 책, 41쪽.

자기 남편인데, 그 남편과 평생을 같이 해야 하는데 남편의 마음
을 편하게 해줘야 몸도 마음도 건강할 것 아니겠는가. 그게 도리이
고 자신도 편해지는 방법이 아닐까. 직장에서 올바르게 편안한
마음으로 일을 하게끔 해 주는 것이 여자의 책임이다.[32]

4. 마음을 열어 주변을 포용하다

종부는 어렵고 힘든 상황에서도 넓은 아량과 이해심으로 가족
뿐 아니라 가문의 식구, 이웃까지도 포용하여 화목한 가문을 이루고
덕을 베푸는 삶을 살았다.

종부라는 건 나라로 치면 국모와 마찬가지지. 나라의 국모가
모든 국민을 자기 자식같이 생각해야 되는 것처럼 종부는 자손들을
자식같이 생각해야 한다. 모름지기 종부는 넓은 아량과 깊은 이해심
을 가지고 자손들을 대해야 한다. 그래서 그들의 부모가 되어 주어
야 한다. 종가라면 마땅히 받아들여야 할 의무가 있다. 모든 자손들
을 이끌어야 한다. 그렇듯이 종가는 모든 자손을 받아들일 아량이
있어야 한다.[33]

자기를 양보하고 남을 이해해야 된다는 것도 나의 신조였다.
그것이 모든 일을 원만하게 이루어지도록 하는 계기가 된다는
것을 알았다. 자기를 양보하고 남을 이해하는 데서 모든 평화가

---

32) 위의 책, 72쪽.
33) 위의 책, 30쪽.

이루어진다. 그것이 오늘날까지 명심해 온 문구다. 늘 내 생활의 지표가 되어 왔다. 모든 것을 양보하자, 참자는 생각이 시집살이에도 도움이 되었다.[34]

아무리 똑똑해도 덕이 없으면 그 배움은 헛일이다. 인화가 제일이 아닌가. 가정뿐 아니라 기관도 그렇다. 사장이 너그럽고 아량이 있어 인화로 다스리면 그 회사가 잘 운영되고, 직원은 내가 부리는 사람이다. 이건 내 회사니까 하는 식으로 사장이 독단으로 이끌면 회사가 잘 안 된다.[35]

시어머니가 좀 배웠으면 배운 값을 해야 하는 거지. 좀 안다고 자존심을 겨루면 안 되는 일이다 그런 배움은 결국 절름발이 배움이다. 지식이 전부가 아니다. 아량을 배우고 덕을 배워야 하는 것이다.[36]

안동 하회마을 류성룡가 최소희 종부[37]는 신행와서 남편이 직장을 잡으면서 서울 생활을 했고 인품 좋은 시어른의 보살핌으로 종부로서의 고된 시집살이 같은 것은 없었다고 한다. 종부가 늘 며느리에게 당부하는 것은 큰집 사람들은 항상 포용력 있게 주위 사람들을 감싸 안을 줄 알아야 한다는 것과 오는 손님 물 한잔이라도

---

34) 위의 책, 17쪽.
35) 위의 책, 57쪽.
36) 박필술, 조규순, 앞의 책, 56쪽.
37) 강병록, 「안동 하회마을 충효당 종부 최소희 여사」, 『매일신문』 2009년 9월 10일자.

대접하고 잘 차리는 제사상보다는 정성을 들이는 상이 되어야 한다
는 것이라고 하였다.

진성 이씨 노송정 종택 최정숙 종부[38]는 종부는 마음을 닫지
않고 다 여는 사람이라고 한다. 또 종부는 손 안에 뭐라도 쥐고
있으면 마음이 불편한 존재다. 어느 것 하나 내 것이다 고집하지
말고 다 열어두어야 종부다. 그래서 그녀는 노송정에 머물 땐 집
문을 닫지 않는다. 누구라도 와도 좋고, 누구라도 두드려도 좋다.
오는 사람들이 좋고 부르는 사람이 고마울 뿐 사람들과 어울리는
그 시간이 그녀에게 종부 삶에 대한 보상이다.

5. 청빈한 생활과 나눔을 실천하다

물질보다는 정신적 만족을 추구하며 근검절약하는 생활을 통해
개인보다는 가문과 이웃을 위해 가진 것을 나누고 돕는 삶을 실천하
였다.

안동 하회마을 류성룡가 박필술 종부는 시아버님께서는 '그저
살림 알뜰히 살아라. 모든 것 알아서 처리해라. 몇 년 동안 주부
없는 살림이었으니 맡아서 잘 해보라'고 하시며 검소하고 청빈한
생활을 강조하셨다고 한다.

대가족의 경우 주부는 경제문제에 초월해야 한다. 먹고 쓰는데
그치고, 그것도 언제나 가정 중심으로, 가족 본위로, 가정을 이루어

---

38) 이형일, 「진성 이씨 노송정 종택 최정숙 여사」, 『매일신문』 2009년 10월
29일자.

나가는 데 중심을 두고 모든 것이 서야지 내 개인 생활에 욕심을 낸다든가 내 자식만을 위해서 욕심을 내면 자연히 불편해진다.[39]

어머님의 가르침 중의 한 가지에 '세상에 물질이 전부가 아니다'라는 것이 있다. 세상을 살아가는데 물질만 가지고 되겠는가? 올바른 정신을 가져야 한다. 요사이는 물질에 너무 치우쳐서 윤리도 없고 인륜도 땅에 떨어진 것 같다. 사람의 욕심은 한이 없다. 지나친 물질은 근심의 근원이 될 뿐이다. 물질이란 물론 좋고 편리한 것이지. 그것이 인생의 전부는 아닐 것이다.[40]

함을 아랫사람이 지고 가면 혼수거래는 조금 했지. 대체로 조촐한 술상 정도로 대접하고 노자라고 조금 주면 받고 하는 정도였지. 그 당시만 해도 함진아비에게 지나친 금물을 주면 오히려 자기네들을 무시한다고 화를 낼 지경이었다. 혼수도 우리 때는 웃티라고 한복 두서너 벌 정도였고 있는 사람이면 가락지 하나 정도였으니까.[41]

안동 수곡 전주 유씨 정재종택 김영한 종부[42]는 종가의 정신은 '나누어 주는 것'이라고 한다. "남다르지 않지만 이웃을 돌아보고 같이 살아가고자 하는 것. 나보다 남을 배려하는 것이 종가를 지탱하

---

39) 박필술, 조규순, 앞의 책, 41쪽.
40) 위의 책, 20쪽.
41) 박필술, 조규순, 앞의 책, 25쪽.
42) 권두현, 「안동 수곡 전주 유씨 정재종택 김영한 여사」, 『매일신문』 2009년 10월 15일자.

는 힘"이라고 한다. 따라서 종부를 비롯한 종가의 종손들은 문중 사람들을 화합시켜야 한다고 강조한다. 갈등을 풀어주는 그 중심에 종가가 있다는 것이다.

예천 권씨 초간 종택 이재명 종부[43]는 시조부와 시어머니의 병간 호를 해야 했고, 셋째 아들마저 뇌종양으로 오랫동안 종부의 보살핌에 의존해야 했다. 그러나 곤궁하고 힘들었던 종가 살림살이에도 불구하고 집안에 여러 개의 양은냄비를 사 두었다가 걸인들이 밥을 얻어먹으러 오면 양은냄비 한 가득 양식을 담아 나눠줬다는 일화는 인근 지역까지 소문이 자자하다.

6. 부모의 실천하는 삶을 통해 자녀가 배우다

종부는 새벽부터 밤늦게까지 집안일과 가문의 대소사를 챙기느라 자녀교육에 시간을 할애하기 어려웠으나, 대가족하에서 보고 배우는 교육을 통해 자녀는 자연스럽게 어른을 공경하고 형제간 우애 있게, 다른 사람을 배려하며 함께 살아가는 것을 배우고 행할 수 있었다. 가정에서 부모를 보고 배우며 이루어지는 인성교육이 자녀 교육의 기본을 이루었다.

세상에 어려운 일도 많지만 자식 교육이 제일 어려운 것 같다. 또 마음먹은 대로 안 되는 것도 자식 교육이고. 그 어려운 자식 교육 중 가장 중요한 것이 가정교육이다. 아무리 석사 박사가 되고

---

43) 엄재진, 「예천 권씨 초간 종택 이재명 여사」, 『매일신문』 2009년 12월 3일자.

철학자가 되어도 가정교육이 안 되어 있으면 올바른 인간 형성은 어려운 일이니까.[44)]

자식 교육에는 지식 교육이 먼저가 아니고 인간 교육을 먼저 시켜야 한다. 요즈음에사 웬만하면 대학교육 다 시키는데, 그렇게 해서 오히려 인간교육이 제대로 안 되는 수가 많다.[45)]

농사 중에 제일 중요한 농사가 자식 농사다. 농사에도 때가 있듯이 자식 농사도 때가 있다. 그때를 놓치면 아무리 돈을 많이 모았다 해도 헛일이 되고 만다. 그 돈을 쓰고 지킬 사람이 누군가, 누구를 위해서 돈을 버는가. 농사도 제때 거름을 해주고 물을 넣었다 뺐다 논갈이를 해주고 해야 알곡을 많이 거두지 때를 놓치면 맨 쭉정이 뿐이다. 자식도 마찬가지, 돈을 좀 모아 놓고 부를 어느 정도 쌓아 놓고 편히 앉아 그때부터 자식을 돌봐야겠다 생각하면 그때는 이미 돌이킬 수 없는 사회의 쭉정이가 되어 있다. 어쩔 수 없이 맞벌이를 해야 하는 경우라면 좀 힘들고 고단하더라도 끊임없이 자식에게 관심을 기울여야 한다는 것을 잊지 말아야 한다. 적어도 부모가 자신에게 관심을 갖고 있다는 관념을 심어 주는 것이 제일 중요한 일이다. 그 어려운 자식 교육 중 가장 중요한 것이 가정교육 이다.[46)]

---

44) 박필술, 조규순, 앞의 책, 100쪽.
45) 위의 책, 89쪽.
46) 박필술, 조규순, 앞의 책, 100쪽.

미명에 일어나 밤 늦도록 움직여야 하니 고단하고 힘은 들지만 대가족이 자녀 교육에 좋은 점도 많았다고 한다. 자녀는 스스로 자기도 모르게 배워가기 마련이며 자기의 부모와 형제, 그렇게 단출하게 사는 것보다 많은 사람들을 상대로 하니 자연 이해해 가면서 살아야하고 마음도 넓어지고 견문도 넓어지고 사람을 대하는 인품도 확실히 부드러워지는 것 같았다고 한다.[47]

① 솔선수범

부모가 구태여 이렇게 해라 저렇게 해라 가르치지 않아도 듣고 보는 것이 그대로 수업이니까. 사회 나가면 사람하고 상대해야 하고 어차피 남하고 결부가 되고 하니 차라리 대가족 속에서 사는 게 조금은 사회 생활의 일면을 가정에서 배우게 될 게 아닌가? 가정은 조그마한 사회다.[48]

말로써 부모에게 효도해라, 형제간에 우애있게 지내라, 남에게 양보해라, 인내심을 가져라, 아무리 떠들어도 소용없다. 솔선수범이 가장 중요하지. 말없는 가운데 부모가 그 부모에게, 부모가 그 형제에게, 그리고 남에게 몸소 실천해 보이는 게 그대로 교육이 되는 것이다. 형제간 우애만 해도 부모가 형제끼리 다투고 어쩌고 하면 아이들도 은연 중 그걸 배워서 저희들도 그렇게 하게 된다.[49]

---

47) 위의 책, 28쪽.
48) 위의 책, 29쪽.
49) 위의 책, 91쪽.

② 역지사지

　내가 고생을 해봐야 남의 고생이 안타깝고, 내가 아파봐야 남의 아픔을 피부로 느끼게 되는 것이니 내 생명의 소중함이 곧 남의 생명의 귀중함을 터득하게 하는 것이다.[50]

　자식이 귀하면 고생을 시키랬다고, 특히 아들은 고생을 시켜가며 키워야 한다. 좀 편하게 지낸다고 그 자식이 더 잘 될 것도 아니고 좀 고생이 된다고 죽는 건 아니다. 또 죽을 상황이라면 죽어야 하는 거고. 자식교육에는 지식교육이 먼저가 아니고 인간교육을 먼저 시켜야 한다. 요즈음에야 웬만하면 대학 교육 다 시키는데, 그렇게 해서 오히려 인간교육이 제대로 안 되는 수가 많다.[51]

③ 근검절약

　요사이는 아이들을 너무 고생을 안 시키고 키우는 것 같다. 용돈도 푸짐하게 주고, 뭐 하나 아쉬운 것 없이 키우니까 물건 아까운 줄 모르고 돈이 어떻게 어렵게 손에 들어오는가를 모르는 것 같다. 신문을 보니까 학교에서 분실 물건들을 찾아가지 않아서 애를 먹는다고 한다. 부모들이 애들이 요구하는 대로 무조건 사주니까 그런 일이 생긴다. 무엇하나 아쉬운 것 없이 생활해 가다가 그것을 충족 못할 경우가 생기면 결국 부정을 저지르고 남의 것에 손을 대게 된다.[52]

---

50) 위의 책, 85쪽.
51) 위의 책, 89쪽.
52) 박필술, 조규순, 앞의 책, 84쪽.

④ 능력과 적성

어느 부모가 자식 훌륭히 되는 것을 싫어 할까마는 공부를 시키는 것도 그 능력과 적응성을 고려해서 그 자식에게 알맞게 시켜야 한다. 이 사회에는 기능공도 있어야 하고 장사꾼도, 농사짓는 이도, 운전하는 사람도, 그림 그리는 사람도, 음악을 하는 사람도 모두 필요하고 그 어느 누구도 없어서는 안될 중요한 인물이다. 자기 자식의 능력과 소질 따위는 선반 위에 얹어 두고 자식만 몰아 세우는 행위는 자칫 자식을 망치는 수가 되고 말 것이다.[53]

⑤ 양성평등

아직도 아들 낳기 위해서 둘이건 셋이건 계속 낳고 있는 사람이 있으니…. 내가 알기로는 옛날 웃대 그러니까 사오백년 전 쯤, 서애 선조님, 바로 웃대 때는 재산도 공동분배를 했고 호주상속도 꼭 맏이가 하지 않았다. 여자에게도 아들 못지않은 권리가 주어져야 만 딸 아들 구별을 않을 게 아닌가. 그래야 시대에 맞는 법이 될 것이다.[54]

---

53) 위의 책, 97쪽.
54) 위의 책, 102쪽.

Ⅳ. 끝마치며

1. 명가의 내훈

좋은 가문이란 나라에 충성하고 부모에 효도하고 가족끼리 융화가 잘되어야 한다. 따라서 종부들은 애국심과 효심과 인화를 강조하며 어렵고 힘든 여건에도 불구하고 좋은 가문을 유지시키는데 헌신해 왔다. 충효당의 가훈 역시 **"나라에 충성하고 부모에 효도하라**이다. 나라에 충성하라 하신 것은 우리 선조이신 서애 류성룡 선생의 유훈이다."[55]

아무리 살을 에는 난관에 부딪쳐도 좌절하지 말고 건전한 생활지표를 가지고 인내와 용기로 부단히 노력하면 신의 가호가 있다고 나는 확신한다. 이 세상 모든 것은 변하지 않는 것이 없다. 슬픔이 있으면 기쁨도 있고 역경이 있으면 순리도 있는 법이다.[56]

사람은 편하게 사는 것이 제일이지. 자식이고 부모고 서로 조금씩 양보해서 화평하게 살아가면 그게 바로 행복이다. 나물 먹고 물 마셔도 마음 편하면 그게 행복이다. 아무리 고관대작이라도 불만을 가진 사람이라면 행복을 느끼지 못한다. 행복의 기준을 어디에 두느냐. '이만해도 만족하다' 그렇게 생각하면 그 사람은 행복한 것이다. 그리 길지 않은 세상 화평하게, 구수하게 부모

---

55) 위의 책, 42쪽.
56) 위의 책, 1쪽.

먼저 보내고 나 또한 화평하게 자식 거느리다 자식에게 넘겨주고 간다면 그 또한 행복한 삶이다.[57]

신부수업 역시 신부수업을 해야 하는 기본 정신이 어디에 있는가를 알고 일깨워야 참다운 신부수업이 되지 않을까. 무엇보다 가르쳐야 하는 것이 인내다. 참을 줄 아는 주부만이 우리에게 걸맞는 주부상이다. 우리 여성들이 배워야 할 으뜸이 인내지. 한 알의 밀알이 썩어야, 그것도 올바로 썩어야 싹이 나고 열매가 맺히듯이 올바로 썩을 줄 아는 한 가정의 밀알이 되어야 한다고 나는 생각한다.[58]

종부든 아니든 요즘 각박한 세상이어서 종가가 아니라 일반 사가라도 손님 오면은 접대하고 하는 것은 꼭 배워두는 것이 기본이다. 삶이란 그저 순리대로 살아가는 것이다. 사리에 역행하지 말고 아등바등 살려고 하지 말고 순리대로 살아야 하는 것이다.[59]

안동 김씨 양소당 종가 현경자 종부[60]는 어떠한 삶이든 "갈등의 기간은 누구에게나 있다"고 생각한다. 그 갈등의 기간을 거친 후 주어지는 삶이야말로 진정 가치있는 삶이고 그래서 현재 자신의

57) 박필술, 조규순, 앞의 책, 65쪽.
58) 위의 책, 52쪽.
59) 김태홍, 「의성 금성 산운마을 영천이씨 황수석 여사」, 『매일신문』 2009년 10월 1일자.
60) 김은정, 「안동 김씨 양소당 종가 현경자 여사」, 『매일신문』 2009년 11월 5일자.

모습에 만족하고 고맙게 생각하며 하루하루 보내고 계신다고 한다.

2. 종부의 삶으로부터 배우는 지혜

안동 하회마을 류성룡가 13대 박필술 종부와 14대 최소희 여사의 삶을 중심으로 종부의 생각과 태도를 살펴보았는데, 이들 종부의 삶으로부터 배울 수 있는 지혜를 다음의 키워드로 정리해 보고자 한다.

① 자부심과 책임감

권리란 자기의 사명을 다 했을 때 스스로 오는 것이지 집안 일 팽개치고 거리로 나가서 떠든다고 오는 것이 아니다. 권리란 눈에 보이는 것도 아니고 주고받는 물건 또한 아니다. 그러나 자기 책임을 다하지 못하면 아무도 권리를 주지 않는다. 스스로 책임을 다하면 남이 나를 추앙하는 법, 그것이 권리가 아니겠는가.[61]

어디 총칼 들고 휘젓는다고 권리가 되는 것인가. 보이지 않는 총칼, 즉 미덕의 총칼을 들어야 한다. 여자는 권리 운운하지 말고 덮어 놓고 덕이 있어야 한다. 남을 포섭하고 포용하는 아량이 있어야 한다. 그게 여자의 최대 권리지.[62]

---

61) 박필술, 조규순, 앞의 책, 116쪽.
62) 박필술, 조규순, 앞의 책, 116쪽.

② 순응과 도전정신

순탄치 않은 삶에 한번 뛰어 들어가 멋지게 희생을 하면서 살아
보자는 일종의 용맹심이었다 할까, 또 한 가지가 있다면 대가문의
종부라는 자리가 마음에 들어서였다. 한 가문의 종부 역시 인내심
없이는 해낼 수 없는 자리가 아닌가. 종가 맏며느리에게 지워지는
무형의 책임감이나 의무감은 언제나 떨쳐 버릴 수 없는 짐이지만
그걸 극복해내 보자는 의협심이 일어난 것이다.[63]

法이라 하는 것이 물 水자에 갈 去가 아닌가. 물 흐르듯 변하는
것이 법의 이치가 아닌가. 그때그때 필요에 따라서 법은 새로 만드
는 것이다. 喪이 났을 때도 3년상을 고집하는데 우리 영감 돌아갔을
때 나는 3년 탈상을 안했다. 국가에서 법칙이 1년 탈상을 하라기에
1년 탈상했다. 오히려 1년 탈상보다 백일 탈상해야 한다. 탈상을
몇 년 더 한다고 효성이 되는 건 아니지. 경제적 시간적 낭비만
하는 것이다. 봉제사는 현실에 맞게 마음으로 우러나서 정성껏
모시는 것이 기본이다.[64]

③ 헌신과 포용력

하여튼 주부라는 입장에서는 나를 죽이는 수밖에 없다. 나라에
충성하고 부모에게 효도하고 가족끼리 융화가 잘 되어 오손도손
구수하게 살아가는 가문이 좋은 가문이 아니겠는가.[65]

---

63) 위의 책, 232쪽.
64) 위의 책, 232쪽.
65) 위의 책, 41쪽.

내가 남에게 소중한 존재로 느껴지게 하기까지는 여간 힘이 드는 게 아니다. 될수록 남을 이해하고 자기를 양보해라, 어렵지만 나를 내세우는 건 금물이다라고. 결국 나 하나를 죽이면 되는 일인데, 나만 행복하자는 생각 때문에 문제가 생기는 것이다.[66]

나라의 국모가 모든 국민을 자기 자식같이 생각해야 되는 것처럼 종부는 지손들을 자식같이 생각해야 한다. 종부는 넓은 아량과 깊은 이해심을 가지고 지손들을 대해야 한다. 그래서 그들의 부모가 되어 주어야 한다.[67]

자기를 양보하고 남을 이해하는 데서 모든 평화가 이루어진다. 그것이 오늘날까지 명심해 온 문구다. 늘 내 생활의 지표가 되어 왔다. 모든 것을 양보하자, 참자는 생각이 시집살이에도 도움이 되었다.[68]

④ 검소와 나눔

경제권을 가진 주부가 살 것 안살 것 사들이면 식구들은 자연히 거기에 따라간다. 자신은 낭비를 하면서 식구들에게 절약을 하라면 어디 그 말을 듣겠는가. 가풍은 언제나 주부가 만드는 것이지. 그러니 솔선수범을 해야 한다.[69] 또한 어머니의 가르침 중의 한

---

66) 위의 책, 24쪽.
67) 위의 책, 30쪽.
68) 위의 책, 17쪽.
69) 박필술, 조규순, 앞의 책, 142쪽.

가지는 세상에 물질이 전부가 아니라는 것이었다.[70]

사람에게 물욕이란 만족의 한계가 없게 마련이다. 아무리 올라가도 여전히 무언가 부족하게 느껴지는 것이 사람의 마음이 아닌가. 만족을 못하니 불만이 생기는 것이고 그러니 불행할 수밖에. 자신의 능력 범위 내에서 만족하게 살아야 불행을 덜 느낄 것 아닌가. 적으면 적은 범위 내에서 항상 만족하게 살아야 한다. 행복은 언제나 자기 마음의 척도에 달린 것이다. 자기의 현처지에 만족하고 살면 되는 것이 아닐까.[71]

⑤ 온고이지신과 인성교육

자녀 교육의 기본을 溫故而知新으로 삼고 있다. 자식들과 손자들에게 옛것은 지키고 새로운 것을 받아들이라고 한다. 예부터 전해 내려오는 전통을 지켜야 하는 이유와 도리를 설명하며 지킬 수 있도록 배려하는 것이다. 다례를 실천하며 전통을 지키고 가꾸기 위해 몇 해 전부터는 기제사나 명절에 차를 대접하기도 하고 조금씩 변화를 시도하지만 기준이 틀어지는 일은 절대 하지 않는다. 옛것을 지키고 보전하지만 새것을 받아들임에 있어서는 과제를 풀어가는 심정으로 신중을 기하며, 받아들였으면 일부러 느끼고 소중히 여긴다.[72]

부모가 구태여 이렇게 해라 저렇게 해라 가르치지 않아도 듣고

---

70) 위의 책, 19쪽.
71) 위의 책, 142쪽.
72) 강병두, 「의성 김씨 사우당 종가 류정숙 여사」, 『매일신문』 2009년 9월 24일자.

보는 것이 그대로 수업이니까. 사회 나가면 사람하고 상대해야
하고 어차피 남하고 결부가 되고 하니 차라리 대가족 속에서 사는
게 조금은 사회 생활의 일면을 가정에서 배우게 될 게 아닌가?
가정은 조그마한 사회다.[73)]

참고문헌

박필술, 조규순, 『명가의 내훈』, 서울 : 현암사, 1985.
김서령, 『안동 농암 이현보 종가』, 서울 : 예문서원, 2011.
김순석, 『안동 대산 이상정 종가』, 서울 : 예문서원, 2013.
이세동, 『안동 서애 류성룡 종가』, 서울 : 예문서원, 2011.
이해영, 『안동 학봉 김성일 종가』, 서울 : 예문서원, 2011.
정우락, 『안동 퇴계 이황 종가』, 서울 : 예문서원, 2011.
안동 종부 시리즈, 『매일신문』 제1353호~1373호.

73) 박필술, 조규순, 앞의 책, 29쪽.

노영구

임진왜란 시기 류성룡의
북방 위협 인식과 대북방 국방정책

Ⅰ. 머리말

16세기 말 발발한 임진왜란은 동아시아 패권을 장악하기 위한 일본의 조선 침략으로서 조선과 명나라의 연합 세력에 의해 일본의 전쟁 목적은 달성되지 못하였다. 그러나 임진왜란은 일본의 갑작스러운 조선 침략이 아니었다. 16세기 들어서면서 동아시아 지역은 농업 생산능력의 확대와 대항해시대로 대표되는 銀의 대량 유입과 교역의 발달에 따라 중심 지역이었던 명나라 주변 지역인 중국의 연해 지역 및 요동, 대만, 그리고 일본 등지에 경제적 성장이 나타났고 이 지역에서 유력한 정치세력이 출현하였다. 그 과정에서 명의 주변 지역에 대한 장악력이 약화되면서 신흥 세력 간에 서로 각축하는 무질서한 힘의 공백 상태가 전개되었다.[1] 아울러 유력한 세력이 등장할 경우 주변 세력을 아우르면서 급속히 확대될 가능성이 매우 높은 상태였다.[2] 임진왜란 종전 이후 동아시아 지역이 곧바로 평화기로 접어들지 못하고 만주를 중심으로 세력 교체의 대변동이 본격적으로 시작된 것은 이러한 국제정세의 반영이었다. 결국 임진왜란

---

1) 김한규, 「임진왜란의 국제적 환경」, 『임진왜란, 동아시아 삼국전쟁』, 휴머니스트, 2007, 295쪽.
2) 岸本美緒, 『東アジアの「近世」』, 山川出版社, 1998, pp.18~19.

이후 명청교체와 청의 제국 건설이 일단락되는 17세기 후반까지 한 세기 동안 동아시아 세계는 계속적인 전쟁 상태를 유지하였다.[3]

7년에 걸친 임진왜란 기간 동안 기본적인 대립은 일본과 조·명 간에 전개되었지만 전쟁 전후 시기 주변 세력의 동향도 매우 복잡하게 전개되었다. 주변 세력의 다양한 양상은 임진왜란 중 조선에도 적지 않은 영향을 미치게 된다. 예를 들어 임진왜란 초기 건주여진의 추장 누르하치의 조선에 대한 파병 제의에 대해 조선이 거부한 것(1592)과 건주여진 사람이 평안도 渭原에 잠입하여 蔘을 채취하다가 조선 관원에게 발각되어 여러 명이 피살된 이른바 '採蔘사건'(1595) 등이 그것이다.[4] 임진왜란 중 일어난 채삼 사건으로 인해 조선과 건주여진 간의 긴장은 한동안 계속되었다. 나아가 건주여진의 팽창과 조선에 대한 침공 가능성으로 인해 조선 조야의 위기의식은 적지 않았고 이에 대한 대응 방안이 매우 다양하게 논의되었다. 그동안 임진왜란 기간 중 벌어진 조선 북방의 위기 상황에 대해서는 일본과의 전쟁 시기라는 것에 압도되어 그다지 주목되지 못하였다. 그러나 1590년대 중반 건주여진의 조선 침공 가능성과 이에 대한 조선의 대응 양상은 매우 긴박하게 전개되었는데 조선의 대응을 전반적으로 총괄한 인물이 바로 西厓 류성룡이었다.

류성룡은 1592년 4월 임진왜란이 발발하자 좌의정으로서 병조판서 및 도체찰사를 겸하고 다음달에는 영의정으로 승진하여 전쟁 초기 위급한 상황에서 일본과의 전쟁에 적극적으로 대응하고 적절

---

3) 노영구, 「17~18세기 동아시아 정세와 조선의 도성 수비체제 이해의 방향」, 『조선시대사학보』 71, 2014, 229~232쪽.

4) 崔豪鈞, 「조선중기 대여진관계의 연구」, 성균관대학교 박사학위논문, 1995.

한 방어 대책을 강구한 전쟁 극복의 핵심적인 인물로서 많은 주목을 받아왔다. 따라서 임진왜란 중 류성룡의 활약과 그에 의해 수행된 여러 정책과 관련하여 적지않은 연구가 이루어졌다.5) 먼저 류성룡의 대외인식과 관련하여 일본에 대한 화이론적 인식이나 일본의 침략 가능성에 대한 류성룡의 인식 등에 대한 연구가 나타났다.6) 다음으로 그의 국방정책이나 군사 사상 등과 관련하여 류성룡의 여러 저술을 바탕으로 여러 연구가 이루어졌다.7) 그러나 기존의 관련 연구는 기본적으로 일본과의 전쟁에 관련된 내용을 집중적으로 분석한 경우가 대부분이었다. 즉 그에 대한 대부분의 관련 연구는 임진왜란 중 일본과의 전쟁 수행 과정에서 나타난 그의 군사, 외교 활동과 조선의 군사체제를 개편하기 위한 다양한 개혁론에 집중된 경향이 매우 많았다. 그러나 실제 그의 군사 활동 양상을 살펴보면 임진왜란의 전쟁 초기를 제외하고 중반인 1595년 함경, 평안, 황해, 경기 등 북방 4도 도체찰사로 임명되어 이 지역의 군제 개혁과 방어체계 개편 등에서 많은 업적을 남기고 있음을 볼 수 있다. 그러나 류성룡의 국방정책 관련 기존 연구는 대부분 일본과의 관계를 의식하면서 이루어졌고, 아울러 국방정책의 여러 요소간 또는

---

5) 임진왜란 중 류성룡의 전쟁 수행 양상에 대해서는 다음의 연구에 잘 정리되어 있다. 이태진, 「'누란의 위기' 관리 7년 10개월」, 『류성룡과 임진왜란』, 태학사, 2008.

6) 김호종, 「서애 류성룡의 일본에 대한 인식과 대응책」, 『대구사학』 78, 2005 ; 방기철, 「1592년 일본의 조선침략에 대한 류성룡의 시각과 대응」, 『군사』 69, 2008 등.

7) 류성룡의 국방론이나 국방정책에 대해서는 조정기, 「서애 류성룡의 국방정책연구」, 단국대학교 박사학위논문, 1990 ; 김호종, 『서애 류성룡 연구』, 새누리, 1994 등에 종합적으로 검토되었다.

관련 분야와의 연계를 고려하면서 검토가 이루어지지 못하고 개별적인 부문에 집중하여 독립적으로 서술된 측면이 적지 않았다. 따라서 류성룡의 여러 국방정책과 대외 인식 등을 당시의 시대적 상황에 따라 유기적으로 해석하는 경우도 상당히 미비한 실정이다. 이는 기존의 연구가 당시의 대내외적인 국면을 고려하면서 검토가 이루어졌다기 보다는 그가 남긴 저술을 중심으로 정리, 검토한 것에서 기인하고 있다.

최근 류성룡의 국방정책 및 군사사상에 있어 다소간의 진전이 나타나고 있다. 먼저 류성룡의 국방론 관련 내용을 그의 관직 경력 분석과 연표 검토 등을 통해 유기적으로 해석하여 그의 군사정책을 당시 중앙군과 지방군의 개편과 연계하여 검토한 연구가 나타나 주목을 받고 있다.[8] 아울러 건주여진의 원병 제안에 대한 류성룡의 대응을 밝힌 연구도 이루어지고 있음도 의미가 있다.[9] 다만 최근의 연구에서도 류성룡의 국방정책이나 군사전략 등의 상당수가 대북방전략 및 북방 지역의 군사력 재건과 관련되어 있음을 충분히 드러내지 못하고 있는 점은 다소 아쉬운 점이다. 심지어 북방지역 국방정책과 관련된 자료마저도 일본과의 국방문제를 논증하는 자료로 활용하는 경우도 있다.[10]

---

8) 오종록, 「서애 류성룡의 군사정책과 사상」, 『류성룡의 학술과 경륜』, 태학사, 2007.

9) 류성룡의 대여진 외교활동에 대해서는 건주여진의 원조 제의에 대한 류성룡의 대응에 대한 아래 논문에 일부 언급되어 있다. 한명기, 「임진왜란 시기 류성룡의 외교활동」, 『류성룡의 학술과 경륜』, 태학사, 2007.

10) 현재까지 임진왜란 중 류성룡의 대북방 군사전략과 북방 지역 국방정책에 주목한 연구로는 황종엽, 「임진왜란시기 류성룡의 대여진 국방정책론 연구」, 국방대학교 석사학위논문, 2009이 거의 유일하다고 할 수 있다.

본 논문에서는 이상의 문제의식을 바탕으로 임진왜란 시기 류성룡의 대북방 인식과 이에 따른 대여진 군사전략과 북방지역 국방정책을 검토하는 것을 주 목적으로 한다. 연구의 주된 내용은 16세기 후반 북방의 정세와 류성룡의 북방 위협 인식, 조선의 북방 지역 關防체제 정비, 그리고 군사제도 및 전술 개편 등으로 나눌 수 있을 것이다. 이 논문을 통해 임진왜란 시기 일본과의 전쟁에 집중되었던 것으로 이해된 류성룡의 군사사상과 국방론의 내용을 더욱 풍부하게 하여 그의 군사사상 전반을 오롯이 이해할 수 있는 작은 토대를 만들 수 있었으면 하는 기대를 갖는다. 아울러 16세기 말 류성룡의 대북방 국방정책을 통해 임진왜란 전후 시기 급변하는 동아시아 정세와 이에 따른 조선의 대응 양상의 일단을 다소나마 이해할 수 있기를 기대한다.

II. 임진왜란 초기 이전 여진족 동향과
류성룡의 대여진 군사전략

1. 16세기 후반 북방 여진의 동향

16세기 중반 여진족은 만주 일대에 크게 建州女眞, 海西女眞, 그리고 野人女眞의 세 부족으로 나뉘어 분포하고 있었다.[11] 건주여진은 크게 건주부와 장백산부의 두 집단으로 나뉘었는데, 건주부는 명

---

11) 여진 3대부의 상황에 대해서는 劉小萌, 『滿族從部落到國家的發展』, 遼寧民族出版社, 2001, pp.5~21 참조.

중기 이래 건주 3위(건주위, 건주좌위, 건주우위)를 중심으로 하는 건주연맹이 이합집산을 거듭하여 蘇克素護, 渾河, 哲陳, 完顔, 棟鄂部 등 모두 5개 부로 나뉘어졌다.[12] 건주부는 주로 압록강 중류 이북의 혼강과 소자하 일대에 흩어져 있었다. 백두산 인근에 있던 長白山部 는 訥殷, 珠舍里, 鴨綠江部 등 3부로 이루어졌다. 해서여진은 건주부 의 북쪽 지역인 만주 중부 지역에 흩어져 있었는데 哈達, 葉赫, 揮發, 烏拉部 등 네 부로 구성되었다. 오늘날 연해주 지역의 삼림지대 에 있던 야인여진은 아직 부족연합을 형성하지 못하고 원시적 형태 의 부족 형태를 유지하고 있었다. 명나라의 만주 지역에 대한 통제력 이 유지되던 16세기 전반까지 여진족은 아직 유력한 세력이 형성되 지 못하였고 다만 무역을 통해 명과 관계를 유지하던 세력을 중심으 로 세력을 키워나가는 정도였다. 따라서 여진족은 명과 조선에 위협적인 세력으로 형성되지 못하였다. 실제 조선의 경우에도 16세 기 중반인 1554년(명종 9) 6월 야인여진인 骨幹 우디캐족 4~500명이 함경도 6진 지역의 조산보를 포위하여 조선군을 공격한[13] 이후 한동안 북방 지역은 평화적인 상태가 유지되었다.

16세기 후반에 들어서면서 조선 북방의 정세는 크게 요동치기 시작하였다. 이는 요동 지역의 정세 변화와 관련을 가지는 것이었다. 16세기 중반 몽골의 알탄 칸 세력이 크게 성하면서 차하르부를 압박하자 만주 북방의 해서여진이 남쪽으로 밀려나기 시작하였다. 이는 연쇄적으로 그 남쪽에 있던 건주부 여진과 갈등의 소지를 낳게 되었다.[14] 요동 지역은 16세기 중반까지 명의 변경에 가까웠던

---

12) 劉小萌, 앞의 책, 2001, p.123 참조.
13) 『명종실록』 권16, 명종 9년 6월 甲戌.

해서여진의 哈達部가 명과 밀착하여 15세기 후반부터 완한(王台)까지 4대에 걸쳐 큰 세력을 형성하였다. 특히 완한은 요동총병 이성량의 후원으로 해서여진 4부의 연맹을 주도하고 互市 무역을 장악하였다. 그러나 완한이 사망한 해서여진 사회 내부에서는 명과의 교역권을 차지하기 위한 격심한 분쟁이 발생하였다.[15] 그 과정에서 1583년(만력 11) 건주여진의 아태(阿台)와 니칸 와일란(尼堪外蘭)이 세력 경쟁을 하던 와중에 니칸 와일란이 이성량과 함께 명에 도전적이었던 아태를 공격하는 과정에서 누르하치의 조부와 부친을 적으로 오인하여 죽이는 사건이 발생하였다. 이성량은 이에 대한 보상으로 누르하치에게 칙서를 수여하고 명과의 인삼, 모피, 진주 등의 교역 편의를 적극 제공하였고 이를 바탕으로 누르하치는 착실히 성장하였다.[16]

이성량의 보상으로 점차 세력을 키운 누르하치는 1584년 말 요녕성 환인 일대의 棟鄂部를 시작으로 1586년(만력 14) 중반에는 가장 강력한 세력이었던 니칸 와일란을 제거하고 1588년 9월 완안성을 점령하여 완안부를 멸망시켰다. 1589년에는 혼하부를 통합하여 건주부 여진에 대한 누르하치의 통일 사업은 일단락되었다.[17] 건주부 여진을 통일한 누르하치는 이제 동으로는 압록강과 동가강, 서로는 요동의 무순과 청하보 일대, 남으로는 靉陽, 관전 등지에

14) 김선민,「명말 요동 변경지역을 둘러싼 명-후금-조선의 삼각관계」,『중국사연구』 55, 2008, 228쪽.
15) 노기식,「만주의 흥기와 동아시아 질서의 변동」,『중국사연구』 16, 2001, 6~7쪽.
16) 김선민,「인삼과 강역」,『명청사연구』 30, 2008.
17) 남의현,「16~17세기 여진의 성장과 요동 변경지대 성격 연구」,『동북아역사논총』 34, 2011, 305~307쪽.

이르러 거의 작은 왕국의 판도를 갖추게 된다.[18] 1591년에는 장백산 부의 하나로 압록강 중류 일대에 있던 鴨綠江部까지 병합하여 조선과는 압록강 중류에 이르는 지역과 국경을 맞대게 되었다. 그러나 임진왜란 이전까지 조선과 명의 영향력이 이 지역에 유지되던 상황에서 누르하치의 건주여진은 아직 조선에 직접적인 위협으로 대두하지는 않았다.

2. 임진왜란 이전 류성룡의 여진 인식과 조선의 대여진 군사전략의 변화

16세기 교역의 확대와 명의 만주 지역에 대한 영향력 약화 등으로 인해 이 지역의 여진 각부는 세력을 키워 나갔다. 1580년대 여진 세력의 각축과 누르하치 세력의 대두는 이러한 정세의 반영이었으며 연쇄적으로 주변의 여러 세력의 동요 현상을 가져왔다. 그중 대표적인 사례로 조선의 두만강 하류 지역에 거주하던 여진족으로 조선에 복속되어 있던 이른바 藩胡의 세력 확대를 들 수 있다. 16세기 들어서면서 두만강 하류 북쪽 지역의 여진 사회에서도 농경이 발달하면서 중심 부락이 형성되었고 인구도 15세기 중반에 비해 10배 이상 급속히 증가하는 등 크게 세력을 형성하기 시작하였다. 그러나 조선은 성장하던 번호에 대해 효과적인 통제 정책을 실시하지 못하여 이들과 적지않은 갈등을 일으켰다.[19] 1583년 추장이었던

---

18) 천제션(홍순도 옮김),『누르하치 : 청 제국의 건설자』, 돌베개, 2015, 59~65쪽.
19) 한성주,「조선전기 두만강유역 '女眞 藩籬·藩胡'의 형성과 성격」,『한국사

니탕개가 주변 번호와 함께 수만 명의 기병을 동원한 대규모 반란을 일으켜 경원진과 주변 진보를 점령한 니탕개 난은 번호 세력의 급속한 성장을 반영하는 사례이다.[20] 이후에도 수년 동안 종성, 회령 등의 일부 번호까지 도발하기 시작하고 1587년에는 녹둔도가 번호의 공격을 받아 피해를 입기까지 하였다. 누르하치의 건주부 통일과 번호 등 주변 세력의 동요 및 이합집산, 그리고 조선과의 군사적 충돌의 과정에서 류성룡은 여진에 대한 위기의식과 대비책을 제시하게 된다.

임진왜란 이전 류성룡의 여진에 위협인식을 가장 대표적으로 보여주는 것으로는 1583년 니탕개의 난 시기 올린 「北邊獻策議」를 들 수 있다. 류성룡은 니탕개 난에 대처하는 방안으로 크게 상·중·하 책으로 나누어 검토하였다. 上策으로 그는 인재를 적절히 임용하고 번호들의 실정을 살피면서 이들에게 선정을 베푼 후 형세를 살펴 군졸을 동원하여 대응할 것을 주장하였다. 류성룡은 니탕개 난의 근본 원인을 함경도 지역 지방관과 아전의 침학과 번호들의 불만에서 찾고 있다. 따라서 해결책으로 적극적인 군사적인 행동은 신중히 하면서, 청렴하고 유능한 무장들을 파견하여 이들 번호를 제어할 것을 주장하였다. 아울러 널리 척후와 간첩을 운용하여 번호들의 동정을 선제적으로 파악하여 기습하거나 유인하여 대응하도록 하되 번호 중 조선에 우호적인 자들은 적극적으로 포섭하는 방안을 제시하였다. 中策으로는 소수 정예인 함경도 지역 군병인 土兵 수천

학보』 41, 2010, 179~184쪽.
20) 니탕개 난의 구체적인 경과에 대해서는 윤호량, 「선조 16년(1583) '니탕개 난'과 조선의 군사전략」, 고려대학교 석사학위논문, 2009 ; 김순남, 「조선 전기 5진 藩胡의 동향」, 『역사와실학』 46, 2011에 자세하다.

여 명을 동원하여 번호 중 가장 악한 자를 골라 단기간에 정벌하고 복귀하되 나머지 번호에 대해서는 포용하도록 하는 것이었다. 下策은 대규모 군사를 동원하여 여진 지역 깊숙이 정벌하는 것으로, 그는 이 전략은 승패를 알기 어려울 뿐만 아니라 정벌 이후에 여진 부족들이 서로 연합하여 조선에 대항할 가능성이 높아 전쟁이 끝날 때가 없을 것이라고 판단하였다.[21]

「북변헌책의」에 나타난 류성룡의 대여진 전략은 기본적으로 조선 초기 이래 여진족에 대한 전략의 연장선상이었다. 조선은 여진족, 특히 번호에 대해서는 조선의 藩屛으로 인식하고 형식적인 군신 관계를 맺고 있었다. 번호들이 조선에 배반하고 변경을 약탈하면 회유와 토벌을 병행하여 반란을 주도한 세력에 대해서는 토벌하여 제거하고 나머지 세력은 회유하는 방략을 채택하고 있었다.[22] 이는 조선이 여진에 대해 우월적인 입장에서 채택한 전략이라고 할 수 있다. 이러한 양상은 임진왜란이 일어난 직후인 1594년 10월 易水의 3개 번호 부락에 대한 정벌의 과정에서도 동일하게 나타났다. 북병사 鄭見龍의 조선군은 易水 번호의 소굴을 토벌하여 응징하되 나머지 번호에 대해서는 효유하고 북방 邊將이나 수령의 비리를 제거하는 위무책을 시행하였다.[23] 그러나 조선이 아직 번호 등 여진 세력에 대해 우월적 입장에서 채택한 기존의 군사전략은 1595년을 전후하

---

21) 『국역 雜著』, 「북변헌책의」, 178~188쪽.
22) 장정수, 「선조대 대여진 방어전략의 변화 과정과 의미」, 『조선시대사학보』 67, 2013, 174~176쪽.
23) 『선조실록』 권55, 선조 27년 10월 乙卯. 1594년 易水 여진 정벌전에 대해서는 강성문, 「조선시대 여진정벌에 관한 연구」, 『군사』 18, 1989, 65쪽에 자세하다.

여 큰 변화가 나타났다. 이는 이 시기 누르하치 세력의 확장과 주변 세력의 적극적인 대응 및 조선의 북방 지역 군사적 상황에 따라 우월적이고 적극적인 군사전략을 채택하기 어려웠던 것과 관련을 가지고 있다.

전통적인 조선의 대여진 군사전략은 임진왜란을 계기로 변화가 불가피해졌다. 임진왜란 직전 국가 체제를 갖추기 시작한 건주여진의 누르하치는 임진왜란을 계기로 대규모 명군이 일본군의 요동 침입을 저지하고자 조선에 파병되기 위해 요동 일대에 군사력이 집중되자 일시적으로 주변 지역으로의 영토 확장을 멈추는 듯하였다.[24] 그러나 임진왜란에 대규모 명의 원병이 조선에 파병되어 일본군의 북상을 저지하고 남쪽으로 밀어붙이는 등 명의 관심이 조선에 집중된 것을 이용하여 더 적극적인 영역 확대 정책을 추진하였다. 1593년 9월 누르하치의 건주여진을 견제하기 위해 해서여진의 哈達을 중심으로 한 여진과 몽골의 9부 연합군을 격파하고 그 여세를 몰아 그해 말에는 장백산부의 눌은부와 주사리부를 병합하여 백두산 너머까지 영향력 하에 두었다. 장백산부의 장악으로 건주여진은 이제 동쪽으로는 압록강을 지나 두만강 상류와 송화강까지 영역이 확대되었고 이를 계기로 남부 만주 지역에 대한 지배력을 장악해나 갔다.[25] 이는 함경도와 평안도 등 조선의 북방 지역 전역에 적지 않은 위협이 되었다. 건주여진의 장백산부 통합과 해서여진 격파를 계기로 누르하치는 일시적으로 군사적인 팽창보다는 대외적인 안

---

24) 계승범, 「임진왜란과 누르하치」, 『임진왜란, 동아시아 삼국전쟁』, 휴머니스트, 2007, 364쪽.
25) 천제션, 앞의 책, 2015, 72~80쪽.

정을 추구하여 명, 조선, 몽골 등에 대해 화전 양면 정책을 구사하면서 독자적인 세력 구축에 나섰다. 그러나 누르하치의 세력 확장이 멈춘 것은 아니었다.

한편 강성해진 누르하치에 대항하기 위해 1590년대 들어 건주여진의 북쪽에 있던 해서여진의 哈達, 兀剌, 輝發, 葉赫 등 유력한 4부가 연합하여 하나의 연합체인 扈倫 4부를 형성하였다. 그 세력은 이전 조선이 주로 관계를 맺었던 번호 등 여진 세력과는 비교하기 어려울 정도로 상당히 강력한 것이었다.[26] 이 호륜 4부는 앞서 보았듯이 1593년 누르하치와의 결전에서 크게 패하여 세력이 위축되었지만 17세기 초까지 세력을 유지하면서 누르하치와 대립하였다. 아울러 烏拉部와 같이 조선의 두만강 유역으로 진출하여 번호를 약탈하는 등 조선에 적지않은 부담을 주었다.[27] 이처럼 임진왜란 기간 중 조선이 상대하여야 하는 건주여진, 해서여진, 번호 등 여진의 여러 세력은 이전과는 완전히 다른 양상을 띠었음을 알 수 있다. 여진 세력의 성장은 교역 등을 통한 세력 육성과 함께 임진왜란 초기 조선의 함경도 지역이 일본군의 점령 하에 들어갔을 뿐만 아니라 가토의 일본군이 지금의 延邊 자치주 지역까지 공격하면서 조선의 군사적 취약성이 드러나는 등 조선의 번호 등 여진에 대한 통제력이 약해진 것과도 일부 궤를 같이 한다. 건주부 등 여진의 중심 세력이 형성되어 급속히 세력을 확장하는 것과 함께 임진왜란으로 인해 여진에 대한 명과 조선의 통제력이 약화된 상황에서 조선의 여진에 대한 대응 군사전략과 국방정책은 이전과 다른 새로

---

26) 장정수, 앞의 논문, 2013, 181~182쪽.
27) 남의현, 앞의 논문, 2011, 307~310쪽.

운 모색이 불가피해졌다.

Ⅲ. 류성룡의 대북방 국방정책

1. 1595년 건주여진의 위협과 류성룡의 4도체찰사 임명

1592년 4월 임진왜란이 발발하자 누르하치는 그해 9월 조선에 파병을 제안하였다. 이 시기는 앞서 보았듯이 누르하치가 건주부를 전부 통일하고 장백산부의 鴨綠江部까지 차지하여 압록강 일대에서 조선과 국경을 마주하던 시기로서 조선과의 관계를 새로이 정립할 필요성이 있었다. 아울러 대규모 명군이 조선 파병을 위해 만주 지역으로 이동하던 상황으로 누르하치는 명과의 이후 관계 등을 고려하여 파병을 제안한 것이었다. 당시 제1차 평양성 전투의 패배로 충격을 받은 명은 兵部에서 咨文을 보내어 건주여진의 파병에 대해 긍정적인 입장을 가지고 있음을 조선에 전하였다.[28] 누르하치의 파병 제안에 대해 류성룡은 安史의 난 당시 당나라가 回紇과 吐藩에 원병을 청하여 이후 대대로 큰 화를 입었다는 사례를 들어 극력 반대하였다.[29] 조선 조정의 강력한 반대에 따라 건주여진의 파병은 이루어지지 못하였다.

누르하치는 파병 제안 이후에도 계속 조선에 대해 우호적인 입장을 취하였다. 1595년(선조 28) 4월과 7월, 2차례에 걸쳐 조선의 犯越人

---

28)『선조실록』권30, 선조 25년 9월 甲戌.
29)『西厓集』「年譜」권1, 萬曆 20년 9월.

들을 돌려보내주는 등 조선과 접촉을 본격 시도하였다.[30] 조선 범월인의 쇄환을 계기로 누르하치는 그해 7월 초 만포에 사절 90인을 보내어 書契를 올리고 아울러 국경 일대에서 삼을 채취하는 것을 협의하고자 하였다. 그러나 조선에서는 일본과의 전쟁이 계속되는 상황에서 평안도 일대의 방어체계가 약화되었으므로 건주여진의 적극적인 교섭 시도는 상당히 위협적인 것으로 받아들였다.[31] 건주여진의 교섭 시도에 대해 조선이 이를 위협적으로 인식한 것은 당시 건주여진의 동향과도 밀접한 관련을 가지고 있다. 1593년 말 건주여진은 장백산 3부를 모두 통합하고 점차 두만강 유역으로 진출하기 시작하였다. 1595년경부터는 두만강 유역의 여진인인 瓦爾喀 공략에 착수하여 이듬해 연말에는 모련부와 尼麻車部가 건주여진에 복속되었다.[32] 따라서 조선은 건주여진의 두만강 유역으로의 급속한 세력 확장을 매우 심각하게 받아들이게 된다.

두만강 유역으로의 건주여진의 세력 확장이 일어나던 상황에서 조선은 건주여진과 평안도 및 함경도 국경 일대에서 蔘을 캐는[採蔘] 문제를 둘러싸고 심각한 갈등이 나타났다. 1595년 7월 조선의 국경을 넘어 평안도 위원에서 蔘을 캐던 여진인이 조선의 장수에게 죽임을 당하는 사건이 발생하였다.[33] 그 직후에는 200명에 달하는 건주여진인이 함경도의 三水에 몰래 들어와서 삼을 캔 사건이 보고되었다. 조선은 이를 단순한 것으로 보지 않고 조선의 허실을 탐지하

---

30) 최호균, 앞의 논문, 1995, 29~30쪽.
31) 『선조실록』 권65, 선조 28년 7월 丙申.
32) 남의현, 「16~17세기 두만강 변경지대 여진의 성장과 국제질서의 변화 : 瓦爾喀 등 여진족 통합과정을 중심으로」, 『명청사연구』 41, 2014, 83쪽.
33) 『선조실록』 권65, 선조 28년 7월 戊戌.

려는 목적이 있었던 것으로 받아들이고 두 방면에서 도발한다면 조선이 대응하기 어려울 것이라는 우려를 하였다.[34] 누르하치는 위원의 採蔘사건에 대해 조선에 항의하였으나 조선은 건주여진이 당장 군사적인 대응을 하지는 못할 것으로 보았다.

채삼 사건이 일어나고 얼마 지나지 않은 그해 10월 초 불길한 소식이 조선에 전해졌다. 이는 명나라의 馬都督의 移咨에 조선에서 蔘을 캐던 다수의 여진인을 조선의 官兵이 죽인 것에 대한 보복으로 누르하치가 정예 병사를 모아 조선을 공격할 것이라는 내용이었다. 조선은 이를 단순한 헛소문이 아닐 것으로 보고 압록강 江邊 일대의 방어 대책을 강구하였다. 그러나 關西 지역의 작은 진보의 경우 土兵이 10여 명에 지나지 않는 등 군사력은 매우 약한 상태였으므로 여진의 공격에 대응하기 어려운 상태였다. 이에 조선은 남방에 있던 한명련, 김덕령 등의 장수를 파견하고 한성의 砲手와 降倭 등을 보내어 이 지역의 군사력을 보강하도록 하였다. 아울러 여진의 정세를 파악하기 위해 첩자를 파견하는 것을 고려하였다.[35] 그러나 이는 근원적인 대책이 되지는 못하였다. 이에 조선은 휴가를 얻어 귀성하려고 驪州에 이르렀던 류성룡을 급히 불러 경기, 황해, 평안, 함경도 도체찰사로 임명하여 북방의 위협에 대응하도록 하였다. 류성룡은 계청하여 병조판서 이덕형을 副使로, 韓浚謙과 崔瓘을 종사관으로 삼았다.[36]

류성룡의 도체찰사 임명을 통해 북방 방어체계 전반을 정비하기

---

34) 『선조실록』 권66, 선조 28년 8월 壬子.
35) 『선조실록』 권66, 선조 28년 10월 丙午.
36) 『서애집』 연보 권2, 萬曆 23년 10월.

시작함과 동시에 조선은 건주여진의 정세를 파악하기 위해 건주여진에 파견한 하세국을 통해 당시 건주여진이 대략 1만 5천여 명의 군사를 보유하고 있음을 파악하였다.[37] 더 자세한 정보를 알기 위해 1595년 말 신충일을 건주여진에 파견하여 여진의 정세를 보다 구체적으로 파악하도록 하였다. 1596년 초 돌아온 신충일의 보고를 통해 누르하치의 세력이 이전에 비해 비견할 수 없을 정도로 강성해진 것을 파악한 조선은 건주여진에 대한 종래의 인식을 바꾸었다. 이에 조선은 산성과 진보를 수축하고 지키기에 어려운 작은 진보는 폐쇄하거나 통합하며, 군사를 훈련시켜 여진의 위협에 대비하도록 하였다.[38]

2. 류성룡의 평안도 관방론

1595년 후반의 건주여진의 세력 확대에 따른 채삼사건과 조선 침공 가능성의 대두 등을 계기로 조선의 대여진 군사전략은 이제 이전과 완전히 다른 새로운 단계로 접어들었음을 알 수 있다. 당시는 건주여진 이외에도 홀온부의 대두 등으로 인해 두만강 유역에 거주하던 藩胡의 동요가 나타나는 등 조선 북방의 여진 세력에 대한 조선의 통제력은 급격히 상실되고 있던 상황이었다.[39] 그해 10월 4도 도체찰사로 임명된 류성룡이 제시한 북방지역 關防論 등 그의

---

37) 『선조실록』 권69, 선조 28년 11월 戊子.
38) 『선조실록』 권71, 선조 29년 정월 丁酉. 신충일의 건주여진 정탐 활동에 대해서는 이인영, 「申忠一의 建州紀程圖記에 對하여」, 『한국만주관계사의 연구』, 을유문화사, 1954 참조.
39) 『군문등록』 병신 6월 초9일, 「移咸鏡道巡察使文」.

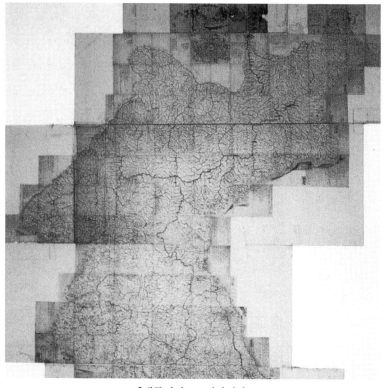

「대동여지도」 평안지방

군사정책은 급변하던 당시의 상황을 여실히 반영한다. 건주여진의 위협과 군사적 능력을 확인한 상황에서 이제 조선은 이전과 같은 우월적 입장에서 여진에 대한 공세적이고 적극적인 군사전략을 구사하기 어렵게 되었다.

건주여진의 군사적 위협과 함께 당시 평안도의 군사적인 상황도 매우 취약한 상황이었다. 당시는 임진왜란 기간이어서 남쪽이 중시되어 북방인 평안도 지역의 군사적인 대비가 거의 이루어지지 않았다. 류성룡은 당시 평안도는 양식이 서너 달도 지탱하기 어려운 상황이었고 군사들도 정비되지 못하였고, 城池도 들쭉날쭉하여 규격에 어긋나고 견고한 곳이 없으며 병기는 모두 흩어져 성곽 방어에 가장 중요한 총통과 화약, 궁시 등이 제대로 갖추어지지 못한 것으로 평가하였다.[40] 따라서 건주여진의 예상되는 침공 지역에 따라 우선적으로 방어체계를 정비할 필요가 있었다.

당시 조선은 건주여진의 대규모 침공에 대비하기 위해 먼저 주요 침공 예상지에 대한 논란이 적지 않았다. 평안도는 지형적으로 평탄할 뿐만 아니라 여진과 접한 국경은 방어할 정면이 매우 넓고 여러 곳의 도하 가능한 지역을 통해 내륙으로 연결되는 도로가 많아 여진족의 침입로를 미리 예측하기 어려운 방어상의 취약점이 있었다.[41] 대신 압록강에서 청천강에 이르는 지역은 600~1500m의 고지군이 연결된 최대폭 50km의 이른바 청북정맥(오늘날의 江南山脈 및 狄踰嶺山脈)이 횡으로 펼쳐져 있어 방어에 많은 이로움이 있었다.[42] 아울러 당시 조선의 조정 내에서는 건주여진의 근거지에 대한 이견이 적지 않았다. 따라서 건주여진의 침공 예상지에 대해 논란이 있었다.

예를 들어 1595년 10월 평안도 방어에 대한 조정의 논의에서 지중추부사 신잡 등은 여연과 무창 등에 가까운 압록강 중상류

---

40) 『군문등록』 丙申 2월 초5일, 「移平安道兵馬節度使文」.
41) 『광해군일기』 권14, 광해군 원년 정월 辛卯. 평안도의 도로 및 지형적인 특징에 대해서는 고승희, 「조선후기 평안도지역 도로방어체계의 정비」, 『한국문화』 34, 2004에 자세하다.
42) 청북정맥은 동쪽에서 서쪽으로 낭림산 - 적유령 - 우현령 - 구계령 - 비래봉 - 완항령 - 계반령 - 천마산 - 백마산 등의 산지가 이어져 있었다. 양진혁, 「여말선초 북방방위전략에 관한 연구 - 평안도 방위체제를 중심으로」, 국방대학교 석사학위논문, 2007, 20~21쪽.

지역이 여진의 근거지이므로 압록강 상류의 독로강 방면으로 나와 강계를 통해 내륙으로 들어올 가능성을 높게 보았다. 따라서 그 배후에 있는 狄踰嶺을 막아 여진의 남하를 저지하고 강계와 희천 등지의 방어체계를 정비할 것을 주장하였다. 병조판서 이덕형도 이러한 입장에 동조하였다. 선조도 독로강 입구인 고산리, 만포의 방어체제에 관심을 갖기도 하였다. 이에 비해 영의정 류성룡은 건주여진의 근거지를 압록강 하류에 가까운 창성의 맞은 편에 있는 靉陽堡 근처로 판단하고 압록강 하류와 내륙 지역의 방어체계 정비를 주장하였다. 특히 그는 건주여진의 군대가 대규모로 침공할 것을 고려하여 청북정맥 배후의 주요 고을인 안주와 영변, 구성, 정주에 군사를 집결시켜 대비할 것을 주장하였다.[43] 이는 당시 평안도 압록강변의 각 진보 간에 거리가 2~4息 정도씩 떨어져 있어 서로 구원하기 어려울 뿐 아니라, 큰 진보의 경우에도 방어 군사인 토병이 15~16명에 지나지 않은 상황이었으므로 길게 이어져 있는 강변의 진보를 통한 방어가 현실적으로 어려운 것을 고려한 것이었다. 특히 류성룡은 청북정맥 배후 지역 중 구성의 방어 중요성을 제기하고 火砲와 器械 등을 마련할 것을 주장하였다.[44]

압록강 하류 지역이 건주여진의 주 침입로로 예상하고 구성 일대의 방어 중요성을 제기한 류성룡의 주장은 곧바로 비변사에 의해 지지를 받았다. 비변사에서도 당시 압록강변의 벽동 이상은 산세가 험하여 건주여진이 내지로 충돌하여 오기 어렵다고 평가하였다. 따라서 압록강변의 창주에서 삭주를 거쳐 구성으로 들어오는 길을

---

43) 『선조실록』 권68, 선조 28년 10월 丙辰.
44) 『선조실록』 권67, 선조 28년 9월 乙亥.

유력한 공격로로 예상하였다. 아울러 압록강 하류의 내지인 定州 등의 방어 필요성도 제기하였다.[45] 압록강 하류 지역을 건주여진의 주 침입로로 예상한 류성룡의 평가는 이후 건주여진에 대한 여러 정보가 확보되면서 설득력을 얻게 된다. 예를 들어 접반사 심희수는 건주여진이 명의 애양보를 위협한다는 정보를 바탕으로 압록강 하류의 의주에 대한 방어체제를 강화하기 위해 용천, 철산, 창성, 방산 등지의 군병을 의주에 집결시켜 방어할 것을 주장하였다.[46] 이후 신충일의 보고를 통해 건주여진에 대한 상세한 정보가 들어오면서 류성룡은 본격적으로 평안도 지역 방어체계를 강화하기 시작하였다.

류성룡은 심희수의 보고를 바탕으로 압록강 하류, 즉 水下[47] 지역 특히 의주 방어체제 정비에 착수하였다. 당시까지 건주여진의 침입 가능성이 압록강 중상류 지역으로 향할 것으로 예상되어 그 지역의 방어를 위해 의주의 군사들이 동원된 상태였으므로 의주는 방어 병력이 부족하였을 뿐만 아니라 의주성은 너무 넓고 지세도 서문에서 남문과 동문에 이르는 지역이 평지에 있어 방어에 어려운 점이 있었다. 이에 砲樓를 설치하고 화포와 각종 무기를 갖추도록 하고 아울러 지휘체계를 강화하기 위해 조방장을 임명하여 주변 군현인 용천, 철산 등지의 포수를 통합하여 방어하도록 하였다.[48]

---

45) 『선조실록』 권68, 선조 28년 10월 己酉.
46) 『선조실록』 권69, 선조 28년 11월 戊子.
47) 당시 압록강변의 7邑 이른바 江邊七邑 가운데 상류의 강계, 위원, 이산의 세 읍은 水上 지역, 하류의 벽동, 창성, 삭주, 의주는 水下 지역으로 지칭되었다. 수상 지역은 산악지형이었고 수하 지역은 상대적으로 평탄하였고 지형에 따라 주요 읍치와 진보의 위치가 정해졌다(강석화, 「조선후기 평안도지역 압록강변의 방어체계」, 『한국문화』 34, 2004, 170쪽).

류성룡은 건주여진의 대규모 공격이 있을 경우 압록강에 흩어져
있는 소규모의 여러 鎭堡로는 방어하기 어렵다고 인식하였다. 당시
압록강의 진보는 큰 진보조차도 방어 군병인 土兵의 숫자도 적었을
뿐만 아니라 진보 간에 거리가 멀어 서로 구원하기 어려웠고 군량과
무기가 준비되어 있지 않아 방어에 어려운 지경이었다.[49] 따라서
류성룡은 작은 진보에는 土兵만을 배치하고 장수를 두지 않고 중국
의 烽火墩臺의 예에 따라 돈대를 구축하여 적의 동정을 살피고
봉화를 올려 경고하는 역할만 하도록 하고, 큰 진보에 군사를 통합하
여 실제 방어에 임하도록 하였다.[50] 당시 명나라에서는 요동 지역으
로부터 서쪽으로 높은 煙臺를 쌓고 주변에 깊은 참호를 두른 시설을
5~10리 거리를 두고 건설하여 오랑캐의 침입을 미리 알리도록 하였
다. 조선에서도 고산리 첨사 김응서가 벽돌로 높은 煙臺 두 곳을
설치한 적이 있었다.[51] 류성룡은 대규모 침입의 경우 이상의 압록강
변의 방어체계 강화로는 저지하기 어렵다는 인식을 분명히 하고
있었다. 따라서 강변을 연하여 설치된 기존의 鎭堡를 통한 적극적인
방어보다는 당시 중국의 변경에서 시행되던 煙臺의 제도를 도입하
여 이를 강변에 설치하여 적의 침입을 미리 경보하도록 하고 내륙의

48) 『군문등록』 乙未 11월 26일 上使啓辭, 「陳平安道沿江防守節目便宜啓」.
49) 『군문등록』 乙未 10월 29일, 「移平安道兵馬節度使文」.
50) 『군문등록』 丙申 9월 초3일, 「移平安道巡察使兵使文」.
51) 『군문등록』 丙申 2월 11일, 「同日啓」. 이러한 煙臺 혹은 烽火墩臺는 당시
    조선에 도입되었던 병서인 척계광의 『紀效新書』에 敦堠라고 하여 적이
    나타나는 것을 사전에 경고하기 위해 해변 등에 10리를 기준하여 설치하도
    록 한 독립된 척후 시설로서 5명의 군사가 경계를 서도록 한 것이었다.(『紀
    效新書』 권13, 守哨篇 「烽堠解」) 명 중기 척계광에 의해 제안된 烽堠(臺)의
    제도에 대해서는 王兆春, 『中國科學技術史』, 科學出版社, 1998, 237쪽 참조.

縱深 지역인 이른바 內地의 방어체계를 강화하는 방안을 적극 고려하고 있었다.

류성룡은 내지 방어를 위해 우선 평안도의 구성, 안주, 숙천, 곽산, 창성의 다섯 고을의 성곽을 정비하여 방어체계를 갖추고자 하였다. 그는 이들 고을 중에서 특히 안주는 희천, 박천, 가산의 세 고을에서 오는 길이 모일뿐만 아니라 청천강이 앞에 있어 지형이 방어에 매우 유리하다고 보았다.[52] 안주 등 다섯 고을은 평안도의 주요 도로인 의주대로와 내륙직로를 통제할 수 있는 지역으로 그 중에서 류성룡이 창성, 구성, 안주를 강조하고 있는 것은 내륙직로를 따라 건주여진이 남하할 가능성을 가장 높게 보았음을 알 수 있다.[53] 이는 16세기 말까지 건주여진의 판도가 아직 압록강 하류의 명나라 영역까지 미치지 못한 상태였으므로 하류인 의주보다는 압록강 중류인 창성 일대를 통해 조선을 공격할 가능성이 높았던 상황을 고려하였던 결과였다. 아울러 서해안을 따라 내려가는 의주대로에 비해 내륙직로는 비록 초입 지역은 약간의 험지가 있지만 이를 통과하면 의주대로에 비해 길이가 짧아 보다 신속하게 남하할 수 있었던 것도 주요하게 고려되었을 것이다.

안주의 방어체계 정비와 함께 류성룡은 청천강 유역에서 대동강 일대에 이르는 2개의 주요 접근로(東路, 西路)에 연한 방어체계 정비에도 착수하게 된다. 西路는 안주에서 숙천, 순안을 거쳐 평양에

---

52) 『군문등록』 乙未 10월 19일, 「移平安道巡察使節度使文」 ; 『군문등록』 丙申 2월 11일, 「同日啓」.

53) 당시 평안도의 주요 대로는 의주-정주-안주로 연결되는 의주대로와 창성-구성-운산-안주로 이어지는 내륙직로, 그리고 강계-희천-영변을 연결하는 강계직로 등이었다.(고승희, 앞의 논문, 2004, 203쪽)

이르는 길이 70km의 직로로서 지형이 개활하며 도로가 종적으로 발달하여 내지로 들어오기 용이하다. 이에 비해 東路는 西路의 우측을 따라 내려가는 도로로서 价川에서 출발하여 순천, 자산을 거쳐 江東으로 이어지는 직로이다. 평양의 우측 지역으로 이어지는 우회로이며 아울러 성천을 거쳐 함경도로 들어갈 수 있으며, 황해도의 삼등, 수안, 평산 등을 거쳐 개성으로 접근할 수 있다.[54] 류성룡은 먼저 안주에서 평양에 이르는 대로인 西路에 연한 주요 고을(안주, 숙천, 순안, 평양)의 방어체제 정비에 착수하였다. 이에 숙천과 평양의 성곽을 조사하여 지나치게 넓은 평양성은 포루를 설치하여 방어력을 높이도록 하고 숙천의 土城은 이후 정비에 착수하도록 하였다.[55]

서로에 연한 고을의 방어체제 정비와 함께 류성룡은 동로에 연한 고을의 방어체제 정비에도 주목하였다. 특히 영변에서 내륙으로 남하하는 도로가 지나는 成川 일대의 방어체제 정비에도 관심을 기울였다. 류성룡은 이전부터 북방 세력이 침공할 경우 서로를 통해 평양을 거쳐 남하하는 경우와 함께 평양 동쪽의 대동강 상류에 있는 成川을 거쳐 황해도의 慈悲嶺을 지나 내지 깊숙이 남하한 역사적인 사례가 적지 않았음을 파악하였다. 따라서 성천 일대의 방어체제[成川鎭管]를 정비하여 다수의 정예 군병을 양성하면 평양과 함께 서로 견제하면서 평양의 방어에 도움을 줄 수 있을 뿐만 아니라 아울러 적군이 황해도의 수안, 곡산을 거쳐 개성으로 남하하는 것을 저지할 수 있다고 주장하였다.[56]

---

54) 양진혁, 앞의 논문, 2007, 28쪽.
55) 『군문등록』丙申 2월 초5일, 「移平安道兵馬節度使文」.

이상에서 나타난 류성룡의 평안도 지역 관방론은 크게 압록강변에서 청천강 이북 지역의 방어체계와 청천강에서 대동강에 이르는 지역인 평안도 내륙의 방어체계를 함께 고려하여 제안된 것이었다. 이러한 평안도 지역 관방론은 15세기 중반 몽골의 위협이 크게 나타나자 제시되었던 평안도 지역에 대한 梁誠之의 관방론[57]과도 적지않은 관련을 가지고 있지만 당시 건주여진의 예상되는 침입로를 분석하고 이를 바탕으로 새로이 구체적인 방어대책을 강구하였다는 점에서 의미가 적지 않다.

3. 류성룡의 함경도·황해도 관방론

앞서 보았듯이 1593년 훌룬 4부를 중심으로 한 여진과 몽골의 9부족 연합군을 격파한 이후 누르하치의 건주여진은 그 판도가 동쪽으로는 백두산 지역까지 미치게 되었다. 건주여진의 근거지인 압록강 중류 지역뿐만 아니라 상류 및 백두산에 연한 지역에서도 건주여진의 침공 가능성이 상당히 높아졌다. 또한 두만강 일대의 해서여진인 홀온 세력이 성장하면서 이 지역의 藩胡와 연결되는 양상을 보여주고 있다.[58] 아울러 건주여진도 1595년 이후 계속 두만강 지역으로 세력이 확장함에 따라 두만강 중하류에서 번호 연결될 가능성도 예상되었다. 당시 두만강 하류 지역의 동향도

---

56) 『군문등록』 丙申 4월 14일, 「分付從事官應行事宜條」.
57) 양성지는 평안도의 가장 긴요한 고을[緊郡]로서 의주, 삭주, 강계, 희천, 영변, 안주, 평양 등 7고을과 다음으로 긴요한 고을[次邑]로서 여연, 박천, 성천을 들고 있다.(김호일, 「양성지의 관방론」, 『한국사론』 7, 1986, 20쪽)
58) 『선조실록』 권56, 선조 27년 10월 乙卯.

심상치 않은 상황으로 조선에 복속하였던 대부분의 번호들이 잇달아 반란을 일으키거나 배반하려는 마음을 품고 있는 상황이었다.[59] 1595년 말 건주여진에 파견되었던 신충일이 올린 書啓 안에는 누르하치가 함경도 혜산 건너편 쪽에 鎭을 설치하려고 한다는 첩보가 들어있기도 하였다.[60] 류성룡은 건주여진이 혜산을 거점으로 하여 번호와 연결될 경우 매우 심각한 상황이 나타날지도 모른다는 우려를 하고 있었다.[61]

1593년 말 장백산 3부의 병합 이후 1595년 들어 건주여진이 두만강 유역으로 영향력을 본격적으로 확장하기 시작하면서 류성룡은 평안도 지역뿐만 아니라 함경도 지역 방어에 대해서도 우려하기 시작하였다. 류성룡은 건주여진이 두만강 유역의 번호와 연결되는 상황뿐만 아니라 함경도 지역을 통해 조선을 침공할 가능성을 크게 우려하였다. 함경도 지역 중에서도 건주여진과 가까운 압록강 상류 지역인 함경도 남도 지역의 침입 가능성이 높았다. 그러나 이 지역의 방어 대세는 매우 취약한 상태로 건주여진의 침공 우려가 높은 백두산 서쪽 혜산과 장진강 유역의 주요 진보는 당시 매우 허술한 상태였다. 또한 혜산에 인접한 삼수와 갑산 지역의 가장 중요한 진보인 廟坡堡와 乫坡知堡 등도 임진왜란의 여파로 매우 허술해져 방어를 담당하기 어려운 상태였다.[62]

갈파지보는 압록강변의 진보 중 가장 동쪽에 있는 진보의 하나로

---

59) 『군문등록』丙申 6월 9일,「移咸鏡道巡察使文」.
60) 『군문등록』丙申 2월 11일,「同日啓」.
61) 『군문등록』丙申 4월 22일,「移南道兵使文」.
62) 『군문등록』丙申 정월 25일,「移南道兵使文」;『군문등록』丙申 정월 27일,「移南道兵使文」.

장진강과 압록강이 만나는 하구에 위치하고 있었는데, 특히 폐사군 일대에서 들어오는 여진족을 대비하는 요충이었다. 묘파보는 갈파 지보의 후방에 있던 장진강 유역의 주요 진보 중 하나였다. 장진강은 함흥 북쪽의 산악 지역에서 발원하여 북쪽으로 흘러 압록강으로 들어가는데, 북방의 침입이 있을 경우 압록강에서 장진강 계곡을 따라 황초령을 넘으면 곧바로 함흥으로 통하는 직로의 요충지라고 할 수 있다.[63] 따라서 갈파지보와 묘파보의 중요성은 매우 높았다. 그러나 이 두 진보는 당시 군사와 주민도 없이 거의 텅 비어 있는 상태였으므로 흩어진 주민을 모으고 군사를 확보하는 것이 매우 필요하였다. 류성룡은 이 두 곳의 진보에 새로이 權管을 임명하고 무과에 급제한 出身 중에서 자원한 자에게 들어가 방어하게 하되 그곳의 屯田을 지급하여 생계를 유지하도록 하였다. 아울러 묘파보 후방에 있는 장진강 유역의 진보인 別害堡 등에도 백성을 모두 들어가 거주하도록 하고 요역 등을 면제하여 방어 체계를 갖출 수 있도록 하였다.[64]

1595년 10월 4도 도체찰사로 임명된 류성룡은 그해 연말까지는 평안도 방어 대책에 집중하던 모습을 보였다. 그러나 1596년 들어서 면서 류성룡은 평안도보다 실질적으로 함경도 지역의 위기가 더 심각하다고 인식하기 시작하였다. 평안도 지역은 중국과 연결되어 있어서 누르하치가 군사를 일으키더라도 조선 깊숙이 들어오지는 않을 것으로 보았다. 그러나 함경도는 당시 남도와 북도 모두 텅 비어 있었고 그 중에서도 남도의 형세가 더욱 위급한 것으로 이해하

---

63) 강석화, 『조선후기 함경도와 북방영토의식』, 경세원, 2000, 138쪽.
64) 『군문등록』 丙申 2월 초1일, 「移南道兵使文」.

고 있었다.[65] 이는 함경남도의 지형적인 특성과 관련된 것으로 삼수, 갑산으로부터 침입하여 곧바로 함흥으로 들어올 경우 함경도는 남, 북으로 양단될 가능성을 심각하게 우려하였다.[66] 류성룡은 이에 대한 대책으로 묘파보, 갈파지보와 함께 別海堡도 아울러 정비할 것을 주장한 것이었다.[67] 이에 더하여 함경남도 지역 성곽의 방어력을 높이기 위해 砲樓를 설치하는 방법을 잘 알고 있는 전판관 宋敬臣을 파견하는 조치를 행하기도 하였다.[68] 시급한 남도 지역의 방어체계 정비가 이루어지자 함경북도 6진 지역의 정비와 폐단 제거에도 관심을 기울였다. 특히 그 이전까지 조선에 충성하며 조선의 변경을 보호하는 울타리 역할을 하던 藩胡들이 6진의 邊將과 수령의 침학, 그리고 주변 여진 세력의 동향 등으로 인해 배반하는 경우가 적지 않았으므로 변장과 수령의 폐단을 제거하도록 하였다.[69]

이상에 나타난 류성룡의 적절한 여러 국방 관련 정책을 통해 1596년 중반을 거치면서 평안도 및 함경도 방어체계의 정비는 상당한 정도 진척을 이룬 것으로 보인다. 실제 류성룡은 1596년 7월에는 체찰사부의 종사관 韓浚謙을 파견하여 평안도 압록강변의 주요

---

65) 『군문등록』丙申 5월 15일, 「體察使意從事官啓」.
66) 『군문등록』丙申 7월 11일, 「體察使意從事官啓」. 삼수, 갑산과 장진강을 통해 곧바로 함흥으로 들어와 남도와 북도로 양단할 수 있다는 함경도 지역의 전략적 취약점은 이후에도 계속 제기되어 함경남도 지역 방어체계 개편에 주요한 쟁점이 되었다.(노영구, 「조선후기 함경남도 幹線 방어체계」, 『한국문화』36, 2005)
67) 『군문등록』丙申 2월 초1일, 「移南道兵使文」.
68) 『군문등록』丙申 4월 29일, 「移南道兵使及巡察使文」.
69) 『군문등록』丙申 7월 초7일, 「移咸鏡道巡察使北道兵使文」.

진보를 순시하게 하여 성곽과 무기가 준비된 상황을 조사하게 한 결과 일부 부족한 점은 있었지만 계획하였던 砲樓 건설 등 방어시설 정비 등에서 상당한 성과를 거두었음을 확인하였다.[70]

도체찰사 임명 이후 평안도와 함경도 등 우선 시급한 북방의 방어체계 정비에 일정한 성과를 거두기 시작하자 류성룡은 그 배후인 황해도 지역의 방어체계 개편에도 착수하였다. 황해도는 지리적으로 평안도와 경기 사이에 위치하여 북방의 위협에 직접 직면한 곳은 아니었고 그 이전까지 북방의 전면적인 위협이 없었으므로 조선 전기까지는 이 지역의 군사적인 중요성은 그다지 높지 않았다. 그러나 건주여진의 전면적인 침입이 예상되던 16세기 말 상황에서 황해도는 평안도의 배후이며 동시에 수도권 방어의 외곽 지역으로서 군사적인 의미가 새로이 부각되었다. 북방의 위협과 함께 황해도는 지형상 해안선이 길고 중국의 산동성 지역과 매우 가까웠을 뿐만 아니라 남쪽 해안을 따라 항해하면 교동도와 강화도를 거쳐 곧바로 한강에 진입할 수 있었으므로 해안 방어의 필요성도 높았다.[71]

류성룡은 도체찰사로 임명되자 우선 황해도 관찰사에게 황해도의 군병의 규모와 군량, 병기의 상황, 그리고 도내의 주요 산성의 形勢 등을 조사하여 보고하도록 하였다.[72] 이를 바탕으로 최초 황해도 방어에서 가장 중요한 직로 상의 고을로서 평산, 봉산, 황주 세 곳을 우선 주목하고 이곳의 수령으로 적임자를 보내어 이 지역을

---

70) 『군문등록』丙申 7월 22일, 「體察使意從事官啓」.
71) 황해도의 지리적 상황에 대해서는 강석화, 「조선후기 황해도 연안 방위체계」, 『한국문화』 38, 2006, 367쪽 참조.
72) 『군문등록』乙未 10월 24일, 「移黃海道觀察使文」.

우선 정비하도록 하였다.[73] 그중에서 특히 개성으로 연결되어 한성으로 가는 직로에 있으면서 아울러 토산, 곡산, 수안을 평안도의 성천으로 연결되는 교통의 요충인 평산과 그 인접한 나루터인 猪灘 일대의 중요성을 인식하고 산성을 개축하기 위해 종사관에게 조사할 것을 명하였다.[74] 이외에도 봉산과 황주 사이의 成佛山과 황주의 德音巖 등지도 산성을 설치할 만하다고 하여 황해도 순찰사에게 조사하여 보고하도록 하였다.[75]

북방의 침입에 대비하기 위한 주요 대로상의 방어체제 정비와 함께 연해를 통해 개성으로 연결되는 교통상의 요충인 海州와 延安의 방어체계 정비에도 착수하였다. 특히 류성룡은 延安이 남쪽으로는 강화에 연해있고 북쪽으로는 해주를 견제하고 있는 곳으로 황해도 내에서 가장 중요한 곳의 하나로 인식하였다. 임진왜란 중에는 이정암이 이곳에서 일본군을 물리쳐 북방으로 피난한 조정과 남쪽 지역의 해안을 통해 연락을 가능하게 한 매우 중요한 요충이었다. 다만 당시에는 연안성이 평지에 있고 성의 남쪽 밖에 높은 언덕이 있어 성 안을 감제할 수 있었으므로 이곳에 포루를 두어 성의 방어를 강화하도록 하였다.[76]

이후 류성룡은 황해도에 대한 이해가 넓어지면서 이 지역의 지리적인 특성을 다음과 같이 정확히 이해하고 있었다.

本道(황해도)의 형세는 대개 두 길이 있으니, 한 길은 개성부를

---

73)『군문등록』丙申 정월 초4일,「同日啓」.
74)『군문등록』丙申 4월 14일,「移從事官文 分付從事官應行事宜條」.
75)『군문등록』丙申 정월 20일,「移黃海道巡察使文」.
76)『군문등록』丙申 4월 12일,「移黃海道巡察使文」.

거쳐 평산까지 이르는 것이고, 다른 한 길은 兎山, 新溪를 거쳐 成川까지 이르는 것이니, 중간에 비록 옆으로 통하는 좁은 길이 있지만, 이 두 길이 한 도의 氣脈이 된다. 그러나 토산, 신계의 길은 산길로서 험하고 좁아서 적군이 나아가기 어렵고 우리는 수비하기 쉬우므로 지난해 왜적도 일찍이 이 길을 지나가지 않았으니 그 뜻을 알 수 있다. 지금 直路에 근거하여 말하면 단지 江陰이 가장 긴요한 곳으로, 생각해보건대 (江陰은) 지리적으로 猪灘의 하류에 위치하여 선박이 통하지 않는 곳이 없으며, 또 평산의 직로와 가깝고 白川, 延安, 海州가 모두 그 배후에 있으니, 이곳에 重鎭을 둔다면 적군이 감히 직로를 질러 평산을 침범하지도 못할 것이며 배천, 연안, 해주가 모두 그 품안에 있게 될 것이니 이것이 바로 한 도의 咽喉인 것이다.[77]

  1596년 11월 황해도 순찰사에게 보낸 위의 移文에서 볼 수 있듯이 류성룡은 황해도 방어를 위해서는 평안도에서 내려오는 두 대로 중에서 특히 개성－평산을 거쳐 평양으로 연결되는 서북대로의 방어를 중시하였음을 알 수 있다. 아울러 토산－신계를 거쳐 평안도 성천에 이르는 이른바 평안도의 東路와 연결된 대로의 방어 중요성도 인식하고 있었다. 이를 위해 평산산성과 연안성, 해주성, 瑞興山城 등을 정비할 것을 주장하였다. 특히 서북대로에서 가깝고 황해도 남쪽 해안의 주요 거점인 배천, 연안, 해주의 배후인 猪灘 하류의 江陰의 군사적 중요성을 인식하고 있었다. 황해도 방어에서 강음의

77) 『군문등록』 丙申 11월 초5일, 「移黃海道巡察使文」.

군사적인 중요성은 임진왜란 초기 일본군이 이곳에 진영을 설치한 것을 통해 알 수 있었다. 이에 강음의 방어체제 정비에 본격적으로 착수할 구상을 가지고 이곳에 요해처를 설치하고 군량을 확보할 방안을 강구하였다.[78] 이러한 구상에서 류성룡은 1596년 12월 황해도 지세의 중점은 오로지 江陰에 있으므로 우선 계획을 세워 이곳을 鎭守하는 곳으로 만들어 만일 사변이 일어날 경우 명나라의 군대가 와서 주둔하도록 하고, 인근인 猪灘의 東峯과 西峰에다 목책을 설치하여 별도의 진으로 삼아 수비하도록 황해도 관찰사 이정암에게 명령하였다.[79] 강음을 주요한 군사적 거점으로 파악하고 이 지역의 방어체계를 정비하도록 한 것은 류성룡이 1596년 초 황해도 방어의 중점을 대로상의 거점인 평산산성과 鳳山, 黃州와 감영인 海州에 두고 砲樓 등을 설치하도록 한 것에서 더 나아가 이 무렵 황해도 방어체계에 대해 상당히 높은 이해도를 갖고 있었음을 알 수 있다.[80]

4. 류성룡의 화기 위주 수성 전술과 군사력 정비

평안도 등 북방 지역의 관방 체계 정비와 함께 류성룡은 여진의 기병을 저지하기 위한 구체적인 전술로서 화기를 이용한 수성 전술을 적극 모색하였다. 이는 여진족 특유의 공성 전술에 대비하기 위한 것이었다. 여진 기병은 낮은 성벽을 공격할 때에는 흙 한 자루씩을 가지고 달려가서 그 자루를 성 밑에 계속 쌓아 그 높이가

---

78)『군문등록』丙申 11월 16일,「移黃海道巡察使兵使所江僉使文」.
79)『군문등록』丙申 12월 18일,「分付黃海道觀察使李廷馣道內防守事宜啓」.
80)『군문등록』丙申 정월 30일,「移從事官文」.

성벽의 높이에 이르면 말을 탄 상태에서 자루더미를 타고 성벽을 넘었다. 그리고 鐵甲으로 보호된 이들은 화살로는 저지할 수 없었으므로 관통력이 보다 높은 火器가 반드시 필요하다고 보았다.[81] 아울러 기병의 특기인 충격력을 발휘하기 어려운 산성에서 화기를 효과적으로 사용하여 적을 저지하는 것이 매우 유용한 전술로 보았다. 류성룡의 이러한 인식은 임진왜란 당시 일본군과의 여러 전투 경험의 반성과 당시 조선의 군사적 상황에서 나온 것이었다.

류성룡은 전통적으로 우리 민족은 산성에서 弓矢를 이용하여 공격하는 적을 효과적으로 저지하였다고 보았다. 그러나 임진왜란 초기 일본군들은 공성할 때에는 조총수 수천 명이 성벽의 낮은 곳으로 집중 사격하여 방어하는 군사가 머리를 내놓지 못하도록 하고 용맹한 자들이 참호를 넘어 성 밑에 도착하여 성벽을 타고 넘어 함락시키는 전술을 널리 사용하였다.[82] 이는 戰國時代 후반 일본의 주요 공성전술로서, 조총을 성곽의 취약 지점에 집중 사격하여 방어군을 제압하고 그곳으로 병력과 화력의 우위를 통해 逐次的으로 성곽 전체를 단기간에 공략하는 것이었다.[83] 임진왜란의 주요 전투를 통해 우수한 화기인 조총의 위력을 절감한 조선은 조총과 같은 우수한 화기의 중요성을 인식하였다. 이에 더하여 여진 기병의 갑옷은 궁시로는 관통이 어렵고 총통으로만 관통할 수 있다는 점을 확인한 조선은 갑옷으로 보호된 여진 기병을 저지하기 위해서는 관통력이 높은 화기를 이용하여 원거리에서부터 이들을 저지하는

---

81) 『군문등록』 乙未 11월 26일, 「陳平安道沿江防守節目便宜啓」.
82) 『서애집』 권14, 雜著 「戰守機宜十條」 重壕.
83) 久保田正志, 『日本の軍事革命』, 錦正社, 2008, 80쪽.

것이 절대적으로 요구되었다.[84]

또한 임진왜란 당시 조선은 전마의 확보에 어려움이 있어 전통적으로 騎射 능력이 우수하였던 평안도의 정예 군병인 土兵들도 말을 가지고 있는 경우가 매우 적었다. 아울러 임진왜란을 계기로 조선은 명나라의 보병 위주의 전술인 척계광의 浙江兵法을 전반적으로 채택하여 군사 편제가 새로운 보병인 砲手와 殺手를 중심으로 양성이 이루어졌다. 따라서 기병 위주의 여진에 대해 步卒이 중심이 된 조선군이 野戰에서 대항하는 것은 매우 어려웠다.[85] 이에 더하여 당시 화기는 비가 올 때나 바람이 세게 불 때에는 사격할 수 없고 발사 속도가 느려 야전에서 갑자기 여진 기병과 조우할 경우 이들의 돌격을 저지하기 어려운 점도 아울러 고려되었다. 화기의 장단점을 고려하고 평원에서 여진 기병과 대결하기 어려운 당시의 군사적인 상황을 고려하여 류성룡은 도체찰사로 임명된 직후부터 화기를 위주로 한 수성 전술을 대 여진 방어전술로 고려하였다.[86]

류성룡은 전투에서 화기의 중요성을 일찍이 이해하고 있었는데, 野戰의 경우에는 조총과 火箭 및 각종 화기를 효과적으로 운용하면 당시 화기를 갖추지 못한 여진족에 대해 효과적일 것으로 보았다.[87] 특히 그는 성곽 방어를 위해서는 조총과 같은 소형 화기와 함께 대형 화포, 즉 大砲의 중요성에 대해 절실히 인식하고 있었다.[88]

---

84) 17세기 초 여진족은 직물로 만들어진 갑옷을 입었는데 이 갑옷은 유연하며 가볍고 화살이 관통하지 않도록 천을 여러 겹 겹쳐서 만든 것이었다.(에릭 힐딩거(채만식 옮김),『초원의 전사들』, 일조각, 2008, 267~268쪽)

85)『군문등록』丙申 4월 초7일,「體察使意從事官啓」.

86)『군문등록』乙未 10월 19일,「移平安道巡察使節度使文」.

87)『선조실록』권68, 선조 28년 10월 辛酉.

88)『서애집』권7,「請訓鍊軍兵啓」;『군문등록』丙申 4월 11일,「體察使意從事

수성 전투에서 대형 화포를 효과적으로 운용하기 위해서는 砲樓가 매우 효과적인 성곽 시설로 이해하였다. 이는 임진왜란 초기 일본군의 공성 전투에 대응하기 위해 고안한 것으로 각 방면에 1개 소를 두는 것을 원칙으로 하되 甕城의 제도와 같이 왼쪽과 오른쪽, 그리고 전면에 구멍을 많이 뚫어서 天·地·玄·黃字 총통을 아래에, 그 위에는 승자총통을, 그리고 제일 위에는 樓를 만들어 먼 곳을 보며 활을 쏠 수 있도록 고안된 것이었다.[89] 만일 돌로 견고한 포루를 축조하기 어려운 경우에는 나무를 이용하여 나무로 기둥을 세우고 가운데 板壁을 만들어 안에서 구멍을 내어 포를 쏘기 편리하도록 하고 火攻에 대비하여 외면에 흙을 발라 벽을 만들도록 하였다.[90] 실제 류성룡에 의해 주도된 양평의 婆娑城 등 주요 성곽의 포루 건설과 대형 화포의 제조 및 보급은 항상 밀접한 관련을 가지는 경우가 적지 않았다.[91] 임진왜란 이후에도 계속 대형 화포가 제조된 것은 여진의 공격에 대비하기 위한 수성 위주 전략이 계속 유지된 것과 관련이 크다.[92]

　류성룡은 굴곡이 많은 조선 산성의 지형적 특성상 포루가 성에 너무 가까이 붙을 경우 탄도[砲道]가 좌우로 나아가는데 장애가 있게 되어 포탄이 멀리가기 어려운 점을 고려하여 성에서 2, 3間이나 4, 5間 떨어지게 하여 포루를 설치할 것을 제안하였다. 그러면 포탄

　　官啓」

89) 『서애집』 권10, 「答金士純書」 癸卯 2월 ; 『군문등록』 乙未 10월 29일, 「移平安道巡察使節度使文」.

90) 『군문등록』 丙申 4월 29일, 「移南道兵使及巡察使文」.

91) 『군문등록』 丙申 5월 15일, 「同日啓」.

92) 임진왜란 이후 수성 위주 방어 전술에 대해서는 허태구, 「병자호란의 정치·군사사적 연구」, 서울대학교 박사학위논문, 2009, 51~58쪽 참조.

이 날아가는데 장애가 되지 않을 뿐만 아니라 인접 포루와 좌우에서 교차하여 사격할 수 있으므로 1,000步 내에서는 적군이 접근하지 못할 것이라고 보았다. 또한 1,000보 밖에도 한 개의 높은 포루를 세워 인접 포루와 서로 마주 바라보게 하여 교차 사격할 경우에는 적군이 성 밑으로 접근하지 못하여 수성하기에 용이하다고 보았다.[93] 북방 방어체계를 정비하기 위해 해주, 평양, 연안 등 각 지역의 성곽과 진보를 수축하도록 하면서 류성룡은 거의 필수적으로 포루를 설치하도록 하였다.[94] 시급한 포루의 설치가 성과를 거두게 되자 이후 류성룡은 남한산성 수축시 본성에서 앞으로 돌출된 曲城 혹은 雉를 100보마다 추가로 설치하여 곡성마다 서로 교차하여 사격하도록 명령하였다.[95]

류성룡은 북방 및 경기의 주요 고을과 鎭堡의 성곽에 포루를 설치하도록 하고 여기서 사용할 다량의 각종 화기 제작을 시도하였다. 예를 들어 1595년 11월부터 이듬해 6월까지 황해도 은율의 都會에서 제작한 병기를 보면 백자총 36자루, 조총 38자루, 당파 9자루, 倭槍刀 130자루, 호준포 2문, 삼안총 5자루, 불랑기 2문, 鍮勝字銃 10자루, 鍮中勝字銃 100자루, 鍮小勝字銃 10자루, 鍮三眼銃 30자루 등이었다. 이를 보면 당시 승자총통 등 기존의 화기와 일부 단병기 이외에 조총, 불랑기, 호준포 등 조선에 새로이 전해진 일본과 중국의 신형 화기가 다량 제조되고 있음을 알 수 있다. 기본적인 화기의 제조가 마무리되자 곧이어 대포의 제작도 시도되었다.[96] 화기의

---

93) 『군문등록』 丙申 2월 초5일, 「移平安道兵馬節度使文」.
94) 『군문등록』 丙申 정월 30일, 「移從事官文」.
95) 『군문등록』 丙申 12월 21일, 「移京畿道巡察使文」.
96) 『군문등록』 丙申 6월 23일, 「體察使意從事官啓」.

제조와 함께 류성룡은 화약 제조의 중요성도 인식하고 있었다.[97] 임진왜란은 동아시아 전쟁사상에서 참전한 국가들이 모두 화약 무기를 대량으로 사용한 전쟁으로서 전쟁 중 전체 무기체계에서 화약 무기의 비중도 계속 증가하였다. 따라서 화약의 소모가 이전의 전쟁과 비견하기 어려운 정도였다. 예를 들어 임진왜란 전 군기시에 비축된 화약이 27,000근에 불과하였는데 1597년 12월에 있었던 울산 도산성 전투에서 소비한 화약의 양이 1만여 근에 달한 것을 보면 알 수 있다.[98] 류성룡은 화약 및 火器 제조와 함께 발사물인 鉛丸의 확보를 위해 평안도 지역의 鉛·鐵을 채취하여 이를 제조하도록 하였다.[99]

화기 중심 전술의 채택과 화기의 대량 제조와 함께 류성룡은 화기를 운용하기 편리하도록 군사 편제를 정비하였다. 예를 들어 대포를 효율적으로 운용하기 위해 북방의 정예 군병인 土兵이나 諸色人 중에서 우수한 자를 뽑아 잡역 등을 면제해 주고 사격술을 전수하여 익히게 하는 방안을 제시하였다.[100] 아울러 명나라에서 도입된 새로운 군사체제인 절강병법을 참고하여 북방 지역의 속오 군을 포수, 살수, 사수 등 三手兵 체제에 따라 재편하기 시작하였다. 평안도 지역의 경우 대체로 1596년 9월 초에는 일단락된 것으로 보인다.[101] 당시 편성을 완료한 평안도 안주, 영변, 구성, 의주 등 네 鎭管의 속오군의 구성을 보여주는 「鎭管官兵編伍冊」(1596)을 보

97) 『군문등록』 乙未 10월 29일, 「移平安道兵馬節度使文」.
98) 『서애집』 권16, 「記火砲之始」.
99) 『군문등록』 丙申 2월 11일, 「體察使意從事官啓」.
100) 『군문등록』 丙申 4월 초7일, 「移黃海道監司及從事官文」.
101) 『군문등록』 丙申 9월 초3일, 「移平安道巡察使兵使文」.

면 류성룡에 의해 적극 추진된 평안도 지방군의 재편의 구체적인 면모를 알 수 있다. 「진관관병편오책」에 나타난 안주 등 평안도 지역 네 진관의 삼수병 구성은 다음의 표와 같다.[102]

	영변진관	안주진관	구성진관	의주진관	계
砲手	164	250	155	229	798(30.2%)
殺手	140	130	120	170	560(21.2%)
射手	272	428	270	316	1286(48.6%)

위의 표를 통해 전통적인 조선의 장기였던 弓矢로 무장한 사수의 비중은 약 절반에 가까울 정도로 여전히 높았지만 임진왜란을 계기로 명나라에서 도입된 새로운 전술인 절강병법에 따른 병종인 포수와 살수가 합하여 약 52%를 달하는 점이 주목된다. 그런데 절강병법에 의하면 군사 중 포수의 비중이 20% 정도로 구성되고 나머지는 근접전 전문 군사인 살수로 편성하도록 되어 있었다.[103] 절강병법의 기준과 달리 평안도 속오군의 포수와 살수의 비중이 6 : 4라는 것을 보면 류성룡에 의한 화기 중심의 전술 개발과 포수 양성 노력이 매우 적극적으로 전개되었음을 알 수 있다.[104] 이는 여진의 기병에 대응하기 위해 수성 전투에서의 대포와 함께 야전에서 관통력이 높은 조총이 매우 유용하였음을 류성룡이 깊이 인식한 것에서 나온

---

102) 김우철, 『조선후기 지방군제사』, 경인문화사, 2000, 61~70쪽.
103) 『紀效新書』 권1, 「束伍」.
104) 실제 1593년 10월 류성룡이 창설한 훈련도감 군병의 포수 규모를 보더라도 초기 포수 2초, 살수 4초의 구성에서 1594년 11월이 되면 포수 7초, 살수 4초, 사수 2초 등 그 구성이 급격히 포수 중심으로 변화한 것을 볼 수 있다.

것임을 알 수 있다.[105]

류성룡의 북방 국방체제 복구와 군사의 확보를 통한 군사력 재건
노력은 평안도 일부 진관 이외에도 다양하게 나타나고 있다. 특히
황해도 지역 군병 확보 노력은 두드러진다. 1596년에 들어서면서
먼저 정예 군사인 이른바 先鋒을 확보하여 시급한 군사적 소요에
대비하고자 하였다, 이를 위해 임진왜란 초기 일어난 각지의 의병에
소속되어 전투에 익숙한 군사나 出身 武士, 초시 합격자 또는 山郡에
있는 山尺 등 군사적 자질이 우수한 자를 따로 선발하여 별도의
명부를 작성하여 先鋒으로 편성하도록 하였다.[106] 아울러 황해도
속오군도 1596년 11월까지 삼수병 체제에 의해 편성이 이루어졌고
이들이 가진 兵器를 조사하여 없는 군사들은 관가에서 조치하여
준비해주도록 하였다.[107] 이를 통해 황해도 속오군에 대한 편성과
정비가 대체로 이 해 연말까지 완료되었고 이는 평안도 지역과
큰 시간적 지체없이 이루어졌음을 짐작할 수 있다.

황해도 지역 군사력 정비의 양상은 1596년 7월 초 일어난 李夢鶴의
난 당시 잘 드러난다. 이몽학의 난이 일어나자 훈련도감의 포수
및 살수 등의 군사들이 진압을 위해 출동함에 따라 한성의 수비가
매우 약화되었다. 조정에서는 경기 군현의 군사들과 함께 황해도
군사들도 한성으로 이동하도록 하였다. 류성룡은 한성의 수비 강화

---

105) 실제 명 기병의 돌격에 어려움을 겪었던 일본군도 임진왜란 중 조총병인
鐵砲足輕의 비중이 급격히 높아지고 있었다.(노영구, 「16~17세기 근세
일본의 전술과 조선과의 비교」, 『군사』84, 2012, 246쪽)
106) 『군문등록』丙申 정월 30일, 「移從事官文」 ; 『군문등록』丙申 4월 14일,
「移從事官文」.
107) 『군문등록』丙申 11월 12일, 「移黃海道巡察使文」.

를 위해 延安, 白川, 海州 등 고을에 있는 무사 3, 4백 명을 서울로 올려보내고 이어서 이곳의 속오군과 황해도 다른 고을의 무사들도 징발하여 서울로 출동하도록 하였다.[108] 건주여진의 침공 가능성에 대비하여 류성룡의 주도하에 이루어진 북방 지역 군사력은 정유재란이 일어나자 한성과 한강 일대 방어에 투입되어 중부 지역의 안정을 가능하게 하였다. 이는 일본군의 북상을 직산 선에서 멈추게 하는데 큰 힘으로 작용하였다.[109]

IV. 맺음말 :
17세기 이후 류성룡의 대북방 국방정책의 계승

임진왜란이 마무리되자 건주여진의 군사활동은 다시금 적극적으로 변하기 시작하여 요동의 해서여진과 야인여진 등 여진의 여러 부족에 대한 공략을 본격화하였다. 1599~1601년 사이에 하다부를 완전 복속시키고 1607년에는 휘발부, 그리고 1609년에는 홀온 세력을 완전 복속시켰다. 이제 건주여진은 조선뿐만 아니라 명나라에도 직접적인 위협이 되었다. 류성룡은 비록 1598년 말 조선의 정치적인 이유로 파직되고 이후 중앙 정계에서 주요한 역할을 행하기 어려웠지만 그의 북방 지역 관방론과 화기 중심의 수성전술, 군사력 재건 등은 이후 계속 영향을 미치게 된다.

---

108) 『군문등록』丙申 7월 11일, 「同日啓」; 『군문등록』丙申 7월 11일, 「移黃海道巡察使文」.
109) 이태진, 앞의 논문, 2008, 204쪽.

특히 임진왜란 이전까지 북방 세력의 전면적인 위협이 거의 없었던 상황에서 류성룡이 새로이 제안하고 실행한 국방체제와 국방정책은 두 차례의 호란을 거치면서 관방론 등 조선후기 군사전략의 주요한 기준점 역할을 하였다. 속오군의 편성과 화기 중심 수성 전술 등은 두 차례의 호란 시기 부분적인 수정이 있었지만 기본적인 조선군의 전술로서 운용되었다. 병자호란 이후 정비된 조선 후기 군사전략은 류성룡의 군사전략, 전술을 계승 발전시킴과 동시에 변화된 군사적 상황을 고려하고 전쟁에서 나타난 조선 국방체제의 한계를 극복하기 위해 새로이 대안을 모색하는 과정으로 이해할 수 있을 것이다. 따라서 임진왜란 시기 류성룡의 대북방 국방정책은 조선 후기 국방정책의 출발로서 그 의미가 매우 크다고 할 것이다.

참고문헌

『조선왕조실록』
『국역 雜著』
『군문등록』
『紀效新書』
『西厓集』

강석화, 『조선후기 함경도와 북방영토의식』, 경세원, 2000.
강석화, 「조선후기 평안도지역 압록강변의 방어체계」, 『한국문화』 34, 2004.
강석화, 「조선후기 황해도 연안 방위체계」, 『한국문화』 38, 2006.
강성문, 「조선시대 여진정벌에 관한 연구」, 『군사』 18, 1989.
계승범, 「임진왜란과 누르하치」, 『임진왜란, 동아시아 삼국전쟁』, 휴머니스트, 2007.

고승희, 「조선후기 평안도지역 도로방어체계의 정비」『한국문화』34, 2004.

久保田正志, 『日本の軍事革命』, 錦正社, 2008.

김선민, 「명말 요동 변경지역을 둘러싼 명-후금-조선의 삼각관계」, 『중국사연구』55, 2008.

김선민, 「인삼과 강역」, 『명청사연구』30, 2008.

김순남, 「조선전기 5진 藩胡의 동향」, 『역사와실학』46, 2011.

김우철, 『조선후기 지방군제사』, 경인문화사, 2000.

김한규, 「임진왜란의 국제적 환경」, 『임진왜란, 동아시아 삼국전쟁』, 휴머니스트, 2007.

김호일, 「양성지의 관방론」, 『한국사론』7, 1986.

김호종, 『서애 류성룡 연구』, 새누리, 1994.

김호종, 「서애 류성룡의 일본에 대한 인식과 대응책」, 『대구사학』78, 2005.

남의현, 「16~17세기 여진의 성장과 요동 변경지대 성격 연구」, 『동북아역사논총』34, 2011.

남의현, 「16~17세기 두만강 변경지대 여진의 성장과 국제질서의 변화 : 瓦爾客 등 여진족 통합과정을 중심으로」, 『명청사연구』41, 2014.

노기식, 「만주의 흥기와 동아시아 질서의 변동」, 『중국사연구』16, 2001.

노영구, 「조선후기 함경 남도 幹線 방어체계」, 『한국문화』36, 2005.

노영구, 「16~17세기 근세 일본의 전술과 조선과의 비교」, 『군사』84, 2012.

노영구, 「17~18세기 동아시아 정세와 조선의 도성 수비체제 이해의 방향」, 『조선시대사학보』71, 2014.

방기철, 「1592년 일본의 조선침략에 대한 류성룡의 시각과 대응」, 『군사』69, 2008.

岸本美緒, 『東アジアの「近世」』, 山川出版社, 1998.

양진혁, 「여말선초 북방방위전략에 관한 연구-평안도 방위체제를 중심으로」, 국방대 석사학위논문, 2007.

에릭 힐딩거(채만식 옮김), 『초원의 전사들』, 일조각, 2008.

오종록, 「서애 류성룡의 군사정책과 사상」, 『류성룡의 학술과 경륜』, 태학사, 2007.

王兆春, 『中國科學技術史』, 科學出版社, 1998.

劉小萌, 『滿族從部落到國家的發展』, 遼寧民族出版社, 2001.

윤호량, 「선조 16년(1583) '니탕개난'과 조선의 군사전략」, 고려대 석사학위논문, 2009.

이인영,「申忠一의 建州紀程圖記에 對하여」,『한국만주관계사의 연구』, 을유문
　　화사, 1954.

이태진,「'누란의 위기' 관리 7년 10개월」,『류성룡과 임진왜란』, 태학사, 2008.

장정수,「선조대 대여진 방어전략의 변화 과정과 의미」,『조선시대사학보』
　　67, 2013.

조정기,「서애 류성룡의 국방정책연구」, 단국대학교 박사학위논문, 1990.

천제션(홍순도 옮김),『누르하치: 청 제국의 건설자』, 돌베개, 2015.

崔豪鈞,「조선중기 대여진관계의 연구」, 성균관대학교 박사학위논문, 1995.

한명기,「임진왜란 시기 류성룡의 외교활동」,『류성룡의 학술과 경륜』, 태학사,
　　2007.

한성주,「조선전기 두만강유역 '女眞 藩籬·藩胡'의 형성과 성격」,『한국사학보』
　　41, 2010.

허태구,「병자호란의 정치·군사사적 연구」, 서울대 박사학위논문, 2009.

황종엽,「임진왜란시기 류성룡의 대여진 국방정책론 연구」, 국방대 석사학위논
　　문, 2009.

류명희

西厓詩에 나타난 서정적 자아의 경계(Ⅰ)

『西厓全書』 본집 1권 시를 중심으로

Ⅰ. 머리말

西厓 柳成龍(1542~1607)은 임진·정유국란(1592~1598)이라는 가장 어려운 역사적 시기에 줄곧 의정부 수장인 영의정으로 있으면서 軍務를 총괄하며 조선의 국운을 累卵의 위기에서 구해낸 명재상이다. 동시에 퇴계의 고제자로 성리학에서도 一家를 이루어낸 학자이기도 하다. 그리하여, 후세의 학자들은 주로 선생의 국방정책, 정치활동, 경제·외교정책 등은 물론이고, 학술분야에까지 관심을 가지고 왕성한 연구 활동을 펼쳐 보이고 있다.

선생은 문필이 뛰어나서 어느 일정한 문체에 고정되어 있지 않고 각종 체재를 자유로이 넘나들면서 마음이 가는대로 많은 글을 남겼다. 선조에게 올린 각종 奏疏文에서부터 시작하여, 동료·선후배 및 족친들과 교환한 인정 넘치는 서간문, 학문·정치 등과 관련한 해박한 식견이 돋보이는 雜著들, 훗날의 사람들에게 壬亂의 수난사를 경계로 삼도록 하기 위해 쓴 『懲毖錄』 및 선생 개인의 취미활동으로 영감이 떠오를 때마다 써 둔 詩篇 등에 이르기까지 기록의 목적이 참으로 다양하다. 그러나 이를 크게 분류해본다면, 시문을 제외한 문장들은 모두 뜻을 전달하는데 중점을 둔 실용성에 가까운 내용들이어서 선생 개인의 내면의 진솔한 心性의 소리를 들추어내기에는 한계가 있다 할 것이다. 그러나 시의 경우는 조금 다르다. 시는 일반적으로 뜻 중심보다는 오히려 정서의 전달까지 가능한 형식이니 말이다. 그래서 시라고 하면 일반적으로 서정시를 생각하게 되고 따라서 서정시의 시정신은 '자아와 세계의 동일성'에 있다는 것으로 정의가 된다. 여기서 '동일성'이란 자아와 세계와의 일체감을 말한다.

본고에서는 서애 선생의 抒情的 自我가 세계를 향해 적응하거나 혹은 표현하는 시적경계를 통해, 그의 人性의 傾向性을 보다 근원적으로 탐구해 보고자 한다. 그리하면, 시가 아닌 각종 史的 성질을 띤 담화적 기록문에서 결핍되었던 인간 서애의 人性의 현장성을 되살리는데 의의가 있을 것으로 보인다. 그리하여 본고에서는 선생이 성리학자[道學者]였다는 점을 근거로 해서, 서정적 자아의 원형을 新儒學의 주요범주인 理氣哲學에서 찾아 이를 本然之性에서 보는 自我와 氣質之性에서 보는 자아로 나누어 살펴보고자 한다.

'서정적 자아'란, 주관과 객관, 감정과 이성이 구분되지 않은 상태로, 세계와 접촉 없이도 존재하는 자아를 말한다.[1] 이러한 상태의 자아는 理氣哲學에서 말하는 形而上의 理로, 손으로 더듬어서 찾을 수 있는 형체나 그림자가 없다. 성리학에서는 사람과 사물은 이러한

---

1) 김준오는 그의 『詩論』(三知院, 2009, 제4판), 37쪽에서, 조동일의 『古典文學을 찾아서』(1979), 190쪽을 인용하여 서정적 자아의 의미를 다음과 같이 소개하고 있다 : "서정적 자아는 객관과 맞서 있는 주관도 아니고 이성과 구별되는 감정도 아니다. 서정적 자아는 주관과 객관, 이성과 감정의 구분이 일어나지 않은 상태의 것이라고 보아야 문제가 해결된다. 또한 서정적 자아는 세계와 접촉해서 세계를 자아화 하고 있는 작용을 지칭한 것이 아니고 세계와의 접촉 없이도 존재하는 자아라고 보아야만 주관과 객관, 이성과 감정의 구분이 일어나지 않은 상태가 인정될 수 있다."

우주생성의 본원이 되는 理를 하늘로부터 품부 받아서 각자가 그것을 性으로 삼는다고 하여, 이때의 '성'을 천지지성 혹은 본연지성이라고 칭한다.[2] 뿐만 아니라, 이때의 본연지성은 또한 天道의 四德인 元·亨·利·貞의 理를 지니고 있으며, 이것이 인간에게 내재하게 되면 仁·義·禮·智의 理로 표현되어지는 것[3]이라고 하여, 본연지성[天地

---

2) 性에 대한 이러한 해석은 程頤가 本源으로서의 天理를 설정하지 않고 다만 '性卽理'라고만 언급하였던 것에 비해, 주희는 그의 학설에 天道와 性命을 연결할 수 있는 근거를『주역』의 "陰이 되었다가 陽이 되었다가 하는 것을 道라고 한다. 도를 이어받아 그 작용을 계속하는 것이 善이고, 도를 이어받아 천도가 (내 안에) 내재하게 된 상태를 性이라 한다(一陰一陽之謂道, 繼之者善也, 成之者性也)."(이기동 역해,『주역강설·繫辭傳』, 성균관대학교 출판부, 2006, 857쪽의 해석 참조)에서 찾는다. 주희는 '繼之者善'을 천지 사이에 흘러 다니는[流行] 天理로 보고, '成之者性'은 흘러 다니는 천리가 개체 인물에 품수되어져 이루어진 性으로 해석하였다. 주희는 이를 하늘의 입장에서 보면 천명이 만물에 부여한 것이고, 사물의 입장에서 보면 하늘에서 사람과 만물이 性을 품수 받은 것으로 간주한다. 그리하여 그는 우주만물의 本源으로서의 천도는 本然之性 또는 天地之性이라 하고, 구체적인 사물에 존재하는 성은 氣質之性이라 하였다. 그는 이와 같이 사물 안에 내재하고 있는 未發의 天理는 천지지성이라 하여, 性을 우주만유의 존재의 근거인 理의 內在態로 인식하였던 것이다.(권상우,「주희의 '仁義'에 대한 理一分殊적 해석」,『철학논총』제50집, 새한철학회, 2007, 제4권 34쪽 참조)

3) [宋] 黎靖德 編,『朱子語類』책1권6,「性理三」(北京 : 中華書局, 2011), 109쪽에서,『周易·乾卦·文言』에 나오는 '元·亨·利·貞' 관련 注疏를 2가지로 언급하고 있다. 하나는 '저절로 그러한 하늘의 덕을 말한 것이고, 다른 하나는 '마땅히 그러한 사람의 일'이라고 하였다.(又曰 : 文言上四句說天德之自然, 下四句說人事之當然) 여기서 上四句는 "元者, 善之長也. 亨者, 嘉之會也. 利者, 義之和也. 貞者, 事之幹也."이고, 下四句는 "君子體仁, 足以長人. 嘉會, 足以合禮. 利物, 足以和議. 貞固, 足以幹事"라고 되어 있음. 이후는『朱子語類』는『어류』로 약칭하고, 책1권6도 1 : 6으로 약식 표기함. 또한『어류』4 : 60,「孟子十·盡心上」, 1426쪽에는 "나의 仁·義·禮·智는 천지의 元·亨·利·貞이니 무릇 내게 있는 것은 모두 하늘에서 온 것이다.(吾之仁義禮智卽天地元亨利貞, 凡吾之所有者, 皆自彼而來也)"라고 하여, 인간의 본성이 곧 하늘에서 부여된 것임을 명확히 하고 있다.

之性]의 理를 天道와 人道의 측면으로 다시 나누기도 한다.4) 고로
본고에서는 이 兩者에 존재하는 共通理, 즉 천지만물을 生育하는
본체[仁의 理]를 道[본원]로 하는 천도의 四德인 元·亨·利·貞의 理가
운행이 되면 절로 四季[春·夏·秋·冬]의 순서가 정해지고, 이러한
천도의 理가 인간에게서는 仁·義·禮·智의 人性[理]으로 표현이 되
어, 惻隱·羞惡·辭讓·是非의 情으로 구체화된다는 천지만물과 인간
과의 有機性을 긍정적으로 수용하여 이를 詩的表現 속에서 찾아보고

---

4) 주희는 程頤가 제기한 '性卽理'의 관점으로는 人性과 天理의 有機性이
미진하다고 여겨 이 문제점을 해결하기 위해, 인성문제에 대한 객관적
근거로서의 天道를 결합하고자 周敦頤가 제시한 우주의 本源인 태극에서
음양과 오행을 거쳐 인간과 만물이 생겨나는 과정을 '理一分殊'의 사유방
식(정이가 楊時와 함께 張載의 「西銘」에 대한 논의를 하면서, 墨子와의
차이점을 밝히기 위해 주장한 이론임), 즉 '理一[근원]'에서 '分殊[만물]'로
나아가는 우주발생론에 대한 재해석을 가하였다. 이를테면, 주돈이가
천지만물의 本源이 하나의 太極[理의 總和]에 있다는 우주생성론에서
제기한 太極의 理를 가지고, 태극에서 陰·陽二氣가 나온 것이지만, 이
음양자체는 태극을 지니고 있는 관계로 다시 五行[木·火·金·水·土]을
생성할 수 있으며, 이 오행 역시 각자 그 속에 태극을 지니고 있어 다시
만물을 생성하는 본체가 될 수 있다고 해석하였다. 그리하여, 주희는
여기서 사람과 만물은 모두 동일하게 보편적인 理[太極]를 가진다고 하여,
인간의 본성도 하늘에서 품부 받은 것임을 이끌어내었다. 그래서, 천도의
운행원리인 '元·亨·利·貞'이 인간에게 내재하여, 人性에서는 '仁·義·禮·
智'의 理로 표현되어진다고 보아, 天道와 人道의 구조가 모두 태극에서
근원하고 있다는 程朱學派의 이일분수적 사유형식으로 천도와 인도의
관계를 제시하였다. 그리하여, 주희는 주돈이의 음·양과 오행 및 천지만물
의 본원을 태극에 두고 있어 태극과 만물을 구분하는 우주생성론적인
입장을 긍정하고, 다시 진일보하여, 각 과정마다 본체론을 가지고 있음을
언급하여, 程頤가 제시한 인간존재 안에서 본체에 대한 자각과 體認에
대한 설명이 부족한 부분을 이로써 보충하여 天道[元·亨·利·貞의 理]와
人道[仁·義·禮·智의 理]의 구조가 모두 태극에서 근원하고 있음을 재정립
하여 이를 본연지성 혹은 천지지지성이라고 하였다.(권상우, 앞의 논문,
32·36쪽 참조)

자 한다.5)

이를 연구하는 방법은 북송의 理學者인 邵雍의 論詩 방법인 '以物觀
物'의 방법6)을 차용하여, 자아의 본연지성이 太極에서 化生한 객관

---

5) 주희는 性[理]은 渾然한 본체이지만 그 가운데 萬理를 갖추고 있어, 큰
   덕목으로 말하면 天道에서는 元·亨·利·貞이고, 人道에서는 仁·義·禮·智
   에 불과하다고 보면서 이는 또한 천도에서는 元이 천도의 統一體이고,
   仁은 人道의 統一體라고 말하고 있다. 특히 주희는 천도나 인도에서 언급하
   고 있는 각각의 四德은 모두 천지만물을 生育하는 데 있어서 仁[인자함]이
   포함되지 않는 곳이 없다고 하여, 仁을 천지의 마음과 사람의 마음의
   본체로 보았다. 또한 여기에서 情의 미발상태에 구비된 仁의 理가 物로
   나아가서 情의 發用이 실현되면 그 작용은 무궁무진하다고 하여, 이른바
   성리학 이론의 정수인 '理一分殊的 思惟形式'이 그것이라고 하였다. 그리
   하여, 이 이론은 太極[理의 總和 : 理一]에서 化生한 만물[개별체 : 分殊]에
   도 각기 하나의 純善無惡한 태극이 구비되어 있으며, 여기에는 크게 나누어
   天道와 人道의 理가 流行하는데 兩者는 모두 '仁'이라는 본체를 共同理로
   하고 있어, 사람은 천지자연과 더불어 법칙의 도덕화를 이룰 수 있다고
   주장한다. 이를테면, 주희는 천도[우주본체론]에서 '元·亨·利·貞'이라는
   원리가 모두 천지만물을 낳는다[生]'는 이 한 마디로 관통되는 動·靜의
   개념을 가지고 있으며, 이러한 天理에서 仁性이 생성되는 과정을 밝혀,
   人道[人心]에서도 바로 만물을 生育한다는 仁性이 性과 情으로 나타나고
   있음을 밝히고 있다. 이런 과정에서 性은 우주론에서 보면, 天理流行에
   의해 생성된 것이기 때문에 '分殊의 理'이지만, 다양한 情의 근거가 된다는
   측면에서는 '理一'로 보고 있다는 것이다. 이런 과정을 주희는 "인간의
   마음[心]이라는 것으로 보면 已發과 未發의 사이를 관통하며, 이것은
   바로 大易의 生生流行이며, 한 번 動하고 한 번 靜하는 전체의 과정이라고
   하였다.(『朱子文集』 권43 : 心則貫通乎已發未發之間, 乃大易生生流行, 一
   動一靜之全體也)" 주희는 動과 靜의 의미를 動 가운데 靜이 있고, 靜 가운데
   動이 있다고 해석하여 태극에서 시작하여 만물로 나아가고 다시 인간의
   다양한 정감 활동으로 발현되는 즉, 理一에서 分殊로 나아가며, 다시
   그 분수가 理一이 되는 활동을 끊임없이 순환하는 것으로 보고 있다.(이상
   은 권상우, 앞의 논문, 39쪽 참조. 바로 이러한 순환은 천지만물의 生을
   生生不息하게 하는 과정으로 이 자체가 仁의 理를 현실세계에 情의 작용으
   로 펼쳐내는 것으로 보고 있는 것이다. 민족문화추진회, 『국역 퇴계집 I ·
   疏(II) 箚子·進聖學十圖箚·仁說』(경인문화사, 1977), 150쪽의 「仁說」도
   참조바람.

세계의 배후에 존재하는 個物의 理[天道의 理 혹은 人道의 理]와 어떻게 천인합일을 이루는지 이의 詩的現場을 포착하여 분석해 볼 것이다.

그러나, 이때의 '性'은 또한 이미 形而下의 氣를 타고나서 몸체를 갖추게 된 것의 '성'인 까닭에 '기[몸체]' 속의 '성[理]'이 되므로, 현상세계에 존재하는 만물의 性은 모두 형이상의 '理'와 형이하의 '氣'를 겸하고 있다.[7] 그래서 新儒學에서는 이때의 性은 별도로 '氣質

---

6) "무릇 이를 觀物이라 말하는 이유는 눈으로 보지 않기 때문이다. 눈으로만 보아서는 안 되고 마음으로 보아야 하고, 마음으로만 보아서도 안 되고 理로 보아야 한다. … 이를 反觀이라고 말하는 이유는 나[我]를 통해서 物을 관찰하지 않는다는 말이다. 나를 통해서 物을 관찰하지 않는다는 것은 사물을 통해서 사물을 관찰한다는 말이다. 이미 사물을 통해서 사물을 관찰할 수 있다면, 또한 어떻게 그 사이에 (나[我]가) 개입될 수 있겠는가?(夫所以謂之觀物者, 非以目觀之也. 非觀之以目, 而觀之以心也, 非觀之以心, 而觀之以理也. … 所以謂之反觀者, 不以我觀物也. 不以我觀物者, 以物觀物之謂也. 旣能以物觀物, 又安于其間哉)!"라는 경계의 방식을 이름이다.([宋]·邵雍 著, [明]·黃畿 注, 衛紹生 校理, 『皇極經世書卷六·觀物內篇之十二』(鄭州 : 中州古籍出版社, 1993), 295쪽.) 앞의 김준오의 책, 38쪽에서는 전자의 경우를 쉴러(F. Schiller)의 '소박한 시인'의 개념과 연결시켜서 이러한 본연지성의 자아를 실현할 수 있는 사람은 감상적 시인이 아닌 소박한 시인인 경우에만 가능하다고 하였다. 논자가 '以物觀物'의 論詩법을 차용하는 이유는 본연지성의 서정적 자아를 연구하는 데는 해당 詩篇이 기본적으로 私的 의도를 내포하여 세상을 보고자 하는 것이 아니라 어디까지나 공적인 혹은 객관적인 입장에서 세상을 바라보는 시각을 견지하고 있기 때문이다.

7) "천지간에는 이치가 있고 기운이 있습니다. 이치란 형이상의 道이고 만물을 낳는 근본입니다. 기운이란 형이하의 器로서 만물을 낳는 도구[具]입니다. 이런 까닭으로 사람과 사물이 생길 때 반드시 이 이치를 부여받은 다음에 본성이 있게 되고, 반드시 이 기운을 부여받은 다음에 형체를 갖추게 됩니다.(天地之間, 有理有氣. 理也者, 形而上之道也, 生物之本也 ; 氣也者, 形而下之器也, 生物之具也. 是以人物之生, 必稟此理, 然後有性, 必稟此氣, 然後有形)"(주희 지음, 주자대전 번역연구단 옮김, 『주자대전·황도부

之性'이라고 칭하여, 본연지성과 구별한다. 실제로, 이때의 기질지성은 氣가 理를 擔持하는 까닭에 理는 개체마다 지니고 있는 그 氣의 淸·濁, 正·偏에 따라, 理의 실현이 제한을 받는 관계로, 理[본연지성]의 존재보다 氣[기질지성]의 존재가 더욱 강렬하게 드러난다.[8] 그래서 본연지성[천지지성]의 자아는 세계와 접촉하지 않고 존재하는 '자아'이기 때문에, '氣' 속에 구비된 현실적 자아인 '기질지성의 자아'보다 그 존재감이 크게 부각되지 못한다. 반면에, 기질지성의 자아는 사물에 감응하여 세계와의 접촉을 통해서 그 모습을 드러내므로 비록 性의 現實態라고는 하나 외적자극에 대한 감응으로 인해 氣의 존재감이 오히려 강렬하다. 신유학에서는 이를 '情'이라고 칭한다.[9] 고로 성리학자들은 기질지성에 내포된 이러한 性·情을

에게답함』12 : 58, 전남대학교 철학연구교육센터·대구한의대학교 국제문화연구소, 2010, 323~324쪽 참조.) "그러므로 천지의 성을 논할 때는 전적으로 理만을 가리켜 말하지만, 기질의 성을 논할 때는 이치[理]와 기운[氣]이 섞인 것으로서 이를 언급한다.(論天地之性, 則專指理而言 ; 論氣質之性, 則以理與氣雜而言之.)"(『어류』1 : 4「性理一」, 67쪽)

8) 『어류』1 : 4「性理一」, 71쪽 : "氣强理弱." 주희에 앞서 張載는 '기'가 모여 개체의 사람이 되는 관계로, 개체의 사람은 그 자신을 나[我]로 여기고 그 나머지는 "나 아닌 것[非我]"으로 여기는 관계로 그 자신과 하늘 또는 氣의 전체가 갈라진다고 하였다. 기질지성은 오로지 그 개체 유지의 요구를 추구하기 때문에, "입과 배는 음식을 바라고 코와 혀는 냄새와 맛을 바라는 것"이 "攻取之性(대상을 공격하여 쟁취하는 것이 목적인 성)"이고 또 氣質之性이라고 하는 말로 언급하고 있다.(馮友蘭 著, 박성규 역, 『중국철학사』 하, 까치, 2003, 489쪽 참조.)

9) 김준오는 그의 『詩論』에서, "이때의 정은 '실현된 자아(embodied)'의 개념과 유사하다"라고 하면서, 性으로서의 자아는 이와 같이 情의 자아를 매개로 하여, 우리가 추측할 수 있을 뿐이라고 하였다. 37쪽 참조. 주희는 우리 인간은 理·氣로 형성된 존재이기 때문에, 선할 수도 있는 본연지성과 혹은 악할 수도 있는 기질지성을 구비하고 있기 때문에, 그는 이를 통해 마음의 구조를 재정립하여, '中和新說'이라는 새로운 견해를 제시하였다.

주관하는 주체를 마음[心]이라 칭하고, 이때의 '情'은 '마음의 작용'이라고 하여, 性으로서의 자아는 情의 자아를 매개로 해서, 天人合一[中節]을 추구한다고 보았다.

그리하여, 기질지성의 자아를 연구하는 방법은 본연지성의 연구방법과는 상반되는 '以我觀物'의 방법[10])에 상당하는 서구의 문예이

이를테면, 그는 우리인간의 마음[心]에서 감정[情]이라는 개념을 끌어내어 '性'과 대비시켜 마음[心]의 구조를 확립하였다. 그는 여기에서, 마음[心]으로부터 性·情을 분리하여 '性'에 대해서는 즉, 마음은 움직이지 않는 고요한 상태이나 거기에는 하나의 순수한 본성으로서의 도의[仁·義·禮·智·信]가 구비된 이른바 '未發心[마음의 본체인 中]'의 性이 있는 것으로 정의하였다. 또한 情에 대해서는 '사물과 일이 계속 접촉해 와서 사려가 싹이 트는 관계로 여기에는 마음이 움직이는 상태인 已發心[七情]'의 것으로 정의하였다.(김수청, 「朱熹의 中和新說 形成過程」, 『철학논총』 제11집, 嶺南哲學會, 1995. 10, 352~353쪽 참조.) 또한 퇴계는 선조에게 올린 「聖學十圖箚竝圖」 중 '心統性情圖說'에서, 林隱 程氏의 견해를 빌어, 心·性·情의 관계를 설명하고 있다. 여기에 보면, '情'이란, 五行의 빼어남을 품부 받아 갖추어진 인간의 五性[仁·義·禮·智·信]이 외물에 감응을 받게 되면, 여기에서 비로소 七情[喜·怒·哀·懼·愛·惡·欲]이 나온다고 하였다. 대개 이 성과 정을 統攝하는 것은 마음인데, 그 마음이 寂然히 움직이지 아니함이 性이 되는데, 이것이 마음의 본체라는 것이고, 감응하여 정이 되는 것은 마음의 작용이라고 하였다. 그리하여, 마음이 성을 통섭하는 까닭에 仁·義·禮·智가 性이 되고, 마음이 정을 통섭하는 까닭에 惻隱·辭讓·羞惡·是非가 정이 되고, 또 측은히 여기는 마음·사양하는 마음·부끄러워하고 미워하는 마음·옳다 그르다 하는 마음이란 말도 있다는 것이다. 마음이 성을 통섭하지 못하면 未發의 '中'을 이룰 수 없어서 성이 구멍이 뚫리기 쉽고, 마음이 정을 통섭하지 못하면, 절도에 맞는 '和'를 이룰 수 없어 정이 방탕해지기 쉽다고 하였다.(앞의 『국역 퇴계집 Ⅰ』, 148쪽도 참조 바람)
10) 왜냐하면, 사람의 마음[心]은 본연지성과 기질지성을 겸하고 있는 까닭에, 구체적인 현실 속에서는 오히려 마음속에 구비된 본성[理 : 보편성]이 차이성을 중시하는 氣質[以我觀物의 情]의 제약을 받아, 마음이 본연지성이 발현하여 情이 되는 무렵에 그 情을 제대로 통솔하지 못하여 성이 일탈하게 되는 경우가 발생하게 된다. 그렇게 되면, 理의 보편성이 아닌 氣의 주관성이 주체가 되어 이른바 "氣强理弱"의 추세를 타게 된다. 그러므로 논자는 시적화자의 이러한 시적태도는 '以我觀物'의 방식으로써 주시해

론인 곧 화자가 세계를 자아화는 同化(assimilation)의 원리와 세계 속에서 자아를 발견하는 投射(projection)의 원리[11]를 끌어와서 본 과제를 분석해 보고자 한다. 그리하면, 화자의 자아가 세계와 대립하고 갈등하는 양상을 사실적으로 부각시킬 수 있어 보다 시적화자의 서정적 자아를 생동적으로 구체화 시킬 수 있을 것으로 기대한다. 동시에 본 연구방법에서의 특징이 자아가 비록 세계와 갈등과 대립을 일으키고 있지만 결국은 세계와의 관계에서 소외되거나 초월하지 않고 천인합일을 추구하는 서정시의 원초적 모습을 보이는 까닭에 논자는 이 점을 理氣哲學에서 제시한 마음의 본체를 善性에 두는 것과 유관하다고 보아 기질지성의 자아를 연구하는 방법으로 사용해도 무리가 없다고 생각하였다.[12] 그리하여, 비록 論詩의 출처나 논시의 주체['以物觀物'·'以我觀物']가 모두 그 양상을 서로 달리하고 있지만, 결국은 兩者가 모두 善性이라는 共通理를 매개로 세계와의 합일을 지향하고 있다고 보아, 서정적 자아의 원형을 연구하는데

야 된다고 본 것이다. 앞의 주석 8)을 참조 바람.

11) 김준오, 앞의 책, 38~40쪽 참조.

12) 퇴계의 「心統性情圖說」에 보이는 요지는 결국 마음[性]이 發하여 情이 됨에 있어, 性의 四端인 '惻隱·羞惡·辭讓·是非'의 情은 純善한 것으로 '理發而氣隨之'하나, 七情[喜·怒·哀·懼·愛·惡·欲]은 善惡을 겸한 것으로 '氣發而理乘之'하는 것이라고 하였다. 이러한 견해는 바로 인간의 마음은 본질적으로 理·氣를 겸하고 있어, 선·악을 모두 지니고 있으나, 마음이 性·情을 統攝함으로써, 결국 인간은 性의 본체인 만물을 生育하는 선함[善]·어짊[仁]으로 복귀하게 된다는 것이다. 앞의 『국역 퇴계집 Ⅰ』, 147~150쪽 참조. 논자는 바로 이와 같이 서구의 논시가 바탕하는 사상성도 결국은 人性은 '원초적으로 어질다[仁性 : 善性]'는 데에 동의하는 것으로 파악하였다. 고로 논자는 그들은 同化로든 아니면 투사로든 자아가 세계와의 합일을 몽상할 수밖에 없다는 데 인식을 같이 하였다. 앞의 주석9), 10)을 참조 바람.

連動해서 적용하기로 한다.

본 논문의 텍스트는 하회본『西厓全書』(총4책)[13])의 제1책에 있는 본집 1권의 詩部를 대상으로 한다.[14]) 그 이유는 현재 국문학계에서

13) 하회본『西厓全書』(총4책)는 1976년에 창립한 西厓先生紀念事業會에서 전집간행을 기획하여, 15년만인 1991년, 총 4권으로 세상에 내놓았다. 이는 서애 선생의 셋째 아들인 修巖 柳袗이 陜川 군수로 있을 때, 해인사에서 목각판으로 간행한『西厓集』을 근간으로 하였다. 세간에서는 이를 陜川本이라고도 칭한다. 이는 선생이 타계한 지 26년이 지난, 1633년(仁祖 11)에 간행된 것으로 20권 11책으로 되어 있다. 이 책의 권1~2는 詩, 권3~4는 奏文·疏·箚, 권5는 箚, 권6은 書狀, 권7~8은 啓辭, 권9는 呈文·書, 권10~12는 書, 권13~16은 雜著, 권17은 序·記·論·跋, 권18은 跋·箋·銘, 권19는 祭文·碑碣, 권20은 墓誌·行狀 등이 수록되어 있다. 이는 현재 유통되는『西厓集』의 저본으로, 1958년에 성균관대학교 대동문화연구원에서 (影印本)『西厓文集』으로 간행되었고, 1977년에 민족문화추진위원회에서 번역한『국역 서애집』도 바로 이 합천본을 저본으로 하였다. 그러나 1990년에 민족문화추진위원회에서 간행한 문집총간『西厓集』52와 1991년에 서애선생기념사업회에서 간행한『서애전서』는 안동 하회, 玉淵精舍에서 간행하였기로 속칭 河回本이라고도 한다. 이 하회본『서애전서』는 이왕의 합천본을 근간으로 하여 집대성한 것이다. 이미 간행된 서애문집과 미간본의 서애 遺文들, 즉 선생의 宗宅인 안동시 河回洞 충효당 소장의 초고본과 왕조실록 등의 國史 또는 野乘, 당시 諸賢의 문집 등에 수록된 선생의 시·문 및 관계기록을 널리 수집 정리하여 이를 刊本篇·續集篇·別著篇·附錄篇·追錄篇 및 史料篇 등 여섯 部門으로 大別하여, 卷一에서 卷四까지 총 四冊으로 나누어 수록하였다. 고로, 본『서애전서』는 합천본은 물론이고, 未刊本의 遺文까지 망라한 것이기 때문에 현재로서는 서애문집을 대표한다고 봐야 할 것이다.(이상은 류명희·안유호 역주,『개정판 국역 류성룡시』Ⅰ, 2012의 解題와 서애선생기념사업회,『서애전서』, 1991, 간행사·解題를 참조함)
14) 본고의 텍스트로 하고 있는『서애전서』1책, 본집 1권의 詩部의 국역 참고서는 류명희·안유호 역주,『국역 류성룡시』Ⅰ로 한다. 그 이유는 본 譯書의 底本인 하회본『서애전서』는 합천본『서애집』과 미간본의 遺文까지 망라하여 집대성한 것이기 때문이다. 뿐만 아니라 본 역서는 또한 서애선생기념사업회에서 본 저본에 수록된 서애의 시를 選譯이 아닌 完譯으로 기획하였기 때문이다. 서애 시와 관련한 世間에 보이는 국역출판 현황을 보면, 1977년 민족문화추진회에서 발행한 고전국역총서

서애 시에 대한 인식이 그리 높지 않는 것으로 생각되어 氷下에 잠겨있는 것이나 다름이 없는 서애 시를 수면위로 떠올려 연차적으로 권마다 연구를 수행하여, 서애가 시에 열중했던 사실을 드러내 보임과 동시에 본고의 연구목적인 선생의 人性의 경향성을 역시 서애 시 전체를 통해 전면적으로 탐구해보고 싶은 소망에서이다.

사실 서애 시 연구현황을 보아도 서애 시 연구자의 수나 논제의 다양화가 보이지 않는데, 이는 아마도 국역의 대중화가 이루어지지 못한 데서 기인한 것이 아닌가 생각된다.

1972년에 이가원이 『韓國漢文學史』에서 서애 시의 풍격을 "淸遠·沖澹"[15]이라 평한 데서 처음으로 보인다. 그러나 그 이후, 1979년에 와서야 金光淳의 「西厓詩評에 대한 一考察」이라는 논문과 서애 시에 대한 최초의 학위논문[석사]인 徐輔建의 「柳西厓의 漢詩研究」가 보인다.[16] 다음 연구물은 1994년에 와서야 金時晃의 「西厓 柳成龍

중의 『서애집』I 에서 보이는 것이 처음이다. 여기에는 단지 국역 서애 시 20題가 실려 있을 뿐이다. 이어서 2007년에 李貞和 번역의 『西厓詩』가 '시간의 물레'에서 출간되었는데, 서애 시 100題 만을 선별적으로 엮어서 단행본으로 출판하였다. 그러나, 原文 『서애전서』에 수록된 서애 시는 모두 725題 888首나 된다. 이를 권별로 보면, 『서애전서』제1책 본집에 2권이 보이는데 제1권에는 119제 166수, 제2권에는 102제 147수가 보인다. 지금 이 두 권이 방금 언급한 류명희·안유호 역주로 완역이 되어 세간에 나와 있는 상태이다. 그러나, 이외에도, 『서애전서』제1책의 별집에 1권 [152제 167수]이 더 보인다. 또한 제2책의 속집편에도 301제 355수, 제3책의 별집편에 「觀化錄」이라고 명명된 이 시집에도 38제 39수가 보인다. 게다가 기타 서간문에도 12제 12수가 더 보인다. 이들 原詩들은 서애선생 기념사업회의 기획에 의하면 추후에 완역될 것이라고 한다.(이상은 류명희·안유호 역주, 같은 책, 解題를 참조함)

15) 李家源, 『韓國漢文學史』, 민중서관, 1972, 236~237쪽.
16) 金光淳, 「西厓詩評에 대한 一考察」, 『東洋文化研究』제6집, 경북대 동양문화연구소, 1979, 123~143쪽 ; 徐輔建, 「柳西厓의 漢詩研究」, 고려대 석사논

선생 詩敎說 연구」와 이어서 1995년에 역시 金時晃의 「西厓 柳成龍 선생의 문학 세계」가 보인다.[17] 다시 2004년에 와서 姜成埈이 학위 논문[박사]으로 「西厓 柳成龍의 詩文學 硏究」[18]를 발표했고, 2005년 에 趙珉慶이 역시 동일 논제로 학위논문[석사][19]을 발표한 것이 보인다. 2006년에는 崔鍾虎가 역시 동일 논제의 학위논문[박사][20] 을 발표했다. 이외에 일반논문으로는 이정화가 2006년에 두 편의 논문을 발표하였는데, 전자는 「西厓 柳成龍의 說理詩 硏究」이고, 후자는 「서애(西厓) 류성룡의 누정시(樓亭詩) 연구」이다.[21] 이어서 2007년에 역시 이정화의 「西厓 柳成龍의 삶과 시세계의 변이과정 연구」와 신두환의 「西厓 柳成龍의 性理學과 文藝美學에 관한 談論」[22] 및 崔鍾虎의 「西厓 柳成龍의 壬亂詩 考察」[23]이 보인다. 그리고 2013 년에 와서 簡錦松의 「西厓柳成龍忠州詩現地硏究」[24]가 보인다.

문, 1979.

17) 金時晃, 「西厓 柳成龍 선생 詩敎說 연구」, 『東方漢文學』 제10집, 동방한문학 회, 1994 ; 金時晃, 「西厓 柳成龍 선생의 문학 세계」, 『한국의 철학』 제23집, 경북대 퇴계연구소, 1995, 51~62쪽.

18) 姜成埈, 「西厓 柳成龍의 詩文學 硏究」, 단국대 박사논문, 2004.

19) 趙珉慶, 「西厓 柳成龍의 詩文學 硏究」, 성신여대, 석사논문, 2005.

20) 崔鍾虎, 「西厓 柳成龍의 詩文學 硏究」, 영남대 박사논문, 2007.

21) 李貞和, 「西厓 柳成龍의 說理詩 硏究」, 『영남학』 제9호, 경북대 영남문화연 구소, 2006, 295~330쪽 ; 李貞和, 「서애(西厓) 류성룡의 누정시(樓亭詩) 연구」, 『한민족어문학』 제48집, 한민족어문학회, 2006, 73~100쪽.

22) 李貞和, 「西厓 柳成龍의 삶과 시세계의 변이과정 연구」, 『韓國漢文學硏究』 제40집, 韓國漢文學會, 2007, 45~86쪽 ; 신두환, 「西厓 柳成龍의 性理學과 文藝美學에 관한 談論」, 『韓國漢文學硏究』 제40집, 韓國漢文學會, 2007, 9~44쪽.

23) 崔鍾虎, 「西厓 柳成龍의 壬亂詩 考察」, 『東亞人文學』 제12집, 東亞人文學會, 2007, 203~229쪽.

24) 簡錦松, 「西厓柳成龍忠州詩現地硏究」, 『민족문화연구』 61호집, 고려대학

이상에서 개관한 바에 의하면, 2000년도에 들어서서 비교적 서애 시의 연구가 활발하게 진행되었음을 알 수 있다. 그러나, 아직은 연구자의 참여도나 논제의 다양화는 시기상조인 듯하다. 뿐만 아니라, 서애 시를 人性 방면에서 연구한 자료는 보이지 않는다.

그리하여, 본고에서는 하회본『서애전서』1책에 있는 본집 1권에서부터 시작하여, 권별로 서애의 人性을 각론하여, 선생의 인물됨을 전면적으로 탐구해 보기로 하였다. 텍스트로 하고 있는 본집 1권에는 총 119개의 詩題에 166首의 시가 수록되어 있다. 본 시집의 내용은 크게 言情類와 說理類로 大別이 된다. 전자에서는 忠·孝·悌 및 自省, 인생과 생명의 유한성에서 오는 회한이나 번잡한 세상사에 대한 애통함, 古人에 대한 그리움과 애도 등의 내용으로 분류가 되었고, 후자에서는 求道·向學, 官吏·個人 등의 차원에서 道에 의거한 실천, 門人·知己·有司 등을 향한 勸誡 등의 내용으로 분류가 되었다. 본고에서는 兩者의 유형에서, 전자의 언정류 관련은 기질지성의 자아를 연구하는 대상으로 하고, 후자의 설리류는 본연지성의 자아를 연구하는 대상으로 삼고자 한다. 그리하여 이와 같이 일체 양면성을 지닌 人性[본연지성과 기질지성]의 면면을 詩的現場에서 포착하여 보다 구체적이고도 근원적인 고찰을 시도해 보고자 한다.

교 민족문화연구소, 2013, 91~118쪽.

II. 서정적 자아의 경계

그러면, 지금부터 위에서 언급한 論詩 방법으로써 본고의 텍스트에 표현된 서정적 자아의 경계를 살펴보기로 한다. 먼저 고찰하고자 하는 논지전개의 순서는 2.1 本然之性에서 보는 서정적 자아의 경계, 2.2 氣質之性에서 보는 서정적 자아의 경계로 소제목을 붙이고자 한다. 그리고 2.1의 항목에서는 다시 2.1.1 天道에서 보는 서정적 자아, 2.1.2 人道에서 보는 서정적 자아로 나눈다. 2.2의 항목은 다시 2.2.1 세계를 자아화 하는 서정적 자아, 2.2.2 세계에서 자아를 발견하는 서정적 자아로 나누어 살펴볼 것이다.

1. 本然之性에서 보는 서정적 자아의 경계

위에서 人性에 대한 구조가 본연지성과 기질지성으로 구성되어 있음을 알아보았다. 지금부터 이에 근거하여, 본 장에서는 본연지성[天地之性]과 서정적 자아와의 관계를 논하고자 한다. 본론으로 들어가기에 앞서 본연지성[천지지성]에서 다루기로 한 天道와 人道는 모두 만물을 生育하는 '仁'을 共通理로 하고 있다고 하였는데, 이를 퇴계의 聖學十圖에 나오는 제7도의 「仁說」에서 다시 구체적으로 살펴보기로 한다.

(만물을 낳고 살게 하는) 천지의 마음에는 그 덕이 네 가지가 있으니, 이를테면, 元·亨·利·貞인데, (그 중에서) 元은 통하지 않는 것이 없다. 그것이 천지에 운행이 되면, 곧 춘·하·추·동의 차례가

되는데, (그 중에서도) 만물을 낳고 살게 하는 봄의 기운[氣]은 (모든 계절에) 통하지 않는 곳이 없다. 그러므로 사람이 (천지의 마음을 사람의) 마음으로 삼음에 있어 또한 네 개의 덕이 있으니, 이를테면, 仁·義·禮·智로, (그 중에서도) 仁은 포용하지 않는 것이 없다. 그것이 작용 되면, 곧 愛[仁]·恭[禮]·宜[義]·別[智]의 情이 되며, (이때) 측은한 마음[惻隱之心 : 仁]은 관통하지 않는 곳이 없다.

대체로 仁이 道가 되는 것은 바로 천지가 만물을 낳는 마음이 곧 만물에 갖추어져 있기 때문이다. (따라서) 情이 발현되기 전에 그 본체가 이미 갖추어져 있고, 정이 발현되고 나면 그 작용은 무궁하다. 진실로 이를 체득하여 이를 보존할 수 있다면, 모든 善의 근원과 모든 행동의 근본이 여기에 있지 않을 수 없다. 그래서 孔門의 가르침은, 반드시 배우는 자들로 하여금 仁을 구하는데 몰두하도록 했던 것이다. 그들의 말 중에는 이를테면, "자기를 극복하고 禮로 돌아가는 것이 仁이 된다"라는 말이 있는데, (이는) 사사로운 개인의 욕심을 제거하고, 天理로 돌아갈 수 있으면, 곧 이 마음의 본체가 어디에나 있게 될 것이며, 이 仁이라고 하는 마음의 작용도 언제나 행해질 것임을 말한 것이다.[25]

---

25) "天地之心其德有四, 曰 : 元亨利貞, 而元無不通. 其運行焉, 則爲春夏秋冬之序, 而春生之氣, 無所不通. 故人之爲心其德亦有四, 曰 : 仁義禮智, 而仁無不包. 其發用焉, 則爲愛恭宜別之情, 而惻隱之心無所不貫. 蓋仁之爲道, 乃天地生物之心, 卽物而在. 情之未發而此體已具, 情之旣發而其用不窮. 誠能體而存之, 則衆善之源, 百行之本, 莫不在是. 此孔門之敎, 所以必使學者汲汲於求仁也. 其言有, 曰 : 克己復禮爲仁, 言能克去己私, 復乎天理, 則此心之體無不在, 而此心之用無不行也."(앞의 『국역퇴계집Ⅰ·疏·箚·仁說』, 151·517쪽 참조)

위의 인용문에서 보다시피 天道의 운행원리인 元·亨·利·貞의 '元'과 人道의 人性 원리인 仁·義·禮·智의 '仁'은 모두 결국은 천도와 인도 속에 流行하는 것으로 천지만물을 끊임없이 낳는다는 뜻을 지닌 천지만물의 본체임을 알 수 있다.[26] 그래서, 인간을 포함한 천지만물은 모두 당초 하늘로부터 품부 받은 이 仁[인자함]을 본성으로 하고 있는 까닭에 천지의 마음이나 사람의 마음은 모두 인자함[仁]이 온전한 모습인 것이다.[27] 고로 이는 兩者의 본체가 되는 것이다. 따라서 이를 통해, 두 가지의 특징을 도출할 수 있다. 첫째는 이 兩者의 운행은 모두 '작위가 없는 절로 그러한 것'이라는 점이다. 다른 하나는 양자 모두 '천지만물을 사랑하는 마음을 共通理로 하고

---

26) 주자가 말하기를 : "仁이라는 것은 천지가 모든 만물을 낳고 살게 하는 어진 마음이며, 이를 사람이 받아서 사람의 마음으로 삼고 있는 것이다.(仁者天地生物之心, 而人之所得以爲心)"라고 하였다.(같은 책, 516쪽 참조)

27) 『어류』1 : 6 「性理三」, 109쪽에 보면, 좀 더 구체적인 언급이 보인다 : "인자함[仁]이라는 낱말은 반드시 義·禮·智를 겸해서 보아야 비로소 이해할 수 있다. 仁은 仁의 본체이고, 禮는 仁의 규정이며, 義는 仁의 결단이고, 智는 仁의 분별이다. 마치 춘·하·추·동은 비록 같지 않지만, 모두 봄에서 나오므로, 봄에는 끊임없이 낳는 뜻이 생겨나고[元], 여름에는 생명의 의지가 자라나고[亨], 가을에는 생명의 의지가 이루어지고[利], 겨울에는 끊임없이 낳는 뜻이 저장되는 것[貞]과 같다.(仁字須兼義禮智看, 方看得出. 仁者仁之本體, 禮者仁之節文, 義者仁之斷制, 智者仁之分別. 猶春夏秋冬雖不同, 而同出於春, 春則生意之生也, 夏則生意之長也, 秋則生意之成, 冬則生意之藏也)"라고 말한다. 이는 인성에서의 인·의·예·지의 '仁'이 인의 본체인 것과 마찬가지로 원·형·이·정의 '元' 역시 원의 본체임을 四季의 전개과정으로 설명하고 있는 것이다. 이는 말하자면, 천지만물이 당초에 하늘로부터 품부 받은 것은 오로지 천지만물을 낳는 마음인 仁이라는 것을 부각시킨 것이다. 이와 같이 '낳는다는 말'로써 '인'을 부각시키는 까닭은 낳는다는 것은 원래 모든 것에 앞서기 때문이며, 또한 천지가 나를 낳으신 뜻을 내가 지금 반드시 스스로 체득해야 한다는 것을 인지시키기 위함이다.(以生字說仁, 生自是上一節事. 當來天地生我底意, 我而今須要自體認得)(같은 책, 1 : 6 「性理三」), 115쪽 참조.

있어 그들의 운행원리가 서로 통하고 있다는 것이다. 본고에서는, 대체로 본 원리가 적용되는 대상은 說理類의 시편에 속하는 것으로 보았다. 그리하여, 天道의 경우는 천지만물을 生育하는 원리[元·亨·利·貞]가 근간이 되는 자연계 관련의 詩作에서, 人道의 경우는 사람의 마음을 生育하는 원리[仁·義·禮·智·信]인 五常[五性][28]이 근간이 되는 인간사를 읊은 詩作에서 논의의 대상을 찾아 人性의 純善無惡한 측면을 살펴보기로 한다.

1) 天道에서 보는 서정적 자아

위에서 언급했듯이 '천도'란, 천지만물을 生育하는 '元·亨·利·貞'의 원리와 작용을 겸비하고 있지만, 형체가 없는 도리인 관계로 그 안에는 은미하고 광대한 것을 모두 갖추고 있다.[29] 그리하여,

---

28) 乾卦「象傳」: 하늘에 있으면 四德이 되니 元·亨·利·貞이요, 사람에 있으면 五常이 되니 仁·義·禮·智·信이다.(퇴계의 心統性情圖說에서는 五常을 五性이라고 칭했음. 앞의 주석9)를 참조 바람) 나누어서 말하면, 元은 사덕의 하나이고, 仁은 五常의 하나이며, 元을 오로지 말하면 亨·利·貞이 그 안에 들어있고, 仁을 오로지 말하면 義·禮·智·信이 그 안에 들어있다. 元은 천지의 물건을 낳는 이치[生理]이고, 亨은 生理의 통달함이고, 利는 生理의 이루어짐이고, 貞은 生理의 바름이다. 또한 仁은 人心의 生理이고, 禮는 仁의 예절의 규정[節文]이고, 義는 仁의 결단·통제[裁制]이고, 智는 仁의 밝게 분별함이고 信은 仁의 진실이다.
주자가 말하기를 : "仁의 한 가지 일이 네 가지를 포함하니, 한 가지 일을 떼어 놓고 별도로 네 가지를 겸한 仁을 구해서는 안 된다." 또 말하기를 ; "仁은 낳는 의미라서 네 가지 가운데에 관통하고 두루 流行하니, 모름지기 辭遜[禮]·斷制[義]·是非[智] 세 가지를 얻어야 비로소 仁의 일을 이룰 수 있다."고 하였다.(이상은 成百曉 譯註,『譯註 近思錄集解』1, 傳統文化研究會, 2004, 89쪽 참조)

29)『어류』1 : 6「性理 三」, 99쪽 :"道者, 兼體、用, 該隱費而言也."
또한, 鄭之雲이 쓴 '天命圖說'에 대해 퇴계가 언급한 바를 보면, 그 뜻이 보다 명확하게 드러난다. 첫째, 天則理라 하여, 그 理로서의 天의 덕[작용]

천도의 四德인 元·亨·利·貞이 운행되면서 四季의 순서가 정해지고, 이어서 사계의 변화를 따라 무수한 만물들이 道의 작용으로 드러나고 있는 것이다. 이른바 천지의 만물을 낳는 이치[元]·만물의 생명을 자라나게 하는 이치[亨]·만물의 생명을 성취하게 하는 이치[利]·만물의 생명을 반듯하게 저장하는 이치[貞]라는 4개의 이치가 천지를 流行하다가 適所를 만나면 도의 작용을 드러냄으로써 끝없이 生生不息하는 생명현상이 일어나게 되는 것이다. 본고에서는 바로 이와 같은 천도의 작용으로 드러난 수많은 갈래의 본성을 내포한 個物을 대상으로 하여 위에서 제시한 '以物觀物'의 論詩方法으로 이들 배후에 감추어진 천도의 본체를 찾아서 본연지성의 서정적 경계를 논의해 보고자 한다.

여기서는 화자의 서정적 자아의 본연지성[五常 : 五性]이 자연계의 個物에 작용하는 천도와 通物이 되는 경우로 논지를 전개해 보겠다. 위에서 본고의 텍스트의 내용을 유형화하여 열거할 때,

---

에는 元·亨·利·貞의 네 개가 있는데, 四德이 理로서 작용할 때는 始[시작함]의 理·通[통함]의 理·遂[나아감]의 理·成[이룩함]의 理로 되는데, 이 네 가지 理로서의 天德은 서로 순환하여 그만둠이 없다. 둘째, 個物의 구체적 생성에 관한 二氣·五行이 작용할 때는 이 四德·四理는 반드시 개물에 내재하고 개물의 생성과 존재의 근거가 되는 것을 서술하여 천의 四德·四理와 음양오행 내지는 개물과 관계를 지우고 있다. 셋째, 그 개물의 생성과 존재의 근거로 되는 것이 '性'이고 거기에는 仁·義·禮·智·信의 五常의 德이 있고, 그리하여 천의 사덕과 인간에 있어서의 五常과는 天의 理로서의 一理의 발전이어서 天과 人은 一理로 일관되어 있고 통일되어 있다. 넷째, 인간에게 있어서의 聖과 愚, 혹은 人과 物의 차이는 氣의 작용에 의한 것, 천의 사덕·사리의 본래의 작용에 차이가 있는 것은 아니라고 서술하고 있다.(이상은 高橋進, 「李退溪철학에 있어서의 自然과 人間의 에코로지ー「天命圖說」을 통해서」, 『퇴계학보』 제75·76호, 1992, 301~302 참조) 앞의 『국역퇴계집 I·疏·箚·心統性情圖說』, 148·516쪽도 참조 바람.

산수 관련을 독립적으로 제시하지 않았던 것처럼 특히 본연지성 측면에서 자연계를 읊은 詩作은 많지 않았다. 있다고 해도 개별적인 서정성을 띠는 것들이어서, 논의의 대상으로 선택하기가 어려웠다. 그나마 천도에서 거론할 만한 것으로 계절로는 봄이고, 個物로는 나무[柳·梅]와 물[水]을 읊은 시편이 논의에 부칠 만 하였다. 논자는 이 시편들을 가지고 화자의 본연지성의 자아와 그들 대상 간에 一體를 이루는 본연지성의 서정적 경계를 위에서 제시했던 '以物觀物'의 論詩 방법으로 파악해보고자 한다.

먼저, 나무[木]에 流行하는 생명을 낳는 이치인 元의 理가 작용한 시적현상을 살펴보기로 한다. 例詩로 선생의 나이 27세 때 쓴 「靜觀齋春日有感」戊辰30)에서 살펴본다.

大道難從口耳傳　　대도는 입과 귀로는 전하기 어렵지만
此心隨處自悠然　　이 마음 지니면 어디서나 절로 유연해진다네
靜觀軒外千條柳　　정관재 담장 밖 수많은 버들가지에
春入絲絲不後先　　봄기운 올올이 스며들어 앞뒤가 따로 없네

화자의 自我는 起承二句에서, '大道'라는 것은 우리 인간이 모두 쫓고 있는 公道이나, 이는 하나의 이치이기 때문에 입으로 전할 수도 귀로 들을 수도 없는 것이라고 말하고 있다. 그러나, 이를 마음속에 지니게 되면 어디서나 절로 마음이 유연해진다고 표현함

---

30) 선생은 1568년(戊辰年 : 宣祖 元年, 서애 27세) 2월에 휴가를 얻어 定州에 가서 牧使로 재직 중이던 부친 觀察公을 문안드리고, 靜觀齋에서 본 시를 지었다.

180

으로써, 대도의 본체가 '인자한 것[仁]임'을 시사하고 있다. 이어서, 轉結二句에서는 대도의 現象化가 묘사되어 있다. 이는 理[太極]의 실재가 만물에 나뉘어져 구체화되는 것을 보여준 것으로, 이를테면, 靜觀齋 담장 밖의 버드나무가 바로 그 대상이다. 버드나무는 五行에 의거하면 木性에 해당하니, 사랑함[愛]의 理를 구비한 이른바 천지가 만물을 낳는 元의 理를 본성으로 하고 있는 것이다.[31] 구체적으로 말하면, 겨울 내내 생명의 씨앗을 저장하고 있던 버드나무 가지에 생명의 기운이 감돌아 가지마다 푸른빛을 띄우기 시작한 것이다. 그리하여 天道의 운행에서 '生理[천지가 만물을 낳는 이치 : 元]'의 현상화가 드러나고 있는 것이다. 그러자 화자의 人心의 生理인 仁의 본연지성은 바로 이러한 버드나무에 流行하는 천도의 작용을 직각하여 자기도 모르게 푸르른 버들가지의 배후에 존재하는 生生不息

---

31) 마음은 인간의 본연지성을 통섭하는데, 사람의 이 본성은 五行, 이른바 나무[木]의 빼어남을 품부 받아 사랑[愛]의 理를 구비한 仁, 불[火]의 빼어남을 품부 받아 공경[敬]의 理를 구비한 禮, 쇠[金]의 빼어남을 품부 받아 마땅함[宜]의 理를 구비한 義, 물[水]의 빼어남을 품부 받아 분별[別]의 理를 구비한 智, 흙[土]의 빼어남을 품부 받아 참됨과 실질의 理를 구비한 信 등에서 비롯되었으며, 성리학에서는 이를 '性'이라고 하여, 마음의 본체가 되고 있음을 보여주고 있다. 또한 이 오행에서 품부 받은 본연지성[未發之性]이 외물에 감응을 받는 경우에는 마음이 情을 통섭하여, 仁의 단서는 惻隱의 情을, 禮의 단서는 辭讓의 정을, 義의 단서는 羞惡의 정을, 智의 단서는 是非의 정을, 信의 단서는 誠實의 정을 드러내는데, 이를 마음의 작용이라고 칭하고 있다. 이상은 퇴계의 聖學十圖 제6도인 「心統性情圖說」에 보인다.(앞의 『국역 퇴계집』 Ⅰ, 148·516쪽 참조) 이와 같이 자연계에서 집약된 5개의 元素로부터 도출된 五性[五常]의 덕목은 북송 周敦頤의 「太極圖說」에서의 "生生不已"하는 객관적 본체인 天道[誠體]를 自性으로 삼는 우주론과 이의 응용적 측면인 그의 『通書(1권 40편)』에서 도덕적으로 완성된 聖人을 목표로 하는 인성론에 의해 사람은 곧 '천지와 一體를 이룬다'는 新儒學 이념의 기초가 마련된다.

하는 生理와 通物이 되어 저절로 "가지마다 봄기운 스며들어 온통 푸르구나!(入絲絲不後先)"라고 하는 천인합일의 서정적 자아의 경계를 드러내고 있는 것이다.[32] 또한 화자의 본연지성은 이른 봄날 비가 갠 뒤에 산새들의 지저귐을 통해서도, 강변 남촌에 있는 매화가 꽃망울을 터뜨릴 것을 직각하고 있다.

早春 自遠志精舍 步出江沙
人生好醜何曾定　인생의 좋고 나쁨이 언제 정해졌던가?
世上榮枯不足言　세상의 흥망성쇠도 언급할 바가 못 되네
雨後一聲山鳥喚　비갠 뒤 제일성으로 산새들이 지저귀니
梅花初動水南村　강변 남촌에는 매화가 첫 꽃망울 터뜨리겠네

起承二句에서, 화자의 본연지성의 자아는 이미 이 인간계의 현상 또한 본래부터 '理의 顯現'임을 體得하고 있는 관계로 外物에 시달리지 않고 있다. 그리하여 화자의 자아는 轉結二句에서 그의 五常[五性]에 내포된 仁의 본연지성이 다시 대지에 돌아온 생명을 낳는 봄[元]의 인자한 生理의 작용을 비갠 뒤에 산새들의 지저귐을 통해 직각하는 순간, 바로 강변 남촌의 매화가지에도 꽃망울이 터질 것이라는 천도의 작용[流行]을 직각하고 있는 것이다. 화자의 仁理

---

32) "근본에서 말단에 이를 때, 하나의 '理'의 실재가 만물에 나뉘어져 구체화된다. 고로 만물은 제각기 하나의 태극을 가지게 된다.(自其本而之末, 則一理之實, 而萬物分之爲體, 故萬物各有一太極)"(『어류』6 : 94 『周子之書·通書·理性命』, 2409쪽) 그 결과 위의 시에서 시적화자의 본연지성은 버드나무의 個別理와 通物이 되어 彼我가 모두 一體가 되는 서정적 경계를 부지불식간에 '言外之意'로 드러내고 있는 것이다.

의 본연지성은 바로 이러한 자연계의 生育의 '元理'를 청각하는 찰나에, 강변 남촌에 있는 매화가지에 流行하는 생육의 '元理'와도 通物이 되면서 天人이 합일이 되는 본연지성의 서정적 경계를 드러내고 있는 것이다.

뿐만 아니라, 이번에는 화자의 밝은 분별심을 일깨우는 智의 본연지성과 通物이 되는 詩篇을 보자. 이는 계곡물의 배후에 존재하는 物理를 분별하는 '智의 理'가 작용하는 천도의 작용을 읊은 것으로 화자의 본연지성이 그의 배후에 존재하는 物性[物理]과 어떻게 通物이 되는지 살펴보기로 한다. 原詩를 보면 :

南溪精舍 十二絶·歎逝川

袞袞來無盡	콸콸 흘러가는 물줄기 끊어진 적 없이
悠悠去不休	긴긴 세월 흘러가며 멈추지를 않는다네
元來只如此	원래부터 오로지 이와 같이
上下與同流	옛날이나 지금이나 한결같이 흘러간다네

起承二句는 남계정사 동쪽 산기슭에 있는 詠歸臺 바위 아래쪽으로 흐르는 계곡물이 계곡을 그득히 채우면서 기운차게 흘러가는 모양을 묘사하였고, 동시에 그 물줄기의 흐름이 멈춘 적이 없다는 것도 알려주고 있다. 그리고 轉結二句는 그 물줄기의 흐름이 오로지 이와 같은 상태로 고금을 통해 한결같이 흘러가고 있다는 것을 전해준다. 이 물은 五行에 의하면, 분별함의 理[智][33]를 지니고 있다. 그리하여, 이를 '一理'의 차원에서 보면, 이 역시도 하나의 理[태극 :

---

33) 주석31)을 참조 바람.

하회마을

仁]에서 갈라져 나왔으니 인자함[仁]을 본체로 하고 있지만, '分殊[個物]'에서 보면, '智'의 理를 지닌 것이니, 그 자체가 또한 태극을 지닌 一物인 것이다. 고로 본 시에서 시적화자의 본연지성[仁·智]은 바로 물[水]의 배후에 존재하는 밝은 분별성[智]의 이치가 도의 작용을 드러내고 있는 현실태를 관조하고 있는 것이다. 이를테면, 기승이구에 묘사된 '콸콸' 흘러가는 끊어진 적이 없는 물줄기(袞袞來無盡, 悠悠去不休)는 바로 물[水]의 본성을 현상화한 것이다. 물은 본성적으로, 계곡을 만나면 저절로 물의 형세가 거세어지면서 流速이 급해지고, 또한 다시없는 험준한 계곡을 통과해야 한다고 해도 아직 '바다'라고 하는 목적지에 이르지 못했다면 그 여정은 결코 중단되지 않는다. 이는 바로 물의 본성이 그러하기 때문이다. 그래서 轉結二句에서 詩的話者의 본연지성은 "원래부터 오로지 이와 같이(元來只如此), 옛날이나 지금이나 한결같이 흘러간다네(上下與同流)"라고 직각하고 있는 것이다. 이는 화자의 본성에 내포된 仁과

智의 본연지성이 이와 通物이 되었기 때문이다. 그리하여, 화자의 서정적 자아는 눈앞의 계곡물과 천인합일이 된 것이다. 화자의 이러한 경지는 「六月九日 北潭舟中 遇雷雨」라는 시에서는 만물에 대한 달관의 태도로 드러난다.

화자는 해질 무렵 北潭[옥연정사 아래쪽으로 흐르는 강물]에서 하회마을로 배를 타고 귀가하는 도중에, 갑자기 악천후를 만나 나루터를 눈앞에 두고도 下船하지 못하는 난감한 경우를 당하고 있다. 원시를 보면 :

天昏雲黑雷闐闐	날 저물자 검은 구름 몰려오고 우렛소리 요란하더니
石壁雨點如撒菽	석벽에 떨어지는 빗방울이 콩 뿌리듯 하네
孤舟疾棹過江來	일엽편주로 서둘러 노 저어 강 건너는데
咫尺沿洄波浪惡	(나루터) 지척에 두고 물결이 너울져서 파도가 세차지네
人生到處行路難	인생이란 도처에서 가는 길이 험난하나니
不必瞿塘與巫峽	瞿塘峽과 巫峽만이 꼭 그런 것은 아니로세

위의 시에서 화자는 배안에서 갑자기 악천후를 만나 강물이 너울 파도를 일으켜, 나루터를 지척에 두고도 배를 댈 엄두조차 내지 못하는 지경에 이르렀다. 그러나 화자는 배안에서 전혀 감정의 동요가 없다. 오히려, 이러한 악천후와 험난한 뱃길이 꼭 저 長江의 三陜[瞿塘峽·巫峽·西陵峽]에서만 겪을 수 있는 일이 아님을 직각하고 있다. 이는 바로 화자의 본연지성의 자아가 外物의 장애를 천도의 작용으로 직각하여 관조하고 있기 때문이다. 그리하여, 그의 마음에

는 이미 彼我의 구분이 사라진 것이다. 화자의 본연지성의 자아는 바로 위의 「南溪精舍 十二絶·歎逝川」의 시에서 직각했던 물의 분별성과 통물이 되고 있는 것이다. 장애를 만나면 겸양을 통해 적응하는 물[水]의 지혜를 지금 너울파도를 만난 조각배 안에서 그대로 보여주고 있는 것이다. 이는 화자의 본연지성의 자아가 바로 현재의 악천후가 야기한 너울파도를 천도의 작용으로 관조함으로써 현재의 상황과 천인합일의 서정적 경계를 이루는 유연성을 보여주고 있는 것이다.

이상에서 논한 천도에서 드러난 화자의 본연지성의 서정적 자아는 특별히 천지만물 중에, 계절로는 봄[元]이고, 오행으로는 나무[木 : 柳·梅花]와 물[水 : 逝川]이라는 대상물과 천인합일의 경계를 보여주고 있음을 알 수 있겠다. 천지간에 流行하는 수많은 천도의 작용 중에 이렇게 유독 계절로는 봄, 個物로는 나무[木]와 물[水]에 서정적 경계를 드러냈다는 것은 곧 화자의 人性에서 人心을 낳게 하는 인자함[仁]의 性과 인심을 분별하게 하는 지혜로움[智]의 性이 특별히 발달되어 있음을 시사하는 것이 아닐까 생각된다.

2) 人道에서 보는 서정적 자아

위에서 살펴본 천도와 서정적 자아와의 관계를 여기서는 인도의 측면으로 전환하여 살펴보고자 한다. 위에서 언급했듯이 원·형·이·정의 사덕이 인간에게서는 仁·義·禮·智의 人性이 되어 人道의 근간을 이룬다. 특히 여기서 仁性은 천지만물의 生育의 본체가 되는 관계로 자연히 人性의 본체가 되기도 한다. 천도에서나 인도에서 모두 동일하게 천지가 만물을 낳는 그 마음을 仁으로 하고 있기 때문에 仁은 천도와 인도에서 모두 공히 본체로 하고 있는 것이다.

앞의 주석28)에서 별도로 제시했듯이 인간의 본연지성으로 성리학에서는 五常[五性]을 제시한다. 말하자면, 인·의·예·지의 사덕 외에 信의 덕목이 하나 더 추가된 것이다. 바로 이 오상은 만물의 元素인 五行에서 비롯된 것으로 이를테면, 나무[木]의 빼어남을 품부 받은 사랑함[愛]의 理를 구비한 仁을 생명을 낳는 기운으로 보아 첫머리에 안배하고 있다. 그리하여, 나무의 生意가 없으면, 火[禮]·金[義]·水[智] 등의 기운은 모두 스스로 생겨날 수 없는 것으로 보아 나무[木]의 기운이 곧 이 세 가지를 포괄하는 것으로 보고 있다.34) 주석31)에서 밝힌 바와 같이 禮는 불[火]의 빼어남을 품부 받아 공경함[敬]의 理를 구비하였고, 義는 쇠[金]의 빼어남을 품부 받아 마땅함[宜]의 理를 구비하였으며, 智는 물[水]의 빼어남을 품부 받아 분별함[別]의 理를 구비하였고, 信은 흙[土]의 빼어남을 품부 받아 참됨과 실질의 理를 구비하고 있다. 그러므로 이 5개의 본연지성이 外物과의 접촉에서 감응되는 정감도 '惻隱之心[仁 : 木]·羞惡之心[義 : 金]·辭讓之心[禮 : 火]·是非之心[智 : 水]·誠實之心[信]' 등이라고 하여, 여기에서도 역시 仁의 단서인 惻隱之心이 統一體가 되는 것으로 본다.35)

---

34) "나무는 (끊임없이) 낳는 기운이 있다. 낳는 기운이 있은 뒤에야 만물이 생겨날 수 있다. 만약 나무가 낳는 기운[仁]이 없으면, 火[禮]·金[義]·水[智] 등의 기운은 모두 스스로 생겨날 수 없기 때문에 나무[木]의 기운이 곧 이 세 가지를 포괄할 수 있다.(曰 : 木是生氣. 有生氣, 然後物可得而生. 若無生氣, 則火金水皆無自而能生矣, 故木能包此三者)"(『어류』 1 : 6 「性理三」, 108쪽) 주석31)도 참조 바람.

35) "仁은 곧 가슴아파하는 마음[측은지심]이 모체가 된다. 만약 그 이치를

이와 같이 인도의 본체인 仁의 性[理]은 사람의 마음을 낳는 본체이고, 이의 단서인 惻隱之心은 사람의 마음을 낳는 구체적인 작용인 것이다. 그리하여, 仁은 仁의 본체이고, 義는 仁의 결단이며, 禮는 인의 규정이고, 智는 인의 분별이고, 信은 인의 진실됨을 표현하는 것이라고도 한다.[36]

본 절에서는 앞의 서언에서 제시했듯이 역시 說理類의 詩篇에 속하는 例詩들을 통해 방금 언급한 人性관련의 이해를 기초로 하여 人道에서 보는 본연지성의 서정적 자아를 살펴보고자 한다. 人性관련 시편은 위의 천도에서 논했던 수량보다는 월등히 많다. 그리고 여기에서 화자의 객체가 되는 대상자는 주로 백성과 主君 및 육친으로 나타났으며, 人性[五常 : 五性] 중에는 주로 仁·義의 본연지성이 중심을 이루고 있다. 지금부터 대표성을 띤 시편을 거론하여 이의

분명하게 깨닫는다면 곧 '자기를 다스려서 예의바름을 회복한다'는 것을 깨달아 사사로운 욕망이 모두 제거되고 순전히 온화하고 맑은 기운이 되니, (이것이) 곧 천지가 만물을 낳는 마음이다.(曰 : 仁便是惻隱之母. 又曰 : 若曉得此理, 便見得克己復禮, 私欲盡去, 便純是溫和冲粹之氣, 乃天地生物之心)"(같은 책, 112쪽)라고 하였다.

사실 이러한 '측은지심'의 용어가 최초로 제시된 자료는『孟子』권3「公孫丑章句 上」의 제6장에서부터이다. 맹자는 여기에서 "가령 막 우물에 빠지려는 아이를 보면, 누구나 깜짝 놀라 측은지심이 발동하는데, 그것은 속으로 아이의 부모와 어떤 교섭을 한 때문도 아니요, 마을 친구들에게 칭찬을 받으려는 때문도 아니요, 아이의 울음소리를 싫어하는 때문도 아니다(今人乍見孺子將入於井, 皆有怵惕惻隱之心, 非所以納交於孺子之父母也, 非所以要譽於鄕黨朋友也, 非樂其聲而然也)"(楊伯峻譯注,『孟子譯注』(香港 : 中華書局, 1984), 79쪽)라고 하였다. 그래서, 이때에 발생하는 마음은 개인적인 이해득실을 따지지 않는 직각적인 행동이기 때문에, 바로 仁의 단서가 되는 공명정대함을 지니고 있다. 그러므로 이는 人性本然의 모습인 것이다.

36) 주석28)을 참조 바람.

구체성을 파악해 보겠다.

먼저 「仁同西軒 十絶·天生城」의 시를 보자. 여기에는 전란으로 야박해진 백성들을 보고, 화자의 본연지성의 자아가 仁性의 단서인 측은지심을 통해, 그들의 안위를 지키기 위한 강력한 義憤을 드러내 보이고 있다.[37] 그 原詩를 보면 :

世道日云下	세상을 사는 방식이 날로 야박해진다더니
干戈更相賊	전란으로 더더욱 서로를 해치는구나
天亦無奈何	하늘도 어찌할 수 없으니
留此待暴客	이곳에 머물며 (내가) 폭도들을 막아야겠네

위의 시에서 화자의 본연지성의 자아는 起承二句에서 전란으로 인해 서로를 해치는 야박해진 世情을 직각하면서 그들의 삶을 걱정하는 측은지심[仁]을 "전란으로 더더욱 서로를 해치는 구나"라고 드러내고 있다. 그리하여, 轉結二句에 와서는 본성을 잃고 박정하게 변해가는 백성들의 삶을 보호해주고자 인자함에 근거한 엄숙한 결단[義], 곧 "이곳에 머물며 (내가)폭도들을 막아야겠다"라고 독백하고 있다. 화자의 이러한 闡明은 인자함[仁]과 엄숙함[義]의 理가 작용한 것으로, 환언하면, 이는 도탄에 빠진 백성을 긍휼히 여겨서 그들을 이러한 현장으로부터 구해내야겠다는 본연지성의 발현이

---

37) 앞의 주석27)에서, 인간의 본성이 되고 있는 四德[仁·義·禮·智]은 결국 仁을 統一體로 본다는 견지에서, 義는 仁의 결단이라고 하였는데, 여기서 좀 더 확대시키면, 바로 이때의 결단은 다름 아닌 사람이 마땅히 가야하는 길(義, 人路也)이라는 것으로 이해할 수 있다.(『어류』1 : 6「性理三」, 108쪽)

다. 고로 이는 彼我의 구분이 없는 천인합일의 서정적 경계가 이루어졌다 할 것이다. 뿐만 아니라, 화자의 이러한 彼我一體를 이루는 仁義의 본연지성은 전란지역의 병사들에게서도 드러나고 있다. 해당 시인 「隨天將南夏 路經利川 馬上偶吟 示鄭從事和伯恊」을 보면 :

黯黯山雲起	어슴푸레 날 저무는데 산 위로 구름이 일고
茫茫海日斜	아득히 먼 바다 끝에 해가 기우네
此時愁遠役	이 시각 전란지역 병사들이 걱정되나니
何處卽爲家	어느 곳을 당장 집으로 삼고 있을꼬?
天地風霜苦	온 천지가 풍상에 시달리고 있는데
干戈歲月多	전쟁하는 세월이 너무나도 길구나
憑高一長嘯	높은 곳에 올라가 목청 돋워 길게 한 번 외치나니
世事問如何	묻건대 세상사를 도대체 어찌하란 말인가!

首·頷二聯에서 화자는 눈앞에 펼쳐지는 아득한 지평선과 수평선의 일몰광경을 목도하면서 直覺的으로 고향을 떠나 전란 지역에서 밤을 지새울 병사들의 고충을 직각하고 있다. 이어지는 頸·尾二聯에서는 절후마저 냉기가 짙어지는 風霜의 계절인데 전쟁의 끝은 보이지 않아, 급기야는 높은 곳에 올라가 목청 돋워 큰 소리로 "세상사를 도대체 어찌하면 좋은가"라고 길게 절규하여, 병사들의 고통에서 조선 전체의 총체적인 난국을 애통해 하고 있다.

말하자면, 전자(黯黯山雲起, 茫茫海日斜. 此時愁遠役, 何處卽爲家)의 상황은 바로 부모가 자식을 걱정하는 仁愛의 본성을 현상화한 것이라면, 후자(天地風霜苦, 干戈歲月多. 憑高一長嘯, 世事問如何)

의 상황은 천지신명을 향한 원망이 실려 있는 절규로 세상을 살리지 못하는 義憤을 드러내고 있는 것이다. 전·후자의 이러한 人道의 현상화는 어느 것 하나 화자의 애끓는 仁義의 단서가 표출되지 않은 것이 없다. 요컨대, 화자의 이러한 仁義의 본성은 바로 측은지심 과 수오지심으로 발현되어 화자의 자아가 大公의 자아로 나아간 장엄한 서정적 경계를 보여주고 있음을 알 수 있다. 「廣州途中 有感」 이라는 시에서는 화자의 仁義의 본연지성이 더욱 심화되어 나타나 고 있다. 본 시의 小序에 의하면, 이는 어머니를 문안하고자 남쪽으로 귀향하던 도중에 선조의 소환령을 받고, 조정으로 돌아가서 평안·함 경도 體察使의 직책을 임명 받아 다시 서쪽으로 총총히 걸음을 재촉하는 도중에 지은 시이다. 원시를 보면 :

世亂行藏不自由	난세의 행동거지 자유롭지 못하나니
南州行色又西州	남부고을 행색 그대로 서부고을로 가고 있네
雲山極目空垂淚	구름 낀 먼 산 바라보니 하염없이 눈물이 흘러
關海連天獨倚樓	함경·평안 道界와 맞닿는 곳에서 외로이 누각에 기대 쉬네
道薄未能輕險易	世道가 쇠퇴해져 (백성의) 고통 덜어줄 수 없거늘
身忙安得辦浮休	一身이 분망하다고 어찌 세상사 무심한 듯 처리 하리!
平生一丈崆峒劍	평생 쓰던 공동검 한 자루를 뽑아드니
半夜寒光射斗牛	밤중에 서늘한 劍光이 북두성과 견우성을 비추네

본 시의 頸聯에서 화자가 "세도가 쇠퇴하여 (백성의) 고통 덜어줄

수 없거늘, 一身이 분망하다고 어찌 세상사 무심한 듯 처리하리”라고
하는 것은 전란으로 인해 각박해진 세상도리가 백성들을 더욱 힘들
게 하는 정황인데, 그들의 고통을 제대로 덜어주지 못하는 것이
가슴 아프다는 것이다. 진두에서 전란을 수습 하느라 一身이 한없이
분망하지만 그렇다고 어찌 백성들의 민생을 방치할 수 있겠느냐?
는 통절한 자성의 목소리를 들추어내고 있다. 화자의 이러한 본연지
성의 목소리는 바로 백성들의 고통을 별개로 보지 않는 인자함[측은
지심]과 동시에 公人으로서의 철저한 治亂의 책무를 자신에게 요구
하는 엄격한 자기성찰[義]의 羞惡之心이 공존하는 仁義의 본연지성
을 드러내고 있는 것이다. 요컨대 한편으로는 한없이 너그럽고
한편으로는 한없이 엄격한 滅私奉公의 公理[仁義]를 현상화 시킨
것이라 할 수 있다. 이와 같이 治亂의 업무로 일신이 다시 없이
분망하다고 하여도 백성의 고통을 외면할 수 없다는 화자의 본연지
성의 자아는 그대로 彼我의 구분을 없앤 大公의 경지가 아닐 수
없다. 이러한 경지는 자기를 다스리는 공부가 지극한 경지이니,
이는 인자한[仁] 뒤에야 가능한 것이다.[38] 그리하여 尾聯에 이르러
서 “평생 쓰던 공동검 한 자루를 뽑아드니, 밤중에 서늘한 검광이

---

38) “인자함의 道는 요컨대 공정함[公]이라는 하나의 낱말로 말할 수 있다.
공정함은 단지 인자함의 이치일 뿐이니, 공정함을 인자함이라고 부를
수는 없다. (그러나) 공정하여 다른 사람을 (자기로 여기는 것을) 체득하기
때문에 인자함으로 삼는다. 공정함을 이루면 외물과 내가 함께 비추어지
기 때문에 인자함으로서 너그러울 수 있고, 사랑할 수 있다. 너그러움[恕]
은 인자함이 베푸는 것이고, 사랑함[愛]은 인자함이 작용한 것이다.(仁之
道, 要之只消道一公字. 公只是仁之理, 不可將公便喚做仁. 公而以人體之, 故
爲仁. 只爲公則物我兼照, 故仁所以能恕, 所以能愛. 恕則仁之施, 愛則仁之用
也).”(『二程遺書·入關語錄』 권15, 18-가)(黎靖德編, 허탁·이요성 역주,『주
자어류 2』, 청계, 1998, 749쪽 재인용)

북두성과 견우성을 비추네"라고 하여 화자의 자아는 중앙정부에 있는 主君의 입장까지 염려하는 보국충정의 仁義를 보여주고 있는 것이다. 이는 경련의 경계와 有機性을 지니는 맥락으로 화자의 자아는 백성도 주군도 자신과 별개가 아닌 한 몸으로 여기는 것으로 본연지성의 극치를 보여주는 서정적 경계라 할 것이다. 주군에 대한 이러한 忠義는 「宿淸風寒碧樓」[39]에도 보인다. 원시를 보면 :

落月微微下遠村	지는 달 아스라이 먼 마을로 내려가고
寒鴉飛盡秋江碧	까마귀 날아간 뒤 가을 강만 푸르네
樓中宿客不成眠	누각에 묵는 나그네 밤잠 설치고 있는데
一夜霜風聞落木	밤새도록 찬바람에 낙엽소리만 들리네
二年飄泊干戈際	두 해째 떠돌면서 전란을 겪는 동안
萬計悠悠頭雪白	온갖 계책 짜내느라 백발이 다 되었네
衰淚無端數行下	늙은이 눈물 무단히 몇 줄기 흘러내려
起向危欄瞻北極	일어나서 난간에 나가 북극성 바라보네

---

39) 본 시 「宿淸風寒碧樓」의 小序에 의하면, 선생은 壬亂이 발발한 직후부터 줄곧 蒙塵御駕를 호종하다가 體察使로 임명되어 전선을 오가며 군량미 조달에서부터 장병의 모집, 왜적의 강화요청과 李如松의 왜적추격에 대한 戰意 상실 등을 막기 위한 노력 등으로 심신의 피로가 누적되면서, 거의 두 달간 와병한 적이 있다. 그러나, 그야말로 한가롭게 병치레할 여유도 없었기에, 선생은 훌훌 병을 털고 일어나서 다시 왜적의 晉州 재침범 소식으로 이에 대비하는 중에, 조정의 소환령을 받았다. 그리하여 발길을 황해도 海州 행재소로 돌려서 가는 길에 안동에 들러 모친을 문안하고 죽령을 넘어 원주 新林院에 도달했다. 이때 또다시 '충청도에 머물면서 諸將들을 단속하라'는 명을 새로이 받고 淸風縣으로 발길을 되돌려 寒碧樓에 올라가 업무로 인한 느낌을 시의 형식에 빌려 선생의 本然之性을 드러내고 있는 것이다.

首聯과 頷聯은 지는 달[落月], 까마귀의 귀소[寒鴉飛盡], 가을강의 짙푸른 남빛 등으로 대지의 만물이 陰氣에 의해 존재의 근원[고요함]으로 회귀하는 理法의 세계를 형상화 하고 있다. 화자 역시 같은 시각에 청풍 한벽루에서 주상과 백성의 안위로 동분서주하던 몸을 잠시 쉬어 보지만, 밤잠이 쉬이 들지 않아 누각 밖으로부터 차가운 바람과 낙엽 지는 소리를 듣는다. 그리하여, 화자의 자아도 자신이 의식하지 못하는 사이에 현상의 너머에 존재하는 천지만물의 본성[靜] 속으로 들어가고 있다. 그리하여 이 시각 화자의 존재 역시 천지의 고요와 일체를 이루고 있는 것이다.[40]

이어지는 頸聯과 尾聯에서는 화자가 2년째 군정의 최고책임자로 동분서주하면서 군사전략을 짜느라 백발이 다 되어버린 자신을 회고하는 것과 까닭없이 눈물이 흘러내리자 한벽루 난간으로 나가서 하늘에 있는 북극성을 바라보고 있다. 여기서 전자(二年飄泊干戈際, 萬計悠悠頭雪白)는 화자가 仁의 결단으로 義[宜]를 보여준 이른 바 '누란의 위기에 처한 사직과 도탄에 빠진 백성을 구제해야 겠다'는 羞惡之心을 드러낸 것이고, 후자(衰淚無端數行下, 起向危欄瞻北極)에서는 사직의 주인인 主君에 대한 처지, 곧 본 전란에 대해 가장

---

40) 태극 안에는 動·靜의 理가 있으므로 氣가 그 理에 따라 실제로 운동하고 고요하게 된다. 기의 운동은 流行하여 陽氣가 되고 기의 고요는 응집하여 陰氣가 된다. 朱熹는 周敦頤의 「太極圖說」을 통해, "한 번 운동하고 한 번 고요할 때 서로가 서로의 근본이 된다. 운동하다 고요해지고 고요하다가 운동하여 끊임없이 열리고 닫히며 오고 간다.(一動一靜, 互爲其根. 動而靜, 靜而動, 開闔往來, 更無休息)"(『어류』6 : 94 「周子之書·太極圖」, 2367쪽)라고 하였는데, 이는 다름 아닌 천지만물이 끊임없이 생명을 낳는 작용이며 동시에 자신의 존재가 이 우주상에서 존재가 가능하도록 하는 작용인 것이다.

크게 마음을 쓰고 있을 宣祖를 향한 신하로서의 측은지심[忠]을 북극성을 바라보는 것으로 시사하고 있다. 다시 말하면, 시적화자 [公人]에게 있어서 백성과 주군은 作爲의 필요가 없는 대상이다. 저절로 친애하고[愛] 저절로 의로움을 드러낼 수밖에 없는[宜] 바로 자기 자신인 것이다. 그러므로 화자의 자아는 仁義의 본연지성을 드러내어 자신은 개인이 아닌 公人[臣]임을 일깨움으로써 이들 대상 자들이 모두 자아와 한 몸의 관계라는 강렬한 천인합일의 서정적 경계를 보여주고 있는 것이다.

　화자의 이러한 본연지성의 자아는 그를 낳아주신 육친을 향해서 도 말할 것이 없다. 그의 어머니에 대한 효심을 읊은 「乞暇省親南歸 宿婆娑城」을 보면 여기에도 인도의 작용이 잘 드러나고 있다.

　…

病客有遠思	지쳐 병든 나그네 먼 곳에 그리운 님 있어
輾轉夢不成	이리 뒤척 저리 뒤척 잠 못 이뤄 하네
所思非我力	그립다는 것은 내가 애써서가 아니라
悠悠空復情	아득히 멀리서도 괜히 자꾸 정이 가는 것일세
乾坤浩無際	천지가 넓고 넓어 그 끝이 없다 해도
明發還孤征	날 밝으면 다시 홀로 먼 길을 떠나려네

　위쪽의 두 聯은 화자의 서정적 자아가 어머니에 대한 그리움에 잠을 이루지 못하고 있다. 어머니에 대한 애틋한 그리움은 마음속에 내재하는 효심의 顯現이다. 이를테면, 전란중의 激務를 어찌 한마디 로 언급할 수 있을까? 그러나, 전란 중이니 더욱더 어머니의 안위가

걱정이 되는 것이다.[41] 그리하여, 화자의 효심은 어머니가 계시는 곳이 다시 없이 먼 곳이라고 하더라도 날이 밝으면 또 발길을 재촉할 것이라 하여, 육친의 안위를 확인하는 문안을 드리고자 일신의 고통은 염두에 두지 않고 있는 것이다. 그에게는 오로지 仁愛의 본성만이 있는 것이다. 그리하여, 모자간에 한 치의 빈틈도 없는 서정적 경계를 보여주고 있다.

이상에서 논한 人道에서 보는 화자의 서정적 자아는 주로 백성·主君·육친 등을 향해, 인도의 본체인 인자함과 仁으로의 결단인 義[宜]의 이치를 惻隱之心과 羞惡之心으로 드러내고 있음을 알 수 있겠다. 그리하여, 전자로는 백성들의 고통을 한없이 부드럽게 감싸 안았으며, 후자로는 엄격한 자기성찰과 엄숙한 殺身成仁的 행동으로 당시의 난국을 바로 잡고자 公人으로서의 면면을 도처에서 드러내고 있음을 확인하였다. 그래서 화자는 우리에게 백성과 주군 및 육친을 한없이 긍휼히 여기는 따뜻한[仁 : 측은지심] 심성과 백성에게 안정된 삶을 되돌려 주고자 노력하는 한없이 엄격한 공명정대함이 함께 어우러진 서정적 경계를 보여주었다.

말하자면, 人道에서 보여준 화자의 본연지성의 자아가 구축한 이러한 서정적 자아의 경계는 천도와 인도의 共同理인 인자함을 본체로 하면서, 分殊의 理에서는 公義로 公道를 실현해 보임으로써, 시종 화자의 人性이 仁義를 근간으로 하고 있음을 알 수 있겠다.

---

41) 본 시는 「서애연보」에 의하면 54세에 作詩된 것으로 보임. 따라서 임진왜란이 선생이 51세(1592년 4월 13일) 되던 해에 발발했으니, 본 시는 임란 중에 쓴 것으로 봐야할 것임.(이상은 류명희·안유호 역주, 앞의 책, 51세, 54세 조목인 356·360쪽을 참조 바람)

2. 氣質之性에서 보는 서정적 자아의 경계

이상에서 논한 본연지성의 서정적 자아에서 자연계의 個物이나 인간계의 個體가 모두 '一理'라는 太極의 본체가 지니고 있는 純善無惡한 仁을 본체로 하고 있어, 個物이나 개체가 지니고 있는 物性과 人性[分殊]이 결국은 모두 인자함[仁]을 바탕으로 하여 각각의 본성[分殊]을 발휘하고 있음을 살펴보았다. 그리하여, 이들 각자의 본성은 결국 仁이라는 본체[太極]로 회귀한다는 이론적인 유추를 가능하게 함으로써, 천도와 인도에서 보는 본연지성의 서정적 자아는 모두 순선무악한 것임을 파악할 수 있었다.

그러나, 본 항목에서 논의하고자 하는 '기질지성'[42]은 지금까지 거론했던 보편성·동일성·통일성[理]이라는 특징을 지닌 본연지성의 자아와는 상반되는 개념으로 이는 차이성, 분별성, 특수성[情]을 특징으로 하는 까닭에 처음부터 외부세계와 갈등과 대립의 관계에 놓일 수밖에 없다. 그렇다면, 기질지성의 자아는 무엇을 기준으로 하여 객관세계와 천인합일에 이르는 서정적 자아를 획득해낼 수 있는가? 이는 다름 아닌 보편화의 원리인 '理'에 의거해야 만이 대립과 갈등의 관계에 놓여있는 기질지성의 자아를 천인합일에 이르는 서정적 자아로 이끌어낼 수 있을 것이다. 그래서, 시인들은 의식적으로라도 세계와의 동일성을 추구하고자 同化와 投射라는 방법을 통해 세계와 화해하고 있다.

아래에서는 이 두 가지 방법을 가지고 서애시가 인위적으로 극복하고자 했던 동일성의 세계, 즉 차이성과 개별성을 특징으로 하는

---

42) 주석7), 8), 9), 10)을 참조 바람.

기질지성의 자아가 천인합일이라는 통일적이고 보편적인 서정적 자아의 경계를 어떻게 이룩해내는지 그 면면을 살펴보도록 하겠다. 논의의 전개는 同化에서 投射로 그 맥락을 잡아가고자 한다.

1) 세계를 自我化 하는 서정적 자아

본 절에서의 서정적 자아는 시적화자가 세계를 자아화[同化] 하는 데서 그 단초를 열고자 한다. 방금 위에서 언급했듯이 기질지성에서 바라보는 세계는 자아가 세계와 갈등 및 대립의 관계에 놓여 있기 때문에, 시인은 어쩔 수 없이 자아와 세계의 합일을 위해서, 바로 이 세계를 자신의 내부로 끌어들여 자신의 의도에 부합되는 세계로 만들지 않으면 안 되는 것이다. 그래서 이 동화의 방법을 보면, 詩 속에서의 자아는 실제로는 갈등의 관계에 놓여있는 세계를 자아의 욕망이나 가치관 혹은 감정에 적합한 것으로 만들어 세계와의 동일성을 꿈꾸는 것이다.[43]

본고의 텍스트에는 본 절과 관련되는 작품이 적지 않다. 본 절과 관련되는 내용을 총 네 가지, 즉 공명과 이득을 우환으로 여기는 경우, 經世濟民의 이상이 좌절되었다고 생각하는 경우, 人欲을 벗어나고자 하는 경우, 自省을 하는 경우 등으로 나누었으며, 지금부터 그 대표작을 선택적으로 거론해 보기로 한다. 그러면, 먼저 공명과 이득을 우환으로 여겼을 때 나타나는 세계의 자아화를 살펴보기로 한다. 여기에는 주로 달의 明德이나 계곡의 물소리 및 서책을 가까이 하여 성현의 말씀 등을 내적인격화 함으로써 공명과 이득에서 야기되는 우환을 벗어나고자 하는 몽상을 보이고 있다. 먼저 성리학의

---

43) 이 방법은 김준오, 앞의 책, 39쪽을 참조하였음.

집대성자인 晦庵[朱熹]의 시에 차운한 「次晦庵先生韻四首」의 시문 중 제3수를 보기로 한다.

[3]

月出羣動息	달이 뜨자 뭇 생물 혹은 활동하고 혹은 쉬는데
風泉落寒井	밤바람 쏘인 샘은 寒氣 감도는 우물이 되었네
吾心適無事	내 마음 자연에 순응하며 사는 걸 즐기다보니
愛此淸夜景	이같이 청명한 야경을 좋아한다네
彈琴道意長	거문고 타니 도 닦는 마음 깊어지고
憶友山河永	벗을 그리워하며 산천을 읊조리네
功名久已慙	공명은 일찍부터 부끄러워하였으니
苟得非吾幸	구차한 이득은 내가 원하는 게 아니라네

화자는 尾聯에서 공명은 일찍부터 부끄러워하고 있으며, 구차한 이득 또한 본인이 원하는 바가 아님을 밝혀 그의 마음이 利와 갈등의 관계에 있음을 보여주고 있다. 그리하여, 그의 자아는 首聯에서 달이 뜬 이후의 뭇 생물들의 상태와 낮 종일 탁해진 우물이 밤바람을 통해 寒氣가 감도는 맑은 우물로 변하는 이른바 天理의 流行이 動에서 靜[理一]의 상태로 나아가는 야밤 쪽으로 기울어지고 있음을 시사하고 있다. 頷聯에서는 화자의 자아가 바로 이러한 자연의 動·靜에 순응하며 사는 것을 즐기고, 또한 靜으로 회귀하는 청명한 야경을 좋아한다고 고백하기에 이른다. 頸聯에서는 분위기를 전환하여, 아예 구체적으로 거문고의 선율을 통해 도심이 깊어지고 벗을 그리워하면서도 산천을 읊조린다고 하여, 그의 자아는 애써 形氣의 사사

로움에 이끌리어 物化되는 세상의 공명과 구차한 이득을 원천적으로 멀리하고자 이와 같이 태극으로 회귀하는데 나침판이 되는 달[月]·바람[風]·寒泉·淸夜景·彈琴·山河 등과 通物이 되는 경계와 동일성을 꿈꾸고 있는 것으로 보인다. 화자의 이와 같은 몽상이 「戊寅中秋, 余南行宿東湖之夢賓亭…」⁴⁴⁾에서는 명성에 연루되는 삶을 부유물 같은 것으로 회고하며, 이를 拂拭시키기 위해, 강남에 달이 떠오르면 어디에서든 그 달을 맞이하고자 누각에 오르리라는 달에 대한 내적 인격화를 강렬하게 드러내고 있다. 뿐만 아니라, 「仁同西軒 十絶·懷歸」[8]⁴⁵⁾에서는 강굽이 강변에 집까지 지어서, 圖書를 마련해 놓고 책속의 성인의 말씀과 가까이 하거나 혹은 멀지 않은 날에 조그만 배 한 척을 달이 잠긴 서쪽 물가에 띄우고 온전하게 세속사를 멀리하는 몽상까지 드러내고 있기도 하다. 이어지는 「省觀仁同將讀易于南溪精舍, 先寄精舍諸生」의 시에서는 아예 洞口의 문까지 닫아 놓고 불여의한 인생사와 거리를 두기 위해 問學을 통한 精進을 내적으로 인격화하기도 한다.

---

44) 「戊寅中秋, 余南行宿東湖之夢賓亭, 李舍人景涵, 李內翰景淵, 李佐郎伯生, 洪正郎興道, 兪牧使思永, 金內翰子瞻, 許參奉行員, 曁士友權亨叔, 朴監役大宜, 李參奉宏仲同宿, 明日送于南岸, 余作詩留別」…
　直以名爲累　줄곧 명성을 우환거리로 여겨왔나니
　其如跡似浮　그것은 발자국이나 부유물 같았네
　江南有明月　강남에 밝은 달이 떠오르면
　何處獨登樓　어디서든 홀로 누각에 오르리라
45) [8]懷歸
　小築臨江曲　아담한 집을 강굽이 강변에 지어놓고
　圖書藏滿壁　圖書를 벽 가득히 소장하고 있다네
　何時一葉舟　언제라야 한 척의 조그마한 배를
　穩泛西潭月　달이 잠긴 서쪽 물가에 조용히 띄워보리

相思咫尺更關情　지척에서 사모하면 가슴에 더욱 사무치고
春草池塘夢裏生　봄풀은 연못가에서 꿈을 꾸며 자란다네
丹壁數重烟漠漠　붉은 절벽 겹겹이 안개가 자욱하고
碧桃千樹雨冥冥　벽도나무 천 그루 비 내리자 어둑하네
眞功到老都無着　확실했던 공적도 늙어보니 효과 없고
浮世多憂漫自縈　인생사 우환 많아 제멋대로 뒤틀리네
靜閉洞門揮俗客　洞口 문 조용히 닫아놓고 세상사람 멀리하며
焚香細讀洗心經　향 피워놓고 『周易』을 정독하네

　首聯에서는 남계정사 학생들에 대한 그리움과 꿈을 꾸며 자라는 그들의 모습에 대해 한없는 애정을 보내고 있다. 그러나, 頷聯에서부터 시작하여 화자의 자아는 사람이 사는 세상으로부터 등을 돌리고 있다. 함련에 묘사된 避世的 분위기인 '안개에 파묻힌 붉은 절벽과 빗속의 어둑어둑한 벽도나무 천 그루'가 바로 그것이다. 頸聯에서는 아예 직언으로써 '세상을 위하여 功績을 쌓았다고 믿었던 것도 이렇다 할 효과가 없고, 인생사에 우환마저 많아 도무지 節度라는 것을 찾아볼 수 없다'고 한다. 말하자면, 화자는 더 이상 인생사에 시달리지 않기 위해, 아예 洞口의 문을 닫아놓고 세상인심을 멀리 하는 가운데, 향을 피워 놓고 『주역』을 정독하면서 天理[본연지성]는 보존하고 人欲[기질지성]은 소멸시키는 공부를 결행하고 있는 것이다. 화자의 이러한 자세는 바로 자신이 동경하는 인생사를 성현의 말씀[道心]을 온전하게 내적 인격화시킴으로써 세계의 자아화라는 서정적 경계를 몽상하고 있는 것으로 보아진다.
　다음으로 經世濟民에 뜻이 좌절되었을 때는 어떠하였는가? [9]「仁

同西軒 十絶」의 경계를 보면 :

[9]自歎

吾衰那忍說	내가 노쇠했다고 어찌 차마 말할 수 있으리
不復夢周公	다시는 주공의 꿈을 꾸지 못할 터인데
經濟平生志	세상 다스려 백성 구제함이 평생 뜻이었기에
羈危半道中	반평생을 험난한 곳에서 떠돌았네

화자는 위의 시에서 易姓 혁명으로 건국했던 주나라 초기를 만세 반석 위에 올려놓았던 周公의 치세능력을 내적 인격화하고자 무던히도 노력했던 것 같다. 반평생을 경세제민하기 위해 동분서주했으나, 아직도 그 꿈을 이루지 못하여 자신을 늙었다고 자인할 수 없음을 피력하고 있다. 왜냐하면, 눈앞에 처한 현실은 백성과 사직이 도탄에 빠져있는 상태이기 때문이다. 그런데 화자는 이미 늙었다. 하지만 꿈을 성취하지 못한 사람이니 늙었다고 말할 자격도 없다. 고로 화자의 마음은 더욱 강열하게 주공과의 동일성을 꿈꾸고 있는 것이다.

다음은 人欲을 벗어나고자 하였을 때를 본다. 사실, 이는 위의 첫 번째 話題에서 다룬 것과 유사하다. 그러나, 첫 번째 거론했던 話題는 공명과 이득을 우환거리로 본다는 전제가 있는 것이었으나, 여기에서는 오로지 구체적인 동기부여가 명시되지 않고 있다. 오로지 인생이 苦海라는 보편적인 명제가 전제된 것으로 접근한 것이다. 「燕坐樓 秋思 三首」에서, 화자의 자아는 人欲에서 벗어나기 위하여, 태고적 聖王인 복희씨와 周文王을 공부하고 있다. 원시를 보면 :

『燕坐樓 秋思 三首』[3]

千古羲文學　　태고적 聖王 伏羲氏와 周文王을 탐구하고 나니

三年燕坐心　　한 삼년동안 坐禪한 심정이로세

意中蒼壁立　　마음속에 푸른 암벽이 우뚝 솟아 오르길래

吟外暮江深　　그 모습 읊는데 저무는 강변에 어둠이 짙어가네

위의 시에서 화자는 『주역』속의 '복희씨와 주문왕을 탐구하고
나니 한 3년 동안 좌선한 심정이다'라고 하는데, 이는 그만큼 화자의
자아가 세계와의 갈등을 극복하기 위한 방편으로 이 두 성왕에
대한 공부를 집중적으로 파고들었다는 것이 되겠다. 이러한 자아의
求道的인 노력의 결과 자아의 마음속에는 푸른 암벽[蒼壁 : 삶의
근원에 대한 응집력]46)이 우뚝 솟아올라 화자는 강변에 어둠이
짙어질 때까지 그 모습을 읊었다고 하였다. 이는 바로 화자의 자아가
복희씨와 주문왕의 경지를 내적 인격화한 결과 얻어낸 천인합일의
서정적 경계라고 보아진다. 또한 선생이 관직에서 파직된 이후
낙향하던 도중에, 老母가 태백산 아래에 있는 道心村에서 임시 피난
을 하였던 관계로, 그곳에 들러 겨울을 보냈던 적이 있다.47) 그

---

46) 바위는 신이 거주하는 자리로 인식된다. 코카서스 지방에는 '최초의 세계는
　　물로 덮여 있었으며, 그 때 위대한 창조자인 신은 바위 속에 살고 있었다'는
　　말이 전해 온다. 따라서 돌과 바위는 인간적 삶의 근원으로 인식되며,
　　이와는 달리 바위나 돌이 분해되었기 때문에 열등한 존재로 인식되는
　　땅은 식물과 동물적 삶의 근원으로 인식된다. 바위가 신비하게 느껴지는
　　것은 그것이 깨질 때 나는 소리 때문이며, 또한 바위가 보여주는 통일성,
　　곧 견고성과 응집력 때문이다.(이승훈 편저, 『문학상징사전』, 고려원,
　　1995, 189쪽 참조)

47) 류명희·안유호 역주, 앞의 책, 364쪽의 주석60)을 참조 바람.

때 지은 詩인 「寓居道心里民家偶題 己亥」에서도 화자의 평소의 지향인 도심의 자아화가 드러나고 있다.

寓居道心里民家偶題 己亥

我來道心里	내가 도심리에 오고 나서
愛此道心名	이 '道心'이란 지명을 사랑하게 되었네
臨溪弄泉水	시냇가 우물에서 샘물을 길렀는데
心與水較淸	마음과 물을 놓고 맑기를 비교했네
溪深可垂釣	시냇물은 깊어서 낚시를 할 만 하고
谷邃宜躬耕	골짜기 幽深하여 밭 갈기도 적합하네
三復欽明訓	반복해서 '흠명훈'을 讀誦해 보지만
誰知千載情	어찌 천 년의 뜻을 알리오?

위의 시의 首·頷聯을 보면, 화자가 道心里에 온 이후, 그곳의 지명인 '道心'은 물론이고, 그곳의 시냇가에 인접한 샘물[泉水]을 자신의 마음과 그 맑기를 비교해 보았음을 언급하고 있다. 뿐만 아니라, 頸聯에서는 그곳의 시냇물은 낚시를 드리우기에 좋고, 골짜기 또한 幽深하여 경작하기에도 적합하다고 기꺼워한다. 도심촌에 대한 화자의 이러한 찬미는 바로 삭탈관직하고 낙향하던 시점이었으니 더욱 절실하지 않았을까? 사실 화자본인이 도학자였던 만큼 本性으로의 회귀는 평소에 바라던 소망이었을 것이다. 오히려 지금껏 살았던 곳은 낯선 타향 땅이었고, 지금 여기 도심촌이야말로 자신이 잊고 살았던 고향이 아니었을까? 그리하여 화자는 도심촌을 純善無惡한 본성의 세계로 보아 이를 그의 내부로 끌어들여 天人合一의

서정적 경계를 몽상해 보고 있는 것이다. 그러나, 尾聯에서 화자는 도심의 본원을 몸소 실천했던 요임금의 '欽明訓'을 거듭 讀誦해 보지만, 世事에 너무 깊이 관여했던 터라, 아직은 요임금의 도학정치를 내적인격화하기에는 거리가 있음을 고백하기도 한다.

　마지막으로 自省을 통한 처세에서 보여주는 세계의 자아화를 보기로 한다. 여기에는 이미 사직을 한 이후, 왕사를 회고하며 일깨워지는 自省을 통해, 몽상해보는 세계의 자아화가 되겠다. 그러면, 화자가 자신이 세상에 無益했던 존재임을 되돌아보면서, 더 이상은 俗念에 좌우되지 않고자, 書龕 한 칸에 一萬家의 서책을 소장해놓고, 서책 속의 성현의 말씀들을 내적 인격화 하기 위해서 애쓰고 있는 경계를 보기로 한다. 원시인 「題書龕」를 보면 :

　　一間藏得萬家書　서감[책장] 한 칸에 일만가 서책 소장해놓고
　　盡日明窓俗慮疎　종일 밝은 창 아래서 속된 생각 멀리하네
　　生世自知無補益　세상에 살면서 아무런 도움 되지 못했던 걸 알기에
　　晩年甘作蠹書魚　만년에는 기꺼이 책벌레나 되려하네

　화자는 서감 한 칸에 一萬家의 서책을 소장해 놓고 온종일 밝은 창 아래서 俗念을 멀리할 뿐 아니라, 기꺼이 책벌레가 되겠다는 각오를 보이고 있는데, 이는 모두 마음공부의 자세이다. 책속에서 聖人의 말씀을 학습하고 명상을 할 때는 본성을 은폐하고 있는 속념을 거두어내면서 부단히 성현의 세계를 자아화 하는 자세를 취할 수 있기 때문이다. 그리하여, 화자의 자아는 자신의 속념을 소멸시킬 수 있는 밝은 생각과 독서를 통한 聖人들의 말씀[道心]을

내적 인격화함으로써 세계와 자아 사이에 천인합일의 서정적 경계를 몽상하고 있는 것이다. 그리하여 「南溪精舍十二絶·精舍」 시에 이르러서는 더 이상 현실세계에서 갈등하는 자신을 되돌려 보고 싶어 하지 않는다. 그래서, 南溪의 시냇물에 갓끈을 씻고 있다.

濯纓南溪水   남계의 시냇물에 갓끈을 씻고 나서
結宇南溪曲   남계가 흐르는 외진 곳에 집을 지었네
有懷南溪翁   남계의 늙은이 느끼는 바가 있어
襟期洞如玉   가슴에 품은 회포 옥빛처럼 깊고 넓길 기대하네!

화자의 자아는 人欲이 들끓는 벼슬살이의 세계와는 더 이상 대립 각을 세우고 싶지 않아서, 南溪의 시냇물에 갓끈을 씻고, 마음속에 公道[仁]를 함양하여 이를 내적 인격으로 자아화하고자 남계의 외진 곳에 집까지 마련한 것이다. 그리하여, 남계옹은 자신이 품은 회포가 이러한 내적 인격에 의해 천인합일이 되는 서정적 경계를 몽상하고 있다. 하여서, 병중에서조차도 자성의 자세를 늦추지 않고 있는 것이다. 관련시인 「贈僧」을 보면 :

此身猶復寄淵氷   이 몸을 여전히 거듭 심연의 얼음판에 기탁한 듯 조심하는 것은
萬事元來不足憑   만사가 본래 의존할 만한 게 아니어서라네
病裏安心惟習靜   병중에도 마음 편히 가지려면 고요함을 익히는 것뿐이니
試將禪定較山僧   잠시 선정에나 들어 산속 스님과 견주어 볼까하오

위의 시에서는 起承二句에서 人心이 전개되는 이 세계는 저마다 자기가치를 내세우는 곳이므로 언제나 자신의 몸을 심연의 얼음판 위에 기탁한 듯 사사로움을 제어하지 않으면 자아와 세계가 一體를 이룰 수 없다는 것을 시사하고 있다. 왜냐하면, 인생의 諸般事가 자기중심으로 기울어지는 경향을 보이기 때문이다. 그래서 轉結二句에서는 병이 나서 몸져눕게 되는 경우에는 더욱 본인의 기질지성이 본성을 은폐시켜 개인성을 크게 드러낼 우려가 있으니, 習靜의 자세를 잃지 말아야 한다는 것이다. 그리하여 화자의 자아는 승려에게 지금 한번 시험 삼아 禪定에 들어가 보자는 제의를 하고 있는 것이다. 이와 같이 화자의 자아는 시종 세계와의 갈등의 요인은 보편성을 은폐시키고 개인성을 추구하는데 있는 것임을 自省하여 마음속에 은폐되어있는 본성을 회복하여 이와 동일성을 이룩함으로써 세계와의 합일을 꿈꾸고 있는 것이다.

이상에서 논한 바에 의하면, 화자가 저어했던 세계는 공명과 이득이 부각된 세계였다. 그리고 또한 이와 무관하지 않는 人欲이 넘치는 세계였다. 그래서, 화자는 自省을 통해 천지가 만물을 낳는 마음을 잃어버릴까 자신을 되돌아보았다. 그리하여, 利己에 얽매인 감정의 세계를 벗어나기 위하여, 인위적으로 다양한 靜寂 모드(mode),[48] 이를테면, 明月·청명한 야경·石溪·달빛을 받으면서 船遊하는 것·거문고 타기·『주역』속 성인들 말씀 정독하기·伏羲氏와 周文王 공부하기·책벌레를 꿈꾸기·병중에도 習靜하기 등을 내적 인격화함으로써, 仁의 본체인 純善無惡한 본연지성을 몽상함으로써 대상세계와

48) 앞의 주석40)을 참조 바람.

천인합일을 이루는 서정적 경계를 보여주었다. 비록 본 항목이 기질지성에서 추구하는 세계의 자아화이지만 이와 같이 시적화자는 形氣에 구속되어 物化되는 放逸한 모습에서 벗어나고자 끊임없이 求道的 몽상을 기도하는 도학자로서의 본색을 지키고자 노력하는 모습을 보여주고 있음을 알 수 있겠다.

2) 세계에서 자아를 발견하는 서정적 자아

여기에서의 서정적 자아는 시적화자가 세계 속에서 자아를 발견하는 것을 말한다. 이는 投射에 의한 동일성의 획득으로 바로 자신을 상상으로 세계에 투사하는 방법이다. 다른 말로 표현하면 감정이입에 의해서 자아와 세계가 일체감을 이루도록 하는 것이다.

본 항목에서는 총 네 가지로 나누어서 논할 수 있다. 즉, 洗心臺 주변의 景物에 회재선생의 고고한 삶의 자세를 투사한 것, 누각에 가득한 달빛과 길섶의 샘물에 화자의 본성을 투사한 것, 연잎 위의 물방울에 人心의 다변성을 투사한 것, 『詩經·小雅』의「蓼莪」시편과 『韓詩外傳』의 '風樹之嘆의 典故'에 생전에 못다 한 불효지심을 투사한 것 등이다.

먼저 洗心臺 주변의 景物에 晦齋 李彦迪 선생의 삶의 자세를 투사한 경우를 보기로 한다. 원시를 보면:

遊洗心臺 遇雨

危臺高出白雲端　높직한 누대는 흰 구름 너머로 우뚝 솟았고
松桂蒼蒼水石間　소나무와 계수나무는 물가 바위틈에 무성하네
有客獨來還獨去　나그네 홀로 왔다 홀로 돌아가는데

風吹暮雨滿空山　바람이 몰고 온 저녁비가 빈 산에 가득하네

위의 시는 선생이 조선 중기 영남학파에서 성리학의 선구가 된 李彦迪의 玉山書院에 所在하는 洗心臺를 찾아갔다가 비를 만나면서 쓰게 된 시로 추정된다.[49] 시 속의 화자는 起承二句에서 대상인 흰 구름 너머로 우뚝 솟은 누대[危臺]와 청정한 물가의 견고한 바위 틈에 뿌리를 내린 소나무 및 계수나무[松桂]를 자신의 의지와 욕망에 따라 자아화 하는 것이 아니라, 세속에 영합하지 않았던 회재선생의 고고한 삶의 자세와 절조를 이들 대상에 투사하여 선생의 자아와 세계와의 동일성을 이루어 내고 있다. 轉結二句에서도 화자가 저녁 무렵 이 洗心臺를 떠날 즈음, "바람이 몰고 온 저녁비[暮雨]가 빈 산에 가득한 경관[滿空山]"을 보고 저녁비 속에 어렴풋이 드러나는 산의 위용에, 회재선생이 그의 인생사에서 小節을 굽히지 않고 엄숙한 삶을 영위했던 그의 삶의 자세를 투사하여 선생의 의연한 인품과 동일성을 이룩해내고 있다. 이는 다시 말하면, 회재선생의 고매한

---

49) 晦齋 李彦迪(1491~1553)은 그의 나이 41세 때에 金安老(1481~1537, 중종의 駙馬)에게 세자 輔養官을 맡기는 일을 반대했다가 成均館司藝로 좌천되고 얼마 뒤 파직당하여 42세가 되던 해인 1532년에 경주 紫玉山에 돌아와서 獨樂堂을 짓고 학문에 몰두하였다. 그는 이때 이른바 四山五臺로 구성된 이곳의 전체 계곡을 紫溪라고 이름지어, 그의 獨樂堂을 위해 존재하는 드넓은 정원으로 간주하였다. 그가 이때 이름 지은 四山은 동서남북에 위치한 산, 곧 동쪽에 위치한 산은 華蓋山, 서쪽에 위치한 산은 紫玉山, 남쪽에 위치한 산은 舞鶴山, 북쪽에 위치한 산은 道德山으로 칭하였다. 또한 五臺는 주변의 수많은 바위 중에 특별히 5개의 바위에 붙인 이름으로, 觀漁臺, 詠歸臺, 濯纓臺, 澄心臺, 洗心臺를 말한다. 서애선생은 이 五臺 중에 세심대를 유람하면서 위의 시를 지은 것으로 보인다.(김교빈, 『한국 성리학을 뿌리 내린 철학자 이언적(李彦迪)』, 성균관대 출판부, 2010, 56쪽(본문)·235쪽(이언적 연보) 참조)

인품을 흠모했던 나머지 잠시 서애선생이 회재선생을 대신하여 선생이 평소에 생각해왔던 그의 인품을 그가 기거했던 옥산서원 주변의 수려한 경관에 투사하여 천인합일의 서정적 경계를 이룩하는 몽상을 해본 것으로 보아진다.

이어서 누각에 가득한 달빛과 길섶의 샘물에 화자의 본성을 투사한 경우를 본다. 여기에는 도학자로서의 선생의 본연지성에 대한 인식이 뚜렷하게 현상화 되어 있다. 먼저 전자의 시인 「南溪精舍夜坐」를 보면 :

澗水冷冷繞竹流　싸늘한 시냇물이 대숲을 감돌아 흐르고
洞門深鎖白雲秋　산골 집에 대문이 잠겼는데 白雲은 가을을 알리네
虛堂獨坐齋心夜　텅 빈 서당에 홀로 앉아 마음을 고요히 하는 이 밤
風度高松月滿樓　바람이 큰 소나무 스쳐가자 달빛이 누각에 가득해
　　　　　　　　지네

이 시에서 화자는 청정한 대자연[陰氣로 이동하는 모드], 이를테면, 싸늘한 시냇물과 맑은 대나무 숲, 가을을 알리는 白雲 등이 높이 떠 있는 깊은 산속의 精舍[서당]에 홀로 앉아 좌선을 하고 있다. 마음이 아직 形氣에 가리었다가 트여졌다가 하여 온전한 본모습을 찾지 못하고 있는 상태이다. 그때, 서당 앞에 높이 솟은 소나무에 바람이 스쳐가자 순간적으로 어둠에 빠져 있던 精舍의 누각 전체가 달빛에 훤하게 드러나는 찰나를 포착하면서 본 시는 그 절정을 드러내어 주제를 응집시키고 있다. 시에서는 상황묘사로 끝을 마무리했지만 轉結二句의 문맥사이로 言外之意가 강렬하게

흐르고 있다. 이것은 다른 게 아니라, 화자의 아직 회복하지 못한 본성을 이 찰나적인 광명[월광]에 투사하여 主客이 서정적 관계에 있음을 선연하게 드러내고 있다. 후자의 「無題 二首」[1]에는 보다 구체적인 투사의 경계가 부각되어 있다. 화자는 形氣의 장애로 혼탁해진 마음[본성]을 길섶의 샘물에 투사하여 읊조리고 있다.

吾心有似路邊泉	내 마음은 길섶에 있는 샘물과 같아서인지
渫者無多飮者連	샘을 쳐내는 이 별로 없는데도 마실 사람은 줄을 잇네
盡日風埃幾溷濁	진종일 먼지바람 분다한들 그 얼마나 혼탁해지겠는가?
夜深星月獨回旋	밤에 별 빛나고 달이 뜨면 저 홀로 淨化되는 것을

위의 시에서 起承二句는 화자의 마음[心]을 길섶에 있는 샘물[泉]에 비유하여 읊음으로써 화자가 자신의 마음을 路邊泉에서 발견하고 있음을 드러내었다. 그 샘물은 길섶에 있는 관계로 특별히 사람의 관리[청소]를 받지 못하고 있다. 그러나, 언제나 그 샘가에는 그 물을 마시고자 하는 사람들로 줄을 잇고 있다. 왜일까? 이에 대한 답을 시적화자는 轉結二句에서 자문자답 방식으로 제시하고 있다. 즉 "밤에 별이 빛나고 달이 뜨면 저 홀로 淨化된다"라고 자답함으로써 '샘물' 자체에 自淨의 본성이 있음을 드러내고 있다.[50] 다시 말하

---

50) 『周易·井卦』:
"九五 : 우물이 맑고, (사람들은) 찬 샘물을 나와서 먹는다(井冽, 寒泉食).
象傳에서 말하기를 : 차가운 샘물을 먹는 것은 중정하기 때문이다.(象
曰 : 寒泉之食, 中正也)"

면, 화자는 結句에서 "回旋"이라는 詩語로써, 샘물이 자신의 본성인 淸性을 회복하는 시점을 한밤중으로 제시하고 있다. 이는 다름 아닌 샘물이 천지의 陰氣가 頂點에 이르는 고요한 밤이 되면 별과 달[星月]의 精氣를 받아서 저 스스로 본래의 모습[청명한 元氣]을 되찾게 된다는 것을 시사한 것이다. 여기에는 바로 화자 자신의 본성도 노변천의 샘물이 정화되는 원리와 동일하다는 것을 함축시키고 있다. 그리하여, 화자는 자신의 본성회복에 대한 확신을 노변천의 샘물에 투사하여 샘물과 화자의 자아가 합일하는 서정적 경계를

"上六 : 우물에서 물을 퍼 올리고 덮지 말라. 믿음이 있으니 크게 길하다. (井收勿幕, 有孚元吉)「象傳」에서 말하기를 : 위에서 크게 길함은 크게 이루기 때문이다.(象曰 : 元吉在上, 大成也)라고 하였다. 爻辭의 해석을 보면, '井收'는 물을 길어 올리는 것이고, '勿幕'은 우물을 덮지 말라는 뜻이다. 끊임없이 샘물이 솟구쳐 더러워지지 않으며 오염될 일도 없기 때문이다. 이렇듯 덕이 두터운 이는 자신을 스스로 보호하고 더러움에 오염되지 않는다. 그렇기 때문에 믿음이 있고(有孚), 크게 길하다.(元吉)" (심규호 옮김, 『圖說天下 周易』, 시그마북스, 2011, 419쪽 참조 바람) 『周易·井卦』의 이와 같은 효사의 해석은 역대 철학가들, 이를테면, 孔·孟의 도통을 있는 도학자들에 의해 주장되어온 性善說의 근간이라고 보아진다. 또한 북송의 理學者 二程은「二先生語」,『遺書』권2上에서, 만물의 '理'에는 "消長盈虧"(앞의 馮友蘭,『中國哲學史』하, 517쪽 참조)가 있다고 하여, 구체적 사물이 생성했다가 소멸하고 왕성했다가 쇠락하는 것 역시 理가 본래 그러하기 때문임을 제기하고 있다.(두 사람 중 누구의 말인지 注에 명시되어 있지 않음) 서애선생은 성리학의 이러한 이법에 대한 이해를 바탕으로 인간의 心性을 推移한 도학자들의 견해에 깊이 동의하는 것으로 보인다. 말하자면, 사람의 기품에는 이치상 선악이 있는데, 이는 마치 물[水]에 淸濁이 있음과 같기 때문에, 우리 인간은 반드시 심성을 맑게 하는 공부를 해서, '자신의 혼탁해진 性을 탄생이전의 고요의 상태[본연지 성]'로 되돌려야 한다는 것이다. 고로 서애선생은 길섶의 샘물이 별과 달이 뜨는 고요한 밤이면 본래의 모습을 되찾듯이 본인 역시도 善性으로 회귀하고자 그와 같이 理法에 순응하는 좌선을 하고 있음을 시사하고 있다.

몽상하고 있는 것으로 보인다.

　다음은 연잎위의 물방울에 人心의 다변성을 투사한 경우를 본다.

偶詠

玄天墮寒露	하늘에서 찬 이슬이 내리는가 했더니
滴在靑荷葉	물방울이 푸른 연잎에 맺혀 있네
水性本無定	물의 성질은 본래 정해진 모양이 없어
荷枝喜傾側	연잎 줄기 기울자 쉽사리 굴러가네
團明雖可愛	동글동글 작고 투명하여 그 모양 사랑스럽지만
散漫還易失	산만하여 또한 쉬이 사라지기도 한다네
從君坐三夜	그대 따라서 三更까지 좌정했으니
請問安心法	마음을 平靜케 하는 방법 좀 물어보리다

　본 시에서의 화자는 頷聯에서, 연잎에 떨어진 이슬방울이 연잎의 기울기에 따라서 多變性을 보이며 이리저리 굴러다니는 모습을 주시하고 있다. 그러나, 頸聯에 와서는 연잎 위에서 보여주는 그 동글동글 작고 귀여운 모습이 또한 산만하기도 하여 애석하게도 그 모양을 오래 유지하지 못하고 쉽게 부서지는 장면도 목격하였다. 그리하여, 화자는 연잎 위의 찬이슬[寒露]이 보여주는 물방울[水]의 특성을 관찰하는 과정에서, 처음에는 물[水]의 지혜를 주시하였다. 이를테면, 연잎이 어떠한 기울기로 기울어져도 연잎 위의 물방울[寒露]은 기꺼이 그 기울기에 자신을 맡겨 아래쪽으로 흘러가고 있음을 발견한 것이다. 그러나, 애석한 점은 그 물방울 자체가 너무 산만하여, 마침내는 그의 영롱한 모습을 오래 유지하지 못한다는 단점도

알게 되었다. 화자는 바로 '寒露'의 이러한 양면성에서 화자자신의 마음을 발견하고 있다. 이를테면, 화자의 마음도 저 물방울처럼 마음이 자신의 性과 情을 제대로 다스리지 못하기 때문에 '맑았다 흐렸다'를 되풀이 하고 있다는 것이다. 하여서, 화자는 尾聯에서, "從君坐三夜, 請問安心法?"이라고 질문을 던지고 있다. 화자의 이슬방울을 향한 이와 같은 질문은 同病相憐을 겪고 있는 물방울에게 던지는 질문으로 화자의 안정되지 못한 마음을 물방울에게 투사한 주객합일의 서정적 경계라 할 수 있겠다.

마지막으로 화자가 세계 속에서 부모를 여읜 자식의 마음을 발견하고 있는 경우를 본다.

南溪精舍十二絶 · 永慕齋

三復蓼莪篇	『詩經 · 蓼莪篇』을 아무리 반복해 읽은들
孤懷竟誰識	부모 여읜 자식 마음 누가 다 알리오
永夜窓前樹	긴긴 밤 창문 앞에 서 있는 저 나무에
悽風吹不息	차가운 바람이 끊임없이 부는구나

화자는 起承二句에서『詩經 · 小雅 · 蓼莪篇』[51]의 시, 곧 '효자가 그의 부모를 끝까지 봉양하지 못한 시름'을 읊은 시에 화자의 부모에 대한 不孝之心을 투사하고 있다. 다음의 轉結二句에는 부모가 생존

---

51) 위의 시는 「毛詩小序」, 776쪽에서 "蓼莪는 幽王을 풍자한 시이다. (유왕의 폭정으로) 백성들이 집밖에서 勞役에 시달리느라고, 효자는 (집에서) 부모님을 끝내 봉양하지 못하였다.(蓼莪, 刺幽王也. 民勞苦, 孝子不得終養爾)" 라는 해설을 하고 있다.(李學勤 主編,『毛詩正義』中, 北京 : 北京大學出版社, 1999)

해 계실 때 잠시도 마음을 놓을 수 없도록 괴롭혀 드린 불효자의 마음을 『韓詩外傳』卷九의 3장에 보이는 '風樹之嘆'의 典故[52])에 투사하고 있다. 다시 말하면, 전자는 밖으로 노역을 다니느라고 혼자서만 부모님을 끝내 모시지 못했다고 안타까워하는 주인공에게서 화자 자신의 모습을 발견하였다면, 후자에서는 긴긴 밤 창문 밖에서 차가운 바람에 시달리는 나무를 보면서, 바로 화자자신이 부모님을 저렇게 바람이 나무를 흔들어대듯이 힘들게 해드렸다는 죄송스러움을 발견하고 있는 것이다. 그리하여, 화자는 이 兩物을 향해 兩親이 살아 계실 때 불효했던 자신의 모습을 투사하여 주객합일의 애틋한 서정적 경계를 부각시키고 있다.

이상에서 화자의 사람에 대한 평가, 본성으로의 복귀, 安心法에 대한 탐구는 모두 대상세계인 자연계의 景物과 구름·달·바람·비 등에 투사하였고, 효에 대한 미진한 마음만이, 문학 속의 詩篇과 典故에 투사하였다. 그리하여, 투사내용과 투사대상이 이룩한 서정

---

52) 西漢의 韓嬰이 쓴 『韓詩外傳』卷九의 三章, 571~572쪽에 보면, 일명 '風樹之嘆'의 典故가 보인다. 공자가 길을 가다가 매우 슬픈 곡소리를 듣고, 수레를 재촉하여 다가 가서보니, 皐魚라는 사람이 울고 있었다. 공자는 그에게 상을 당한 것도 아닌데 왜 이리 슬피 우느냐 고 물으니까 답하기를, 세 가지를 잃었기 때문이라고 하였다. 첫째는 젊어서는 배움을 좋아하여 여러 제후를 찾아다니느라 어버이를 뒤로 하였다는 것, 둘째는 자신의 뜻을 높다고 여겨 임금 섬기기를 게을리 했다는 것, 셋째는 친구와 두터운 교분을 쌓다가 중간에 절교하고 말았다는 것이다. "나무가 고요해지려해 도 바람이 멎지 않고, 자식이 어버이를 봉양하려 해도 어버이가 기다려 주지 않는다.(樹欲靜而風不止, 子欲養而親不待)"고 하였는데, '한 번 가면 따라 갈 수 없는 것이 세월이고, 떠나면 다시 뵐 수 없는 것이 어버이입니다라 고 말하고는 선채로 말라죽고 말았다는 이야기에서 연유한다.(임동석 역주, 『한시외전』, 예문서원, 2000)

적 경계는 대체로 화자의 자기 省察과 본성에의 추구 및 安心法에 대한 갈구 등으로 집약되었다. 결국 한마디로 말하면, 形氣에 의해 혼탁해지는 심성을 수양해보고자 노력하는 마음 등은 모두 內聖에 대한 갈구를 보이는 것으로 이해가 되었다.

Ⅲ. 맺음말

이상에서 『西厓全書』 본집 1권의 시에 나타난 서정적 자아의 경계를 본연지성과 기질지성의 두 측면에서 살펴보았다. 본연지성에서는 이를 다시 天道와 人道의 측면으로 나누어 거론하였고, 기질지성에서는 세계를 自我化하는 측면과 세계에서 자아를 발견하는 측면으로 나누어서 거론하였다.

그 결과 본연지성의 측면에서 도출된 특징은 다음과 같다. 즉, 天道를 통해 드러난 서정적 자아의 경계에서는 특별히 천도에서 流行하는 天理 중에 천지만물의 생명을 낳는 이치[元]가 작용하는 봄[春 : 元]의 계절이 중심을 이루었고, 個物에 작용한 천도의 이치로는 역시 생명을 낳는 仁의 理를 지닌 나무[木 : 柳·梅]와 분별함의 이치를 지닌 물[水]에 작용하는 천도에 친화력을 드러내고 있음을 파악할 수 있었다. 이는 곧 화자의 천도의 流行에 대한 취향을 보이는 것으로 화자의 人性의 경향성을 유추할 수 있는 단서가 되지 않을까 생각한다.

또한 人道에서 본 서정적 자아의 경계에서는 국가의 公人으로서 혹은 주군의 신하로서 혹은 육친의 자식으로서 백성·주군·육친에

게 한없는 仁愛의 惻隱之心을 보였다. 그러나, 그들이 처한 삶의
터전과 그들의 生育이 위협당하는 것을 직면하고는 즉각 인자함에
입각한 자기성찰과 公憤으로 폭도를 응징하는 엄숙한 公義의 자세
를 보여, 內聖外王的 면모를 드러내었다. 말하자면, 백성들 앞에서는
公僕으로서, 주군 앞에서는 신하로서, 육친 앞에서는 자식으로서의
역할을 다하는 면면을 보임으로써 천도와 인도가 모두 純善無惡한
太極에 근원하고 있음을 보여주었다. 다시 말하면, 천도에서는 본체
로서의 元의 德[仁]과 개체로서의 분별함의 理[智]를, 인도에서는
본체로서의 인자함과 個別로서는 公義를 드러냄으로써 分殊에서
一理로 다시 一理에서 分殊로 왕복하는 이른바 程朱學派에서 말하는
理一分殊的 사유로 관통하는 천도와 인도의 모습을 보임으로써,
도학자적인 人性의 면모를 드러내었다 할 것이다.

　다음으로 기질지성의 측면에서 도출된 특징은 다음과 같다. 세계
의 자아화를 추구한 서정적 경계나, 세계 속에 자아를 투사한 서정적
경계는 모두 形氣의 장애를 지닌 서정적 자아의 경계이다. 그러나,
전자의 경우는 공명과 이득이 부각되는 세계를 우환으로 여기거나,
自省을 통해 천지가 만물을 낳는 인자함을 잃어버릴까 두려워하면
서 시종 화자의 자아는 仁·義·禮·智의 본성을 놓치지 않기 위해
심성을 맑게 하는 경물과 성현의 말씀을 학습하거나 習靜을 통해
내적인격화를 추구하는 도학자로서의 본색을 꿈꾸는 서정적 자아
를 드러내고 있었다. 그리고 후자에서도 역시 화자의 자기성찰과
본성의 보존 및 마음의 안정 등을 추구하는 내용을 대상세계에
투사하여 內聖에 대한 갈구를 몽상하는 서정적 자아를 보여주었다.

　요컨대, 본연지성의 자아가 보여준 서정적 경계에서는 시종 理一

分殊的 사유를 통해, 화자의 人性이 仁義와 知慧를 중심으로 표현되어, 도학자적인 인성을 드러내었으며, 기질지성의 자아에서는 자아가 대립하고 갈등을 일으키는 세계를 기질지성으로 해결하거나 몽상하지 않고, 시종 구도적인 자세로 安心法을 찾거나 自省하는 면모를 지향하는 쪽으로 천인합일의 경계를 보여주었음을 알 수 있겠다.

본고에서 도출한 이와 같은 결과는 선생의 인성에 대한 경향성을 이해하는데 일정정도 기여할 수 있으리라고 기대해본다. 앞으로 차기의 연구계획 역시 『西厓全書』 본집 1권의 후속 詩篇인 본집 2권에 수록된 서애 시를 가지고 역시 동일 논제로 연구해 보고자 한다. 그리하여, 권1에서 고찰한 바를 기초로 하여, 보다 심화된 시각으로 선생의 인성연구를 탐구하는데 임해 보고자 한다.

참고문헌

西厓先生紀念事業會, 하회본 『西厓全書』 권1, 永新文化社, 1991.

柳成龍 著, 류명희·안유호 역주, 『개정판 국역 류성룡 시』Ⅰ, 西厓先生紀念事業會 : 한스북스, 2012.

민족문화추진회, 『국역 퇴계집』Ⅰ, 경인문화사, 1977.

成百曉 譯註, 『譯註 近思錄集解』Ⅰ, 傳統文化研究會, 2004.

심규호 옮김, 『圖說天下 周易』, 시그마북스, 2011.

黎靖德 編, 허탁·이요성 역주, 『朱子語類』, 청계, 1998.

이기동 역해, 『주역강설』, 성균관대 출판부, 2006.

주희 지음, 주자대전 번역연구단 옮김, 『주자대전』 12책, 전남대 철학연구교육센터·대구한의대 국제문화연구소, 2010.

馮友蘭 著, 박성규 역, 『중국철학사』 하, 까치, 2003.

韓嬰 著, 임동석 역주,『韓詩外傳』, 예문서원, 2000.

司馬遷 著, 王利器 主編,『史記』1册, 西安 : 三秦出版社, 1988.

宋·邵雍, 明·黃畿, 衛紹生 校理,『皇極經世書』, 鄭州 : 中州古籍出版社, 1993.

宋·黎靖德 編,『朱子語類』1, 4, 6册, 北京 : 中華書局, 2011.

楊伯峻 譯注,『孟子譯注』, 香港 : 中華書局, 1984.

李學勤 主編,『毛詩正義』中, 北京 : 北京大學出版社, 1999.

簡錦松,「西厓柳成龍忠州詩現地研究」,『민족문화연구』61호집, 고려대민족문
　　화연구원, 2013.

姜成埈,「西厓 柳成龍의 詩文學 研究」, 단국대 박사논문, 2004.

高橋進,「李退溪철학에 있어서의 自然과 人間의 에코로지-「天命圖說」을 통해
　　서」,『퇴계학보』제75·76호, 경북대 퇴계연구소, 1992.

권상우,「주희의 '仁義'에 대한 理一分殊적 해석」,『철학논총』제50집, 새한철학
　　회, 2007.

金埈五,『詩論』, 三知院, 2009.

金光淳,「西厓詩評에 대한 一考察」,『東洋文化研究』제6집, 경북대 동양문화연구
　　소, 1979.

김교빈,『한국 성리학을 뿌리 내린 철학자 이언적(李彦迪)』, 성균관대 출판부,
　　2010.

김수청,「朱熹의 中和新說 形成過程」,『철학논총』제11집, 嶺南哲學會, 1995.10.

金時晃,「西厓 柳成龍 선생의 문학 세계」,『한국의 철학』제23집, 경북대 퇴계연
　　구소, 1995.

徐輔建,「柳西厓의 漢詩研究」, 고려대 석사논문, 1979.

신두환,「西厓 柳成龍의 性理學과 文藝美學에 관한 談論」,『韓國漢文學研究』
　　제40집, 韓國漢文學會, 2007.

李家源,『韓國漢文學史』, 민중서관, 1972.

이승훈 편저,『문학상징사전』, 고려원, 1995.

李貞和,「서애(西厓) 류성룡의 누정시(樓亭詩) 연구」,『한민족어문학』제48집,
　　한민족어문학회, 2006.

李貞和,「西厓 柳成龍의 삶과 시세계의 변이과정 연구」,『韓國漢文學研究』제40
　　집, 韓國漢文學會, 2007.

李貞和,「西厓 柳成龍의 說理詩 研究」,『영남학』제9집, 경북대 영남문화연구소,

2006.

임헌규, 「성리학적 심신관계론」, 『退溪學과 儒敎文化』 제45호, 경북대 퇴계학연
　　　구소, 2009.

趙珉慶, 「西厓 柳成龍의 詩文學 硏究」, 성신여대 석사논문, 2005.

崔鍾虎, 「西厓 柳成龍의 詩文學 硏究」, 영남대 박사논문, 2007.

崔鍾虎, 「西厓 柳成龍의 壬亂詩 考察」, 『東亞人文學』 제12집, 東亞人文學會, 2007.

존 B. 던컨(John B. Duncan)

류성룡과 조선 중기 민족의식의 문제

Yu Sŏngnyong and the Question of Nationhood in the Mid-Chosŏn

Ⅰ. 머리말

필자는 『징비록』에 나타난 임진왜란 당시 류성룡의 외국인에 대한 인식과 관련한 글을 써달라는 부탁을 받았다. 필자는 19세기 말·20세기 초 한국의 근대 민족주의가 형성되기 수세기 이전 한국의 민족의식, 혹은 적어도 민족주의로 발전할 수 있는 공유된 정체성(a shared sense of identity)의 형성 가능성에 대한 문제에 오랫동안 관심이 있었기 때문에 이를 흔쾌히 수락했다. 1590년대 임진왜란 당시 외부인이 조선정부와 백성들에게 가한 충격적인 경험은 류성룡과 같은 엘리트로 하여금 "민족의식(a sense of nationhood)" – 정의하자면 영속적이고 독자적인 정치적, 문화적 실체의 일원임을 자각하는 것, 외부인과의 다름을 인식하고 그들에 대해 적대감을 갖는 것, 또한 우리가 오늘날 '동포'라고 부르는 운명공동체에 대해 인식하는 것 – 을 표출하기에 충분한 기회를 제공했다고 생각했기 때문이다.

잘 알려져 있듯이, 지난 수십 년간 민족과 민족주의에 대한 역사학 분야의 연구는 근대주의적 접근이 지배적이었다. 민족과 민족주의가 근대적 산물로서 18세기 이후 서구에서 먼저 형성되었고, 이것이 이후 19세기 말·20세기 초 비서구 지역에서 서양의 제국주의에 대항하여 방어수단으로 받아들여졌다는 것을 이론화하려는 것이었다.[1] 이러한 연구는 민족 형성의 역사적 과정과 더불어 근대에 만들어진 역사적 개념으로서의 민족주의의 성격에 대한 이해를 돕는데 이바지했다. 하지만, 모든 역사연구가 그러하듯, 이러한 연구경향은 비판에 맞닥뜨리게 되었다. 이러한 비판은 특히 최근 유럽학계에서 두드러졌는데, 이들 새로운 연구는 민족주의의 형성이 아니라면 최소한 민족의 형성은 근세시대, 일반적으로 말해 15세기 말에서 16세기 말에 이루어졌다고 보았다.[2]

---

1) 민족주의를 근대적 산물로 접근하는 대표적인 연구는 베네딕트 앤더슨, 어니스트 겔러, 에릭 홉스봄의 다음의 글 참조. Benedict Anderson, *Imagined communities: reflections on the origin and spread of nationalism* (revised and extended. ed.) (London: Verso, 1991) ; Ernst Gellner, *Nations and Nationalism* (Ithaca: Cornell University Press, 1983) ; and Eric Hobsbawm, *Nations and Nationalism since 1780: Programme, Myth, Reality* (Cambridge: Cambridge University Press, 1990). 비서구 민족주의의 저항적 수용에 대해서는 파르타 채터지의 다음의 글 참조. Partha Chatterjee, *Nationalist Thought and Colonial World: A Derivative Discourse* (Minneapolis: University of Minnesota Press, 1993). 이러한 접근방식을 한국에 적용시킨 연구로는 안드레 슈미드와 헨리 임의 다음의 글 참조. Andre Schmid, *Korea between Empires, 1895-1919* (New York: Columbia University Press, 2002) and Henry Em, *The Great Enterprise: Sovereignty and Historiography in Modern Korea* (Durham: Duke University Press, 2013). 같은 주제에 대한 대표적인 한국어 연구로는 허동현, 「한국근대에서 단일민족 신화의 역사적 형성 과정」, 『동북아역사논총』 23, 2009 참조.

2) 근세라는 개념과 관련하여 다음의 글 참조. Michael J. Braddick, *State Formation in Early Modern England c. 1550~1700* (Cambridge: Cambridge University Press, 2000) ; Anne McLaren, "Gender, Religion, and Early Modern Nationalism: Elizabeth I, Mary Queen of Scots, and the Genesis of English Anti-Catholicism," *American Historical Review* 170-3 (June 2002), 동유럽을 다룬 이른 시기의 연구로는 Ivo Banac and Frank Sysyn eds., "Concepts of Nationhood in Early Modern Eastern Europe," special issue of *Harvard Ukranian Studies* 10:3-4 (1986) 참조. 최근 민족의식의 형성을 근세시대에서 찾는 연구시각이 확산되고 있는 경향은 올해 초 네덜란드에

여기서 무엇보다 먼저 논의되어야 할 점은 과연 조선시기를 근세로 이해할 수 있는가의 문제일 것이다. 필자는 '근세'라는 개념의 사용에 선뜻 동의하기 어려운 부분이 있는데, 이는 그 개념 자체가 함의하고 있는 목적론적 함의와 더불어 그 개념 자체가 유럽중심적인 것으로 판단되기 때문이다. 그럼에도 불구하고, '근세'는 세계사 서술과 교육에 있어 중심적인 개념이 되었다. 그래서 필자는 최근 세계사를 이해하고 연구, 교육하는 방식에 한국을 편입시키기 위해 이 개념을 사용하고자 한다.

그간 근세를 정의하려는 많은 노력들이 있어 왔다. 그 중 가장 종합적인 이해는 '캘리포니아 학파' 중국사 분야의 선구자이자 현재 시카고 대학에 몸담고 있는 케네스 포메란츠(Kenneth Pomeranz)에 의해 제기되었다. 포메란츠는 '근세'라는 개념의 유용성과 과연 이

서 열린 학회, "The Roots of Nationalism: national Identity Formation in Early Modern Europe, 1600~1850" 을 통해서도 엿볼 수 있다. 이 학회에서 발표된 논문들은 안타깝게도 아직 출판되지 않았지만, 학회의 취지는 다음과 같은 논문공모를 통해 이해할 수 있겠다. "This conference seeks to address the representation of nationalism as an exclusively modern phenomenon, offering a platform for scholars to engage with early modern national identity formation from various European perspectives-especially in its cultural manifestations (literature, historiography, painting, etc.)." 또 한 가지 언급할 점은 민족의식형성의 상한선을 근세 이전으로 잡는 연구도 있다는 것이다. 이에 대해서는 다음의 글 참조. Caspar Hirschi, *The Origins of Nationalism: An Alternative History from Ancient Rome to Early Modern Germany* (Cambridge: Cambridge University Press, 2012), and Azar Gat, *The Long History and Deep Roots of Political Ethnicity and Nationalism*, (Cambridge: Cambridge University Press, 2013). 그리고 2015년도에 영국에서 열린 학회, "Identity, Ethnicity and Nationhood before Modernity: Old Debates and New Perspectives." 근세 유럽의 민족주의에 대한 최근의 연구동향에 대해서는 Costantaras, Dean, "Empirical Advances in the Study of Early European Nationalisms," *History Compass* 13-11 (2015), pp.578~588 참조.

개념을 시간적 차이를 고려하지 않고 전세계적으로 적용할 수 있는 가의 문제에 대해 다소 회의적이지만, 근세를 규정할 수 있는 광범위한 기준을 제공한다. 그에 따르면 근세의 핵심적인 특징으로 1) 인구증가, 2) 상업과 해외교역의 증대, 3) 중앙집권적 관료국가의 등장, 4) 학식을 갖춘 계층의 신분상승, 5) 새로운 형태의 조직화된 대중 종교, 6) 출판의 증가, 7) 지도의 제작, 8) 동식물의 목록화, 9) 다양한 인간형의 범주화 등을 꼽을 수 있다.[3] 그렇다면 조선시대의 한국은 과연 포메란츠가 제시한 목록에 얼마나 부합할까?

비록 조선시대 인구증감의 추세에 대해 명확한 주장을 낼만한 자료는 없지만, 이를 연구하는 많은 연구자들은 15세기 초에서 18세기 중반 사이에 200~300%의 인구증가가 있었다고 추정한다.[4] 이 연구에 따르면 조선시대의 인구는 15세기와 16세기를 걸쳐 꾸준히 증가하다가, 15세기 말·16세기 초 왜란과 호란 이후 등록인구가 감소하는 경향을 보인다. 양란 이후 인구추세는 18세기 중반까지 현저한 증가를 보이는데, 이는 전시의 인구감소에도 불구하고 전반적인 추세는 인구의 증가라는 것을 시사한다.

15세기 조선의 상업과 무역은 조선왕조실록과 다른 사료들에서 비록 고려의 원간섭기에 비해 축소된 것처럼 보이지만, 한국의 연구자들은 17세기와 18세기 조선의 시장경제가 크게 성장했음을

---

3) Pomeranz, Kenneth, "Teleology, Discontinuity and World History: Periodization and Some Creation Myths of Modernity," *Asian Review of World Histories* 1:2 (July 2013), pp.189~226.

4) 조선시기 인구추세에 대한 논의에 대해서는 Shin, Gi-Wook, *Peasant Protest and Scoial Change in Colonial Korea* (Seattle: University of Washington Press, 1996), pp.24~25 참조.

밝혀냈다. 그간의 연구들에 따르면 조선은 이 기간 한중일 삼각무역에서 중요한 역할을 했으며, 일본으로부터의 은 수입과 중국으로부터의 비단 재수출을 통해 이윤을 얻고 있었다.[5]

조선이 건국된 직후 실행했던 개혁들은 당시 조선이 이전의 고려 왕조나 동시대 서유럽 국가들과 비교했을 때 강력한 중앙집권 관료체제를 수립했음을 보여준다. 새롭게 설립된 조선은 지방의 행정조직을 대대적으로 재정비하는 가운데, 모든 군현에 중앙에서 임명한 지방관을 파견했다. 또한 조선은 광범위한 호구조사와 토지조사를 수행하고, 모든 주민으로 하여금 호패를 가지고 다니게 하였으며, 심지어 상대적으로 인구밀도가 높은 남부지방에서 인구밀도가 낮은 북부지역으로 대규모 주민을 이주시키기도 하였다.[6]

조선은 또한 인쇄매체의 이용에 있어서도 최소한 우리가 알고 있는 고려시대에 비해 증가된 모습을 보인다.[7] 국가에서 출판을 주도한 15세기 후반 법전인『경국대전』, 15세기 도덕교본인『삼강행실도』, 16세기『속삼강행실도』, 17세기『동국신속삼강행실도』뿐 아니라, 16세기 초 김정국의『경민편』이나 17세기 송시열의『계녀서』와 같이 양반지배층이 주도하여 출판된 서적도 많이 찾아볼 수 있다. 또한 18세기 후반과 19세기 전반 한양과 전주, 안성과 같은 지역에서 상업적 출판업이 등장한 것도 주목할 만하다.[8]

---

5) 이헌창, 「근세 한국의 국가재정 : 1652~1876」, 제14회 국제경제사대회 (2006년 필란드 헬싱키에서 개최) 발표논문, 4쪽.

6) Duncan, John B., *The Origins of the Chosŏn Dynasty* (Seattle: University of Washington Press, 2000), pp.204~236.

7) 고려시대의 출판물로 12세기의 삼국사기, 13세기의 상정고금예문 (현존하지 않음), 14세기의 직지 등이 우리에게 알려져 있지만, 출판활동은 조선시대에 이르러 훨씬 활발해진 것으로 보인다.

잘 알려져 있듯이 지도제작은 조선의 중요한 국가사업이었다. 15세기 전반 「강리도」는 아시아, 아프리카, 유럽에 대한 비교적 정확한 묘사로 주목을 끌었는데, 이것은 13세기 말·14세기 초 몽골로부터 얻는 지식에 기반한 것으로 보인다. 한영우와 개리 레디어드(Gary Ledyard)는 그간 조선시대, 특히 18세기 지도의 정교함을 보여주기 위해 많은 노력을 기울여왔다.[9]

조선시대에는 동식물의 분류에 대한 관심도 증가하였다. 일찍부터 향약(鄕藥)에 관심이 많았던 문인들은 의학용으로 유용한 식물들을 목록으로 정리했다.[10] 비록 그 편찬목적이 과학적 목록화라기보다는 효율적 과세를 위한 것이겠으나,『세종실록지리지』에는 전국 각 군과 현의 지방 토산품이 상세히 기술되어 있다. 또한 정약전이 19세기초 흑산도에서 유배생활을 하는 동안 저술한 어류학서인『자산어보』도 유명하다. 비록 피상적인 조사이긴 하지만, 우리는 이를 통해 조선이 다양한 요소들 사이의 존재하는 시차에도 불구하고 일반적으로 '근세'라는 모델에 부합하고 있다는 잠정적인 결론을 내릴 수 있겠다. 그렇다고 할 때 다음으로 떠오르는 질문은,

---

8) 김동욱, 「판본고 : 한글소설의 방각본의 성립에 대하여」,『춘향전 연구』, 연세대학교 출판부, 1983, pp.385~399 참조. 조선 후기 상업적 출판업에 대한 초기 영문 연구로는 W. E. Skillend, *Kodae sosŏl: A Survey of Korean Popular Style Novels* (London: School of Oriental and African Studies, 1968) 참조.

9) 한영우 외 공저,『우리 옛 지도와 그 아름다움』, 효형출판, 1999 ; Ledyard, Gari, "Cartography in Korea," In J. B. Harley and David Woodward, eds. *The History of Cartography, Volume Two, Book Two: Cartography in the Traditional East and Southeast Asian Societies* (Chicago: The University of Chicago Press, 1994).

10) 이태진, 「고려후기의 인구증가 요인 생성과 향약 의술 발달」,『한국사론』 19, 1988.

그렇다면 과연 근세 한국에서도 근세시기 다른 지역에 대한 학계의 주장과 마찬가지로 민족의식(nationhood)을 발견할 수 있는가의 문제이다.

그간 한국과 해외에서 활동하는 학자들은 고려시대와 조선시대의 엘리트층 사이에서 단일 왕조를 초월해 영속적으로 존재하는 사회적 문화적 공동체에 대한 소속감이 존재했다는 주장을 제기해 왔다. 즉, 고려시대와 조선시대의 엘리트들은 그들 스스로와 그들이 소속한 국가를 중국이나 다른 지역과 구별하여 '삼한' 혹은 '동국'과 같은 용어로 지칭하고 고조선에서 시작하여 삼국과 통일신라를 거쳐 고려와 조선시대로 내려오는 단선적인 '민족'의 역사를 구성하는 방식으로 과거를 서술하는 가운데, 그들 스스로를 독자적이고 영속적인 정치적, 사회적, 문화적 공동체의 일원으로 인식하고 있었다.[11]

필자는 이와 같은 기존의 연구성과를 염두에 두는 가운데, 류성룡의 『징비록』과 『근포집』, 『진사록』을 통해 류성룡이 한국의 전통과

---

11) 이 주제에 대해 영문으로 작성된 연구로는 Haboush, JaHyun Kim, "Constructing the Center: The Ritual Controversy and the Search for a New Identity in Seventeenth Century Korea," in JaHyun Kim Haboush and Martina Deuchler, eds., *Culture and the State in Late Chosŏn Korea* (Cambridge, MA: Harvard University Press, 1999) ; John B. Duncan, "Proto-nationalism in Pre-modern Korea," in Lee and Park, eds. *Perspectives on Korea* (Sydney: Peony Press, 1998) and Remco Breuker, "The Three in One, the One in Three: The Koryo Three Han as a Pre-modern Nation," *Journal of Inner and East Asian Studies* 2-2 (2005). 이와 반대되는 연구로는 신용하, 「한국 민족공동체의 형성과정」 (tongil.snu.ac.kr/pdf/090910/00 기조발제-한국 민족공동체의 형성과정 : 신용하. pdf), 2009 ; 노태돈, 「한국 민족형성 시기에 대한 검토」, 『역사비평』 21, 1992.

의 관련 속에서 스스로를 어떻게 이해했고, 일본인과 중국인, 여진족 등의 외부인을 어떻게 인식했으며, 조선인구의 대부분을 차지하는 비양반층과는 어느 정도의 연대감을 갖고 있었는지에 대해 살펴볼 것이다. 최근의 연구에서 제기하듯 민족의식이 유럽에서 최소한 빠르면 16세기에 형성되고 있었다면, 유럽보다 중앙집권의 전통이 길었던 한국에서도 비슷한 시기 민족의식이 형성되고 있었다고 볼 수 있지 않을까?

II. 류성룡과 한국의 과거

앞서 간단히 언급했던 것처럼, 고려시대와 조선시대 엘리트층에서 개별적인 왕조나 국가를 초월한 독자적이고 영속적인 정치적, 사회적, 문화적 공동체의 일원이라는 소속감을 표현하는 경우는 어렵지 않게 찾을 수 있다. 고려를 건국한 왕건은 훈요 10조에서 "우리 동방은 예로부터 중국의 풍속을 흠모해 예악문물을 모두 당나라의 제도를 따랐다. 그러나 지방이 다르고 사람의 성품이 다르므로 구태여 중국과 동일하게 할 필요가 없다"라고 했다.[12] 잘 알려져 있듯이, 고려 후기 일연이나 이승휴와 같은 인물들은 그들의 저술에서 한국의 기원을 신화적 인물인 단군까지 거슬러 올라가 찾았다. 특히 이승휴는『제왕운기』에서 고조선에서 시작하여 삼한, 삼국과

---

12) *Koryŏsa* 12:14b-17a. Translation taken from Wm. Theodore deBary, ed., *Sources of East Asian Tradition* (New York: Columbia University Press, 2008) vol.1, p.536.

통일신라를 거쳐 고려로 내려오는 뚜렷한 국가의 계보를 제시했다. 이러한 한국민족의 국가계보는 15세기 『동국통감』이나 18세기 『동사강목』에서 보이는 바와 같이 조선시대에도 반복되어 나타났다. 한국의 민족의식은 아마도 15세기 중반 양성지를 통해 가장 뚜렷한 형태로 표현되었다고 볼 수 있을 것이다.

중국은 唐堯시대부터 명나라에 이르기까지 무려 23대이며, 우리 나라는 단군으로부터 지금에 이르기까지 겨우 7대에 불과합니다. 이는 다만 화이의 풍속이 순후하고 야박한 것이 같지 않기 때문이다. 우리나라에서는 大家世族들이 中外에 포열하였으므로, 비록 간사한 영웅이 그 사이에서 넘겨다볼 수 없었기 때문입니다.[13]

그렇다면 국가적 위기상황에서 높은 관직을 맡았던 류성룡의 경우는 어떠할까? 류성룡의 문집을 보면 그가 조선과 명, 일본을 세 개의 서로 다른 독립체로 인식하고 있음이 분명하게 드러나 있는데, 이것은 류성룡이 자주 사용하는 '아국'이라는 표현을 통해서도 알 수 있다. 그러나 『징비록』이나 필자가 찾아본 류성룡의 다른 저술에서 그가 조선을 이전 시기의 정치체와 연결시키는 경우는 찾기 힘들었다. 류성룡은 1595년 유조인의 상소에 대한 回啓에서 "삼국시대에 우리나라는 셋으로 나누어졌다"라며, "고구려의 장수 고연수나 고려의 강감찬과 윤관이 대규모 군사를 동원하여 군사작전을 펼쳤는데 이는 지금의 조선과는 대조적"이라고 언급한 부분은 몇 안 되는 사례에 속한다.[14] 이러한 몇몇의 사례에도 불구하고

13) 양성지, 『눌재집』 속권, 1:1a.

전반적으로 류성룡은 조선의 긴 역사적 유산을 강조할 필요성을 느끼지는 않았던 것으로 보인다. 또한 필자는 아직까지 류성룡의 저술에서 민족적 정체성을 나타내는 단군이나 동국, 삼한에 대한 논의를 찾지 못했다. 필자가 확인한 유일한 사례는 류성룡이 아닌 명나라 장수 이여송이 지은 시에서 찾을 수 있었는데, 이여송이 "군사를 이끌고 밤새워 압록강 언덕에 이른 것은, 삼한이 편치 못하기 때문이네"라고 말한 부분이었다.[15]

임진왜란 당시 류성룡의 저술에서 민족적 정체성을 나타내는 용어가 사용된 사례를 찾아볼 수 없음에도 불구하고, 류성룡이 이러한 사고를 전혀 하지 않았다고 단정지을 수는 없다. 류성룡은 말년에 『제왕기년록』이라는 저서의 집필을 시작했으나 끝맺지 못한 것으로 알려져 있다. 도현철에 따르면 『제왕기년록』은 중국과 한국의 역사를 비교하면서, 중국의 역사는 당과 요로부터, 한국의 역사는 단군으로부터 시작하는 것(짐작컨대 이승휴의 『제왕운기』와 비슷한 방식)으로 서술하고 있다.[16] 당시 조선의 문화적 환경을 생각해볼 때 오랫동안 전해져 내려온 한국의 민족정체성에 대한 관념을 류성룡에게서 찾을 수 있는 것은 어쩌면 당연한 일이다. 그렇다면 우리는 왜 임진왜란 당시 류성룡의 저술에서 한국의 사회적 문화적 독자성에 대한 그의 언급을 찾을 수 없었던 것일까?

---

14) 류성룡, 『근포집』 8:1a-b.
15) 『서애선생문집』 16:1b. 브뢰커(Breuker)에 따르면 한국은 당나라에서 역시 '삼한'으로 알려져 있었다. 154쪽 참조.
16) 도현철, 「서애 유성룡의 학문과 계승 : 유성룡에 대한 일 시선－17세기 선조실록과 선조수정실록의 경우」, 『퇴계학과 유교문화』 55, 2014, 106쪽, 각주 14.

류성룡에게 일본인들에 의한 침략과 한반도에 있었던 중국인들의 존재는, 예를 들면 고려가 몽골에 의해 해체되어 원나라의 일부로 편입될 위협에 놓였을 때 이제현이 보여줬던 것처럼, 외부로부터 국가의 독자적인 역사와 문화를 지켜야겠다는 자극을 주지 않았던 것일까?[17] 그것은 어쩌면 『징비록』, 『근포집』, 그리고 『진사록』에 수록된 글들이 대부분 공적인 서신들로, 류성룡은 이들 서신에서 주로 행정적 군사적으로 직접적이고 긴급한 문제들에 대해 국한하여 논의했기 때문일 수도 있다. 그게 아니라면 류성룡이 스스로를 주희의 정통을 가장 잘 계승하는 학자로 자부했던 이퇴계의 제자로서 보편적 유교문명에 대한 그의 공감대가 민족적 정체성에 우선했던 것일까?

---

17) 이제현은 1323년 고려의 입성을 반대하는 상소에서 다음과 같이 말했다. "우리나라의 시조 왕씨가 나라를 개창한 이래로 무릇 4백여 년이 되었습니다. … 원나라와 본국은 장인과 사위 사이가 되었습니다. 고려는 옛 풍속을 고치지 않고 종묘와 사직을 보전하게 하였으니 이는 세조황제의 조서 덕택입니다. 원나라가 행성을 설립할 때 우리나라를 제외한 천하사해에 설립하였습니다. … 우리나라는 땅이 1천 리를 넘지 못합니다. 게다가 산림과 내와 큰 늪 같은 쓸모 없는 땅이 7할을 차지합니다. … 더욱이 땅은 멀고 백성은 어리석으며, 언어가 중국과 같지 않아 숭상하는 것이 중국과 아주 다릅니다." 『고려사절요』 24:29b-31a 참조.

III. 류성룡의 외부인에 대한 인식

흔히 류성룡의 문집에는 일본인들이 조선인들에게 가한 잔혹함에 대한 그의 분개심이 잘 나타나 있을 것이라고 추측할 것이다. 물론 류성룡은 1593년 한양이 수복된 이후 수도의 피해상황 등을 통해 전쟁의 참혹함을 생생하게 묘사했다. "죽은 사람과 말의 시체가 곳곳에 그대로 드러나 있어 썩은 냄새가 성안에 가득 차 길 가는 이들이 코를 가리고 지나쳤다. 관청과 민가는 모두 없어지고, 다만 숭례문으로부터 동쪽으로 남산 밑 부근 일대에 적군이 거처하던 곳만 조금 온전하였다. 종묘와 세 대궐, 종루, 그리고 각 관사와 관학 등 대로 북쪽에 있는 것은 모두 없어지고 재만 남았으며, 소공주댁도 또한 적장 평수가가 있던 곳이기에 남아있을 따름이었다."[18]

또 다른 예는 같은해 일본군에 의해 진주성이 함락된 직후의 모습을 묘사한 부분이다. "성안의 장사, 군민으로 죽은 자가 6만명이나 되고, 모든 성을 무너뜨리고 참호를 메우며, 우물을 묻고 나무를 베며 집을 태워 헐어버리고, 소·말·닭·개도 남겨두지 않아 전에 분하게 패한 것을 마음대로 갚았다."[19] 이와 같이 끔찍한 죽음과 파괴의 광경에도 불구하고 류성룡은 일본군이 "마음대로 갚았다"는

---

18) Yu Sŏngnyong, *Sŏae sŏnsaeng munjip* 16. Translation from Choi Byonghyon, *The Book of Corrections: Reflections on the National Crisis during the Japanese Invasion of Korea, 1592~1598* (Berkeley: Institute of East Asia Studies, 2002), p.181.

19) Yu Sŏngnyong, *Sŏae sŏnsaeng munjip* 16. Translation from Choi Byonghyon, *The Book of Corrections: Reflections on the National Crisis during the Japanese Invasion of Korea, 1592~1598* (Berkeley: Institute of East Asia Studies, 2002), pp.185~186.

것을 제외하고는 특별히 일본군들의 잔인함을 비난하는 모습을 보이지 않는다. 시에나 강(Sienna Kang)의 통찰력이 돋보이는 연구를 인용하자면, "조선의 정치적 문화적 중심지가 참담하게 파괴되었음에도 불구하고, 류성룡의 묘사는 일본군의 잔인한 행위를 묘사한다기보다는 마치 그저 안타까운 인명피해에 대한 목록을 작성하듯 다소 사무적이고 무미건조하다. 대부분의 경우 류성룡은 일본군에 의한 파괴상황은 지적하면서도 그들의 만행과 잔혹한 행위를 드러내놓고 비난하지 않는다. 일본인들이 무엇을 했다고 서술하는 경우는 거의 없다. 단지 그러한 일이 발생했다고 적을 뿐이다."[20] 이와는 대조적으로 류성룡은 명나라 관료와 군사들에 대해 경악 혹은 실망을 감추지 않고 표현했다. 짐작하건대 조선을 도우러 온 그들에게 감사함을 느꼈을 것인데도 말이다. 류성룡은 1592년 7월 평양전투에서 패배한 명나라 장수 조승훈이 달아나 조선에서 철수한 것에 대해 경멸적인 어투로 다음과 같이 말했다. "조승훈은 말을 달려 두 강(역주 : 청천강과 대정강)을 건너서 공강정에 군사를 주둔시켰다. 이것은 승훈이 그날 싸움에 패해서 몹시 겁이 났던 터라 혹시 적병이 따라오지나 않을까 해서 두 강을 건너고 이같이 서둘렀던 것이다. … 이때 군사들은 모두 들에서 노숙하던 터라, 갑옷이 젖고 고생스러워 모두 승훈을 원망했다. 그런지 얼마 안되어 승훈은 요동으로 돌아가 버렸다."[21] 류성룡은 또한 1597년 12월 울산이

---

20) Sienna Kang, "National Disgrace: Korea, Japan and the Imjin War," *Columbia East Asia Review* (2009), p.60.

21) Yu Sŏngnyong, *Sŏae sŏnsaeng munjip* 16. Translation from Choi Byonghyon, *The Book of Corrections: Reflections on the National Crisis during the Japanese Invasion of Korea, 1592~1598* (Berkeley: Institute of East Asia Studies, 2002), p.120.

포위되었을 때 중국군의 행동에 대해 부정적인 논평을 남겼는데, 그는 울산왜성 포위작전 당시 중국군사들이 전투보다는 약탈에 더 관심이 많았다고 한탄했다.

이에 중국 군사들은 노획한 물건만을 수습하는 데 정신이 없을 뿐, 더 진공치 않았다. 적들은 그 사이에 성문을 굳게 닫고 고수하니, 중국 군사가 아무리 공격해도 소용이 없었다. … 여러 장수들이 생각하기에 성안에는 양식이 떨어져서 날이 갈수록 적은 절로 패퇴되리라 여겼다. 그러나 때마침 일기가 몹시 춥고 비까지 내려 병사들은 모두 손발에 동상을 입고 견딜수 없는 데다가 적들이 다시 육로로 구원하러 오므로 양 경리는 겁을 먹고 급히 회군하여 버렸다.[22]

더욱이 류성룡은 이여송과 전세정 등 명나라 장수들을 신뢰하지 않았다. 류성룡은 그들이 거만하며 일본군과 교섭을 하는 과정에서 조선을 배반할 수도 있다는 의혹을 갖고 있었기 때문에 자주 말다툼을 했다.[23]

류성룡은 또한 의병장 김천일이나 도순변사 신립 등과 같은 조선 리더들이 무능하다고 비난했다. 류성룡은 김천일에 대해 전쟁에 무지하고 고집불통이며 이것은 진주참패의 원인이 되었다고 비난했다.[24] 또한 신립은 효과적인 지도력을 발휘하는 것보다 개인의

---

22) Ibid, p.218.
23) Ibid, pp.176~180.
24) Ibid, pp.187~188.

승진에 관심이 더 많은 무능한 인물로 묘사했다. "대개 신립은 비록 기민해서 그 당시에 이름은 좀 얻었으나 군사 쓰는 계책은 그의 능한 바가 아니었으니 옛 사람의 말에 '장수가 군사 쓸 줄 알지 못하면 그 나라를 적에게 내주는 것이다.'라 한 것이 바로 이를 이름이다. 지금에 와 비록 탄식한들 무슨 소용이 있으랴마는 다만 후세의 경계가 되겠기에 상세히 기록함이다."[25]

그렇다면 류성룡은 왜 일본군들의 잔인함에 대해서는 크게 분개하지 않으면서 명나라와 조선의 관료들과 군사들의 행동에 대해서는 격분했던 것일까? 이에 대한 답은 꽤 간단해 보인다. 그것은 류성룡이 화와 이의 이분법적 구도에서 세계를 바라보았기 때문이다. 이러한 류성룡의 화이관은 『근포집』을 통해 살펴볼 수 있는데, 그는 임진왜란 당시 여진족의 수장 누르하치가 군사를 보내 조선을 돕겠다는 제안을 개탄스러운 일이라며 일축했다. 당나라의 황제 현종(재위 712~756)이 그가 의지했던 안녹산과 사사명이 일으켰던 난을 진압하기 위해 다른 오랑캐인 돌궐과 토번을 불러들인 것에 비교했다.[26] 나아가 이 책에서 노영구가 지적했듯이, 일찍이 연구자들은 류성룡이 이분법적 화이관에 충실했으며 그러한 세계관 속에서 일본인들을 오랑캐로 여겼다는 것을 주장해왔다.[27] 따라서 일본군들이 저지른 잔혹한 행위는 오랑캐에게서 으레 예상되는 행동이기 때문에 굳이 따로 언급할 가치가 없었던 것이다. 반면 류성룡은 문명국에 대해 많은 기대를 갖고 있었다. 즉 그에게 명은 문명의

---

25) Ibid, p.70.
26) Yu Sŏngnyŏng, Kŭmp'o chip, 1:1a-b.
27) 노영구, 「임진왜란 시기 류성룡의 북방 위협 인식과 대북방 국방정책」, 『서애 경세론의 현대적 조망』, 혜안, 2016, 119~120쪽.

중심이었기 때문에 명나라의 관료와 장수들의 행동에 대해 가장 높은 수준의 기대를 갖고 있었던 것이다. 조선은 또한 중국과는 다른 나라이면서도 분명 문명국이었다. 류성룡은 명과 조선의 관료들이 문명인에 대한 그의 기대에 부응하지 못하자, 이들을 비판의 대상으로 삼은 것이다.

그렇다면 이분법적 화이관에 대한 헌신과 이에 대한 당연한 귀결로써 명의 종주권과 중국의 문화적 우월성을 인정하는 류성룡의 태도는 그의 민족에 대한 감각(a sense of Koreanness), 나아가 근세 한국에 있어 민족의식의 존재 가능성과 관련하여 과연 무엇을 의미하는가? 이와 관련하여, 통치자와 지배엘리트들이 외부의 종주권을 인정하는 정치체에서는 진정한 의미의 민족의식이 존재할 수 없다는 주장은 일면 타당해 보인다. 실제로 근세 영국 민족주의의 등장을 주장하는 연구들의 핵심은 16세기 영국정교회가 로마가톨릭으로부터 분리되면서 군주가 교황의 통제에서 자유로워졌다는 것이다. 하지만 최근 연구자들은 이러한 기존의 시각에 이의를 제기하며, 당시 영국에는 두 개의 경쟁하는 민족의식이 존재했다고 주장한 바 있다. 영국을 더 광범한 탈민족적 정치체제 속에 위치시켜 인식하는 방식과 영국을 체제적으로 분리되고 자기완결적인 영역으로 인식하는 방식이 그것이다.[28] 만일 우리가 이와 같은 새로운 시각을 받아들인다면, 조선이 명의 의례적 종주권과 문명의 중심으로서의 중국의 위상을 받아들이는 태도가 근세 한국에서의 민족의식 형성

---

28) Lockey, Brian C., *Early Modern Catholics, Royalists, and Cosmopolitans: English Transnationalism and the Christian Commonwealth* (Farnham, United Kingdom: Ashgate Publishing, 2015), p.48.

을 불가능하게 하는 것은 아닐 수도 있다.

IV. 류성룡과 민(the people)

근대 민족주의의 가장 핵심적인 원리 가운데 하나는 국가(혹은 민족)를 민들과 밀접하게 연관지어 인식하는 것, 즉 국가는 영토 내에 존재하는 민들 모두를 그 국가구성원으로 포함하는 것으로 인식하는 것이다. 따라서 문인엘리트층 사이에 존재했던 동질성에 대한 논의와 '민족'이라는 상상의 공동체의 대부분을 차지했을 피지배층이 과연 그들의 집단 정체성을 공유했는가는 별개의 문제이다. 이것은 특히 근대 민족 개념의 구성에 있어 지위와 계층의 범주를 초월하는 공동체 의식의 형성이 가장 핵심적인 요소임을 고려할 때 더욱 그러하다. 몇 해 전 나는 조선후기 이 문제에 대한 답을 얻기 위해, 또한 구전설화에 투영된 민간의 역사인식에 대한 임철호의 연구에서 일부 영감을 얻어, 『임진록』의 여러 가지 판본들을 살펴본 바 있다.[29] 『임진록』을 통해 재구성되어 전해 내려져 온 임진왜란에 대한 기억들은 조선후기 비양반층이 스스로를 중국이나 일본 등의 이웃국가들과는 구별되는 사회적 문화적 공동체의 일원으로 자각하고 있음을 잘 보여주었다. 또한 나는 이들 비양반층이 자신들의 삶에서 국가가 담당하는 역할에 대해서도 항상 긍정적으로는 아니었지만 날카롭게 인지하고 있었다는 잠정적인 결론을

---

29) 임철호, 『임진록 연구』, 정음사, 1986 ; 임철호, 『설화와 민중의 역사의식』, 집문당, 1989.

내리게 되었다.[30] 물론 18세기와 19세기에 기술된 임진왜란에 대한 기억을 통해 16세기 후반 민중들 역시 반드시 같은 형태의 집단 정체성을 갖고 있었다고 할 수는 없지만, 이는 민중들이 스스로를 '조선인'이라고 구분하여 인식하는 민족의식이 더 이른 시기가 아니라면 최소한 임진왜란 당시에는 이미 형성되기 시작했음을 보여준다.

여기서 더욱 중요한 것은 류성룡이 과연 조선의 비양반층 인구를 어떻게 인식하고 있었는가의 문제이다. 아래 인용문과 같이 『징비록』에는 류성룡이 민들의 부담을 덜기 위해 취한 정책과 조치들에 대한 기술에서 류성룡의 민의 안녕에 대한 걱정이 자주 표현되어 있다.

내가 남은 군량을 보내어 주린 백성을 구제하도록 임금께 청하였더니 허락하시었다. 이때는 적병이 서울을 점령한 지 벌써 2년. 군사가 이르는 곳마다 천 리가 모두 쑥밭이 되는 판이라, 백성들이 농사를 짓지 못해 굶어 죽는 자가 부지기수였다. 성중에 남아 있던 백성들은 내가 동파에 있다는 말을 듣고 노약(老弱)이 모두 쫓아오니 그 수가 헤아릴 수 없이 많았다. 때마침 사 총병(査總兵)이 마산(馬山)으로 가는 도중이었다. 그는 길가에 쓰러진 어미의 시체

---

30) John Duncan, "The Impact of the Hideyoshi Invasions on Ethnic Consciousness in Korea," *Kyushu daiguku kankoku kenkyu senta nenbo* 6 (2007) ; 이 논문의 한국어 수정번역본으로는 「임진왜란의 기억과 민족의식 형성(Historical Memories of the Imjin War and the Formation of Ethnic Consciousness)」, 『임진왜란 : 동아시아 삼국 전쟁』, 정두희 엮음, 휴머니스트, 2007 참조.

위에 엎드려 젖을 빨고 있는 어린애를 발견하고 불쌍히 여겨, 부하 병졸들을 시켜 거두어다가 군중에서 기르게 하고는 나를 돌아다보며 말했다. "왜적은 물러갈 생각을 않고 죄없는 백성들은 이 지경이 되니 이 일을 장차 어찌하면 좋단 말이오?" 그는 다시 탄식한다. "하늘도 원망스럽고 땅도 참혹하구려." 나는 이 말을 듣자 눈물이 옷깃을 적시는 것을 어쩔 수 없었다. … 경상우도 감사 김성일(金誠一)이 전 전적(典籍) 이노(李魯)를 급히 내게 보내어 급한 사정을 보고해 왔다. "전라좌도 곡식을 내어 주린 백성들에게 나누어 먹이게 해주시고, 또 봄에 뿌릴 종자도 이것으로 쓰도록 하십시오." 그러나 전라도사(全裸都事) 최철견(崔鐵堅)은 곡식을 내려 하지 않았다. 그때 지사(知事) 김찬(金瓚)이 체찰부사(體察副使)로 호서(湖西)에 있을 때라, 나는 즉시 김찬에게 글을 보내어 남원(南原) 등지에 있는 곡식 1만 석을 풀어서 영남 백성들을 나누어 먹였다.[31]

또한 류성룡은 조선의 비양반층이 조선을 침공한 일본인들을 도운 여러 가지 사례를 언급하면서, 상상의 '민족 동포'가 민족을 배신했다며 실망하거나 분노하지 않았다. 류성룡은 특별한 논평 없이 건조하게 단지 조선인들이 적군을 도왔다고 적었을 뿐이었다. 이것은 순화군이 왜군에서 포로로 잡혔을 때의 상황을 기술한 사례에서 나타나는데, 류성룡은 "회령의 아전 국경인이 그 무리를 거느

---

31) Yu Sŏngnyong, *Sŏae sŏnsaeng munjip*. Translation from Choi Byonghyon, *The Book of Corrections: Reflections on the National Crisis during the Japanese Invasion of Korea, 1592~1598* (Berkeley: Institute of East Asia Studies, 2002), pp.173~174. 『진사록』 역시 황해도 지역 주민들의 비참한 상황과 그들을 돕기 위한 류성룡의 조치에 대한 논의를 담고 있다.(300쪽)

리고 배반하였다. 먼저 왕자와 따라온 신하들을 묶어서 적군을 맞이하였다"라고 적었다.[32] 그는 또한 동북지역에서 왜적이 강성했기 때문에 많은 조선인들이 일본군을 따르고 의지했다고 적었다.[33]

심지어 류성룡은 일본군 간첩이었던 조선인 장수들에 대해서도 분노의 흔적을 보이지 않았다. 일본군을 위한 간첩활동을 했던 강서출신 군인 김순량의 예를 들어 보자. 김순량은 자신 외에도 40여 명의 조선인이 일본군을 위한 간첩으로 활동하고 있다고 자백했는데, 이에 대해 류성룡은 "각 진에도 각각 통지해서 이런 자를 잡아내도록 했다. 그랬더니 혹 잡기도 하고, 혹 놓쳐 버리기도 했다. 순량은 성 밖에 내다가 목베어 죽였다."라고 기술했다.[34] 여기서도 마찬가지로 류성룡은 앞으로 비슷한 사례가 발생하는 것을 미연에 방지하기 위해 간첩들을 찾아내고 그들을 단호하게 처벌할 필요성을 강조할 뿐이다.

나아가 필자는 류성룡이 비양반층과 같은 공동체를 이루고 있다는 인식이 표현된 부분을 찾지 못했다. 그렇다면 우리는 근세 민족의식이라는 문제와 관련하여 류성룡을 비롯한 양반층과 나머지 비양반층 사이에 존재했던 뚜렷한 구분을 어떻게 이해해야 할까? 그간 서구 학자들을 중심으로 민족의식의 초기 형성과정에 있어 민중층의 중요성에 대한 논쟁이 활발하게 이루어져왔다. 리아 그린펠드

---

32) Ibid. p.89.
33) Yu Sŏngnyong, *Chinsarok* vol.1, p.197.
34) Yu Sŏngnyong, *Sŏae sŏnsaeng munjip*, Translation from Choi Byonghyon, *The Book of Corrections: Reflections on the National Crisis during the Japanese Invasion of Korea, 1592-1598* (Berkeley: Institute of East Asia Studies, 2002), pp.151~152.

(Liah Greenfeld)를 비롯한 일련의 연구자들은 근세 영국 민족의식의 형성에서 가장 중요한 것은 엘리트층과 일반 민중들이 스스로를 더 큰 공동체의 일원으로 자각하고 그러한 정체성을 공유하게 되는 것이라고 주장했다.[35] 한편 크리쉬난 쿠마(Krishnan Kumar)를 비롯한 다른 학자들은 그린펠드가 근세 영국에서의 신분상승과 계층이동의 정도와 중요성을 크게 과장했으며, 일정하게 신분상승을 이루었던 이들 조차 기존의 신분질서에 도전하기보다는 귀족계층으로 편입하는 것에 더 많은 관심이 있었다고 주장했다. 나아가 쿠마는 19세기 말 전까지는 영국에서 모든 계층을 아우르는 민족정체성이 형성되지 않았다고 주장했다.[36] 이러한 논의와 관련해 필자의 의견은 사회학자 카렌 스탠드브릿지(Karen Standbridge)의 의견에 동의하는 편이다. 스탠드브릿지는 최근 쿠마의 연구에 대한 서평에서, "19세기 민족주의의 개념을 과거로 소급하여 적용하는 것에 대해 경계하는 것은 적절하지만, 구속력이 강한 정치적 공동체의 경우 분명 민중이 정치적인 의식을 갖춘 주체로 등장하기 이전에 일종의 민족주의적인 열정, 그들이 '동종'에 속하는 다른 이들과 연결되어 있다는 감각을—비록 그러한 감각이 대다수의 일반 민중들에게까지 확장되지는 않았지만—경험할 수 있었다"고 적었다.[37] 이러한 시각에서 볼 때, 류성룡이 비양반층과 동질성을 느끼지 못했던

35) Margaret Canovan, Nationhood and Political Theory (Cheltenham, Great Britain: Edward Elgar, 1996), p.62.

36) Kumar, Krishnan, The Making of English National Identity (Cambridge: Cambridge University Press, 2003).

37) Standbridge, Karen, "Krishnan Kumar: The Making of English National Identity," Canadian Journal of Sociology (January-February, 2004).

것은 아마도 그 시대의 전형적인 양반의 모습이었을 것이다. 하지만 이것이 반드시 당시 정치적, 학문적으로 활발하게 활동했던 양반엘리트층 사이에서 민족의식의 발달하는 것과 모순되는 것은 아니라고 생각한다.

V. 나머지 의견 몇 가지

조선시대 한국의 경험을 현재 세계에서 서술되고 교육되고 있는 방식의 세계사에 편입시키기 위해 '근세'라는 개념의 보편적 적용 가능성에 대한 이론적인 의구심을 접어둔다면, 우리는 조선이 포메란츠를 비롯한 학자들이 정리한 근세의 테두리에 대략적으로 부합됨을 알 수 있다. 또한 우리가 근세 유럽의 제한된 정치 혹은 문자 공동체에서 민족주의가 형성될 수 있었다는 스탠드브릿지와 같은 학자들의 주장을 받아들인다면, 필자는 조선시대 엘리트층 사이에서 일종의 민족의식이 있었다는 잠적적인 결론에 도달할 수 있다고 생각한다. 이러한 감각은 류성룡보다는 양성지에게서 더욱 뚜렷하게 나타나지만, 류성룡의 국가에 대한 헌신과 비록 미완이지만 『제왕기년록』에서 조선이 영속적인 정치적 문화적 공동체를 이룬다는 시각을 그가 수용하고 있었다는 점에서, 류성룡 역시 민족의식을 느끼고 있었음을 알 수 있다.

이것은 필자로 하여금 또 다른 의문을 갖게 한다. 조선과 같이 당시 동아시아 국제질서를 지배했던 조공관계 속에서 스스로 중국에 비해 한 단계 낮은 지위에 서 있다는 것을 인정했던 국가에서 민족의식이 발전하는 것이 과연 가능한가? 다시 말해 문명과 야만이라는 이분법적 화이관에 입각하여 중국을 유일한 문명국으로 인식했던 이들이 정치적 문화적 지배층이었던 국가에서 민족의식은 과연 성장할 수 있었을까?

근대적인 의미의 민족의식을 떠올리는 이들은 분명 불가능하다고 말할 것이다. 실제 현재 유럽의 근대 초 민족주의에 대해 연구하고 있는 앤 맥클라렌(Anne Mclaren)과 같은 학자들은 종교개혁을 통해 황제가 교황의 권위를 부정할 수 있었던 것이 민족주의 등장에 있어 핵심적인 역할을 했다고 보았다.[38] 반면 카스파 허쉬(Caspar Hirschi)와 같은 학자들에 따르면 유럽의 민족주의는 교황의 권위를 인정하고 있던 정치체제 속에서 시작되었다고 주장했다. 만일 근대적 의미에서의 국가의 절대적 자치권을 민족주의의 전형적 특질로 받아들인다면, 민족주의는 종교개혁 이전 유럽과 19세기 이전 동아시아 모두에서 존재할 수 없다. 반면 근세의 민족주의를 국가에 대한 충성심과 정치적 사회적 문화적 공동체의 일원으로서의 동질감이 형성되는 과정으로 이해하는 좀더 다각화된 시각을 수용한다면, 중국 황제나 유럽 교황의 의례화된 권력은 그 존재가 희미해진다.

조선의 경우 화이론적 세계관의 문제는 좀더 복잡해 보인다. 앞서 제시한 양성지의 언급은 중국을 華로, 조선을 夷로 받아들이고 있다. 하지만 양성지가 조선의 장구한 역사와 사회의 안정성에

---

38) Anne McLaren, "Gender, Religion, and Early Modern Nationalism: Elizabeth I, Mary Queen of Scots, and the Genesis of English Anti-Catholicism," *American Historical Review* 170-3 (June 2002) 참조.

대해 자부심을 표현하는 방식을 살펴보면, 그가 華와 夷를 단순하게 문명과 야만을 나타내는 용어로 사용하기보다 華는 정치적 사회적 개체로서의 중국을 나타내는 지칭으로, 夷는 비중국을 나타내는 지칭으로 사용하고 있음을 알 수 있다. 류성룡의 경우는 앞서 살펴보았듯이 여진과 일본을 야만으로 여겼던 반면 명과 조선은 모두 문명으로 인식하였다. 류성룡이 양명학에 심취한 명나라를 비판하고 주자의 도를 대신 전할 것을 주장했던 이퇴계의 제자임을 고려할 때, 류성룡은 조선이 모든 면에서 명과 같은 수준으로 문명화되었다고 보았을 것이다. 이처럼 양성지와 류성룡에게 화이론적 세계관은 근세 조선 민족의식의 발전에 있어 걸림돌이 아니었을 것이다.[39]

---

39) 이것은 또한 소중화에 대한 담론이 여진족 혹은 만주족의 중국 지배에 대한 조선인들의 대항하여 17~18세기 형성된 것으로 묘사되고 있으나, 그 기원이 일찍이 16세기에 형성되었을 가능성을 제시한다.

John B. Duncan

I . Introduction

I was asked to write a paper on Yu Sŏngnyong's perceptions of foreigners at the time of the Imjin War as seen in the *Chingbirok*. I gladly accepted this assignment since I have long been interested in the question of the possible formation of a Korean nation, or at least the formation of a shared sense of identity that could feed into nationalism, in the centuries prior to the construction of modern nationalism in Korea beginning at the end of the nineteenth and beginning of the twentieth centuries. It seemed to me that the trauma inflicted on the state and people of Chosŏn by outsiders at the time of the Imjin War of the 1590s should have provided ample opportunities for an elite such as Yu Sŏngnyong to voice sentiments expressing a sense of nationhood, which I will define here to mean a sense of being part of an enduring and distinctive cultural and political entity, a sense of difference from and/or hostility towards outsiders and a sense of community with what we would now term his compatriots.

As is well known, historical scholarship on nations and nationalism over the past few decades has been dominated by a modernist approach theorizing that nation and nationalism came into being first in the West, no earlier than the eighteenth century, as modern novelties that were subsequently adopted by non-Western peoples as defensive measures against Western imperialism in the late nineteenth and early twentieth centuries.[1] This scholarship has contributed much to our understanding of the historical processes behind the formation of nations and the constructed nature of modern nationalism. But, as is almost always the case in historical research, this scholarship has provoked a critical response, particularly in studies of the formation of the nation in Europe, where national formation—if not nationalism per se—is now commonly being pushed back to the early modern era,[2] typically the late fifteenth through late eighteenth centuries.

---

1) For representative works on nationalism as a modern novelty, see Benedict Anderson, *Imagined communities: reflections on the origin and spread of nationalism* (revised and extended. ed.) (London: Verso, 1991) ; Ernst Gellner, *Nations and Nationalism* (Ithaca: Cornell University Press, 1983) ; and Eric Hobsbawm, *Nations and Nationalism since 1780: Programme, Myth, Reality* (Cambridge: Cambridge University Press, 1990). For non-Western nationalism as a defensive adoption, see Partha Chatterjee, *Nationalist Thought and Colonial World: A Derivative Discourse* (Minneapolis: University of Minnesota Press, 1993). For applications of this approach to Korea, see Andre Schmid, *Korea between Empires, 1895-1919* (New York: Columbia University Press, 2002) and Henry Em, *The Great Enterprise: Sovereignty and Historiography in Modern Korea* (Durham: Duke University Press, 2013). A representative Korean-language work on this theme can be found in Huh Dong Hyun (Hŏ Tonghyŏn), "Han'guk kŭndae esŏ ŭi tanil minjok sinhwa hyŏngsŏng kwajŏng," *Tongbuga yŏksa nonch'ong* 23 (2009).
2) See, for example, Michael J. Braddick, *State Formation in Early Modern England*

Perhaps the first issue to be addressed here is whether the Chosŏn can be considered as early modern. I myself have misgivings about the use of "early modern" because of the teleological implications and because it seems to me to be basically Eurocentric. Nonetheless, the "early modern" has become central to the narrating and teaching

---

c. 1550~1700 (Cambridge: Cambridge University Press, 2000) ; Anne McLaren, "Gender, Religion, and Early Modern Nationalism: Elizabeth I, Mary Queen of Scots, and the Genesis of English Anti-Catholicism," *American Historical Review* 170-3 (June 2002), or for a somewhat earlier example dealing with eastern Europe, Ivo Banac and Frank Sysyn eds., "Concepts of Nationhood in Early Modern Eastern Europe," special issue of *Harvard Ukranian Studies* 10:3-4 (1986). Some sense of how widespread this trend of locating nationhood in the early modern period has become can be gleaned from the title of a conference held earlier this year in the Netherlands: "The Roots of Nationalism: National Identity Formation in Early Modern Europe, 1600~1850." Unfortunately, the papers from that conference are not yet available, but the thrust of the conference can be gleaned from the call for papers which stated, "This conference seeks to address the representation of nationalism as an exclusively modern phenomenon, offering a platform for scholars to engage with early modern national identity formation from various European perspectives—especially in its cultural manifestations (literature, historiography, painting, etc.)." It should also be noted that there is also research pushing the boundaries back to before the early modern era and, in some cases, beyond. See, for example, Caspar Hirschi, *The Origins of Nationalism: An Alternative History from Ancient Rome to Early Modern Germany* (Cambridge: Cambridge University Press, 2012), and Azar Gat, *The Long History and Deep Roots of Political Ethnicity and Nationalism* (Cambridge: Cambridge University Press, 2013) as well as a 2015 conference held in Great Britain, for which papers are also not yet available," titled, "Identity, Ethnicity and Nationhood before Modernity: Old Debates and New Perspectives." For a current summary of scholarship on early modern nationalism in Europe, see Costantaras, Dean, "Empirical Advances in the Study of Early European Nationalisms," *History Compass* 13-11 (2015), pp.578~588.

of world history. Thus, I use it here in the interesting of situating Korea within world history as it is now understood and practiced.

There have been many attempts to define the early modern. One of the most comprehensive has been advanced by Kenneth Pomeranz, a leading light of the "California school" of Chinese history who is now at the University of Chicago. While Pomeranz is somewhat skeptical of the utility of the early modern and of how it can be applied across the world without taking into consideration temporal differences, he provides an extensive list of criteria for the early modern. According to Pomeranz, the key features of the "early modern" include: 1) population growth; 2) increased commerce and overseas trade; 3) rise of centralized bureaucratic states; 4) upwardly mobile literate groups; 5) new kinds of organized lay piety; 6) growing use of print; 7) production of maps; 8) enumeration of plant and animal species; and 9) cataloguing the diversity of human beings.[3] How, then, does Chosŏn era Korea measure up to Pomeranz' list?

Although we do not have data that will allow us to make firm statements about Chosŏn era demographic trends, most scholars dealing with that issue estimate that there was an increase in population ranging from 200% to 300% between the early 15th century and mid-18th century.[4] These estimates show steady growth through the

---

3) Pomeranz, Kenneth, "Teleology, Discontinuity and World History: Periodization and Some Creation Myths of Modernity," *Asian Review of World Histories* 1:2 (July 2013), pp.189~226.

4) For a discussion of various estimates of Chosŏn period population, see

15th and 16th centuries, followed by a decline in registered population after the Japanese and Manchu invasions of the late 15th and early 16th centuries. Post-invasion estimates indicate significant growth in population through the mid-18th century which would suggest that despite wartime decreases, the overall trend was an increase in population.

Although 15th century Chosŏn seems, at least on the basis of entries in the *Chosŏn wangjo sillok* and other sources, to have experienced a contraction of commerce and trade from the years when Koryŏ had been incorporated into the Yuan empire, scholars in Korea have demonstrated that there was significant growth in the market economy during the 17th and 18th centuries. Furthermore, studies have shown that Chosŏn played an important role in the triangular trade among Korea, China, and Japan during that period, profiting from the import of silver from Japan and the re-export of silks from China.[5]

Reforms carried out shortly after the founding of Chosŏn indicate that the dynasty constituted a strong centralized bureaucratic system not only in comparison to its predecessor the Koryŏ but also in comparison to Western Europe at the time. The new Chosŏn state carried out a major reorganization of local administration, dispatching

---

Shin, Gi-Wook, *Peasant Protest and Scoial Change in Colonial Korea* (Seattle: University of Washington Press, 1996), pp.24~25.

5) Lee Hun-chang, "State Finance in the Early Modern Korea, 1652-1876," paper presented at the IV International Economic History Congress, Helsinki, Finland, August 2006, p.4.

centrally appointed magistrates to all of its constituent counties and prefects, implemented comprehensive population registers and land surveys, required all of its residents to carry identification tags, and even was able to relocate significant numbers of commoners from the relatively densely populated southern provinces to the less populated northern regions.[6]

We can also argue that there was growing use of print media in the Chosŏn, at least in contrast to what we think we know about the Koryŏ period.[7] We can find many examples of state-sponsored printing projects, such as the late 15th century legal code *Kyŏngguk taejŏn*, the morality handbooks *Samgang haengsil to* of the 15th century, the *Sok samgang haengsil to* of the 16th century, and the *Tongguk sinsok samgang haengsil to* of the 17th century, as well as elite printing of such handbooks as seen in Kim An'guk's early 16th century *Kyŏngmin p'yŏn* or Song Siyŏl's *Kyenyŏ sŏ* of the 17th century. We can also note the rise of commercial printing enterprises around the end of the 18th and the beginning of the 19th centuries in such locales as Hanyang(Seoul), Chŏnju, and Ansŏng.[8]

---

6) Duncan, John B., *The Origins of the Chosŏn Dynasty* (Seattle: University of Washington Press, 2000) pp.204~236.

7) We can, of course, find examples of printing in the Koryŏ period, including the *Samguk sagi* of the 12th century, the *Sangjŏng kogŭm yemun* of the 13th century (no longer extant), and the *Chikchi* of the 14th century, but the Chosŏn appears to have featured much more active printing.

8) See Kim Tonguk, "P"anbon'go: Han'gŭl sosŏl ŭi panggakpon ŭi sŏngnip e taehayŏ," in *Ch'unhyang chŏn yŏn'gu* (Seoul: Yonsei taehakkyo, 1983)

It is well known that mapping was an important enterprise for the Chosŏn state. The early 15th century *Kangnido* has drawn wide attention for its relatively accurate depiction of Asia, Africa, and Europe, probably based on knowledge gained during the Mongol era of the late 13th and 14th centuries. Both Han Young Woo and Gari Ledyard have devoted much effort to showing the sophistication of Chosŏn period maps, especially in the 18th century.[9]

Chosŏn dynasty Koreans also showed interest in cataloguing plant and animal species. From early on, literati interested in *hyangyak* (향약 鄕藥 medicinal botanicals) had compiled lists of medically useful plants.[10] The *Sejong sillok chiriji* also detailed local products from each county and prefectures throughout the country, although the primary motive was probably less science than efficient taxation. And, of course, there is the famed *Chasan ŏbo*, Chŏng Yakchŏn's taxonomy of sea life compiled while he was in exile on Hŭksan Island in the early 19th century. This is, of course, a superficial survey but it suggests, despite time lags among the various elements, that

pp.385~399. For an early English-language account of commercial printing in late Chosŏn Korea, see W.E. Skillend, *Kodae sosŏl: A Survey of Korean Popular Style Novels* (London: School of Oriental and African Studies, 1968).

9) See Han Young Woo et al, eds., Uri yet chido wa kŭ arŭmdaŭm (Seoul: Hyohyŏng ch'ulp'an, 1999) and Ledyard, Gari, "Cartography in Korea." In J.B. Harley and David Woodward, eds. *The History of Cartography, Volume Two, Book Two: Cartography in the Traditional East and Southeast Asian Societies* (Chicago: The University of Chicago Press, 1994).

10) Yi T'aejin, "Koryŏ hugi ŭi in'gu chŭngga youin saengsŏng kwa hyangyak ŭisul paltal," *Han'guk saron* 19 (1988).

we can make a tentative case for Chosŏn as generally conforming to the "early modern" model. That, in turn, raises the question of whether we can find some sort of nationhood in early modern Korea similar to that being argued for the early modern period elsewhere.

A number of scholars both within and without Korea have advanced arguments that evidence of a shared sense of belonging to an enduring social and cultural collectivity that transcended individual kingdoms or dynasties can be found among Koryŏ and Chosŏn era elites who referred to themselves and their country by such terms as the *Samhan* or *Tongguk* in contradistinction to China and other places, who wrote histories constructing a linear "national" history beginning with Old Chosŏn, coming down through the Three Kingdoms and later Silla to the Koryŏ and Chosŏn periods, and who had a sense of themselves as constituting a distinctive and enduring political, social, and cultural entity.[11]

---

11) For a sampling of English-language scholarship on this issue, see Haboush, JaHyun Kim, "Constructing the Center: The Ritual Controversy and the Search for a New Identity in Seventeenth Century Korea," in JaHyun Kim Haboush and Martina Deuchler, eds., *Culture and the State in Late Chosŏn Korea* (Cambridge, MA: Harvard University Press, 1999) ; John B. Duncan, "Proto-nationalism in Pre-modern Korea," in Lee and Park, eds. Perspectives on Korea (Sydney: Peony Press, 1998) and Remco Breuker, "The Three in One, the One in Three: The Koryo Three Han as a Pre-modern Nation," Journal of Inner and East Asian Studies 2-2 (2005). For contrasting arguments on the formation of the Korean nation in pre-modern times, see Sin Yongha, "Han'guk minjok kongdongch'e ŭi hyŏngsŏng kwajŏng," (tongil.snu.ac.kr /pdf/090910/00 기조발제 – 한국 민족공동체의 형성과정-신용하.pdf), 2009 ; accessed July 21, 2015 and No T'aedon, "Han'guk minjok hyŏngsŏng

With these considerations in mind, I decided to investigate the *Chingbirok*, along with other writings by Yu Sŏngnyong such as the *Kŭnp'ojip* and the *Chinsarok* in hopes of discovering how he saw himself in relation to Korean tradition, how he perceived such outsiders as the Japanese, the Ming Chinese and the Jurchens, and to what degree he felt kinship with the non-elites who made up the vast majority of the Chosŏn population. If, as current scholarship suggests, nationhood was being formed at least as early as the sixteenth century in Europe, is there any reason that it would have also been formed by that time in Korea, a country with a much longer tradition of centralized rule than those of Europe?

II. Yu Sŏngnyong and Korea's Past

As briefly noted above, it is not difficult to find Koryŏ and Chosŏn period elites expressing the view that they belonged to a distinct and enduring political, social, and cultural collectivity that transcended any given kingdom or dynasty. Wang Kŏn, the founder of the Koryŏ dynasty is said to have stated, in his Ten Injunctions, that "In the past, our people have had a deep attachment for the ways of China and all of our institutions have been modeled upon those of Tang. But our country occupies a different geographical location and our

sigi e taehan kŏmt'o, "Yŏksa pip'yŏng 21 (1992).

people's character is different from that of the Chinese. Hence there is no reason to strain ourselves to copy the Chinese way."[12] As is well known, men of the late Koryŏ period such as Iryŏn and Yi Sŭnghyu left writings that traced the beginnings of Korea back to the mythological founder Tan'gun. Yi Sŭnghyu's *Chewang un'gi* in particular presents a clear genealogy of the Korean state that begins with Old Chosŏn, comes down through the Three Han, the Three Kingdoms, later Silla and into Koryŏ. This genealogy of the Korean state was repeated throughout the Chosŏn period in such histories as the fifteenth century *Tongguk t'ongam* or the eighteenth century *Tongsa kangmok*. Perhaps one of the clearest statements of a distinctive Korean identity was made in the mid-fifteenth century by the prominent official Yang Sŏngji, who stated:

> In China (Chungguk), from the time of Tang and Yao to the Great Ming, there have been twenty-six dynasties. But in Korea (Tongguk), there have been only seven dynasties from Tan'gun to now. This is not simply because of the differences in customs between the *Hua* and the *Yi* (the Chinese and us). It is also because in Korea, the great families (*taega sejok*) have been spread out in the capital and the countryside so that treacherous elements are not able to

---

12) *Koryŏsa* 12:14b-17a. Translation taken from Wm. Theodore deBary, ed., *Sources of East Asian Tradition* (New York: Columbia University Press, 2008) vol.1, p.536.

get through.[13]

What, then, of Yu Sŏngnyong, a high-ranking official serving at a time of great crisis? It is obvious in his writings that he sees the Chosŏn, the Ming, and Japan as three separate entities, and he frequently refers to "our country"(aguk 我國). But in the *Chingbirok* or the other texts I consulted he rarely links Chosŏn back to earlier polities. A few examples can be found such as his response to a memorial by an official named Yu Choin in 1595, where Yu Sŏngnyong notes that "our country was divided into three during the Three Kingdoms period" and goes on to discuss how such Koguryŏ generals as Ko Yŏnsu, and Koryŏ leaders such as Kang Kamch'an and Yun Kwan were able to mobilize large forces for military campaigns and contrasts that with the current weakness of Chosŏn."[14] Such examples notwithstanding, on the whole Yu does not seem to have felt the need to assert Chosŏn's long historical heritage. Furthermore, I have not yet been able to in Yu's writings any discussion of Tan'gun, Tongguk, or Samhan that would suggest a strong sense of Korean ethnic identity. The only statement I could find that uses any of those terms was made not by Yu, but rather by the Chinese general Li Rusong, who wrote a poem that said, "I brought my soldiers through the night to banks of this river, because I heard that the land of

---

13) Yang Sŏngji, *Nuljae chip* sokkwŏn, 1:1a.

14) Yu Sŏngnyong, *Kŭmp'o chip* 8:1a-b.

the Samhan is in trouble."[15]

We cannot rule out that Yu never thought in those terms, despite their absence from his writings at the time of the Imjin War. He is known to have begun but not finished writing a text named *Chewang kinyŏnnok* in his later years which Do Hyuncheol (To Hyŏnch'ŏl) indicates compared Chinese and Korean states, beginning with Tang and Yao in China and Tan'gun in Korea (presumably in much the same manner as Yi Sŭnghyu's *Chewang un'gi*).[16] Indeed, it would be surprising, given the cultural milieu of Chosŏn era Korea, if such notions of an hoary Korean identity were not part of his intellectual makeup. Why, then, do we not find assertions of Korean cultural and social distinctiveness in his writings at the time of the Imjin War? Would not invasion by the Japanese and the presence of many Chinese foreigners in Korea prompt him to defend his country's distinctive history and society in the same way, for example, as Yi Chehyŏn did when Koryŏ was threatened by a Mongol plan to disestablish the Koryŏ kingdom and turn it in to just another province of the Yuan?[17] It may be because most of the writings contained

---

15) *Sŏae sŏnsaeng munjip* 16:1b. Breuker notes that Korea was also known as the Three Han in Tang China. See "The Three in One⋯," p.154.

16) To Hyŏnch'ŏl, "Sŏae Ryu Sŏngnyong ŭi hangmun kwa kyesŭng: Ryu Sŏngnyong e taehan il sisŏn—17 segi *Sŏnjo* sillok kwa Sŏnjo sujŏng sillok ŭi kyŏngu," *T'oegyehak kwa yugyo munhwa* 55 (2014), p.106, fn 14.

17) In a memorial presented in 1323 opposing the disestablishment of the Koryŏ, Yi Chehyŏn argued "⋯It has been over 400 years since our founder, Wang-ssi, established this small country⋯. Koryŏ became a 'son-in-law'

in the *Chingbirok, Kŭmpʾojip* and *Chinsarok* were official correspondence in which Yu largely confined himself to immediate and urgent issues of administration and military strategy. Or was it because, as a disciple of Yi Tʾoegye—a scholar who considered himself the most faithful successor to Zhu Xi, Yuʾs sense of identification with what was seen as a universal Confucian civilization took precedence over his sense of himself as a Korean?

III. Yu Sŏngnyong's Perceptions of Outsiders

One would expect Yu Sŏngnyong's writings to express great indignation at the cruelties visited on the people of Chosŏn by the Japanese invaders. To be sure, he sometimes gives graphic descriptions of destruction, such as the situation in in the Chosŏn capital after it was recovered in 1593. "The corpses of both men and horses, scattered here and there, gave out such a strong stench that people passed by hurriedly, covering their noses. All the houses and buildings,

---

country to the Yuan. Koryŏ was allowed to keep its old customs and to preserve its royal family and that was because of the Shizu Emperor's grace. When the Yuan established provinces, it did so throughout all under heaven except for in our small country⋯ Furthermore, our small country's territory amounts to less than 1,000 li and seven of ten parts of that is useless mountains, forests, and wetlands⋯. Also, its location is remote, its people simple, its language and its culture are different from the center of civilization (*zhonghua*). See *Koryŏsa chŏryo* 24:29b-31a.

private or public, were completely gone. Only a few that were used as the quarters of the enemy soldiers were still standing at the bottom of Mt. Namsan in the east side of Sungnyemun Gate. The buildings including the Ancestral Shrine of the Royal Lineage, the three palaces, the belfry, and all the government offices and schools, which used to be in the north above the main street, were burned to ashes. The Residence of the Little Princess was able to survive because it was occupied by Ukita Hideie, the commander of the Japanese army."[18]

Another was the aftermath of the Japanese taking of the fortress at Chinju, also in 1593: "More than sixty thousand people, including soldiers and civilians, were killed, and even chickens and dogs were not spared. The enemy completely destroyed the town. They filled up the lakes and wells with dirt and cut down all the trees. They relished the taste of revenge to their heart's content."[19] Despite these gruesome pictures of death and destruction, Yu Sŏngnyong did not make much effort to disparage the Japanese for their barbarity, with the possible exception of the way in which the Japanese "relished the taste of revenge." To quote Sienna Kang's insightful study, "despite

---

18) Yu Sŏngnyong, *Sŏae sŏnsaeng munjip* 16. Translation from Choi Byonghyon, *The Book of Corrections: Reflections on the National Crisis during the Japanese Invasion of Korea, 1592~1598* (Berkeley: Institute of East Asia Studies, 2002), p.181.

19) Yu Sŏngnyong, *Sŏae sŏnsaeng munjip* 16. Translation from Choi Byonghyon, *The Book of Corrections: Reflections on the National Crisis during the Japanese Invasion of Korea, 1592~1598* (Berkeley: Institute of East Asia Studies, 2002), pp.185~186.

the gruesome destruction of Korea's political and cultural center, Yu gives a rather matter-of-fact description, almost as if he were making a list of unfortunate losses, rather than describing the brutality of Japanese actions. In most cases, while noting the destruction he sees, Yu does not explicitly condemn the Japanese for their barbarity or cruelty. Rarely does he write that the Japanese had done something; he only notes that it happened."[20] By contrast, Yu frequently expresses disappointment, if not dismay, at the behavior of Ming officials and soldiers, even though he was presumably grateful that the Chinese had come to help Chosŏn. He notes, with some contempt, the way that the Ming commander Zhao Chengxun fled in fear after suffering defeat at the battle of P'yŏngyang and eventually withdrew from Korea in the seventh month of 1592 when he says, "Gathering his remaining army, Zhao Chengxun ran through Sunan and Sukch'ŏn, finally arriving at Ŭiju at night ⋯ after his defeat, Zhao Chengxun became scared and worried that the Japanese would chase him. That was why he hurried in such a way and built his camp behind the two rivers. ⋯ Soon after that they returned to Liaodong.[21] Yu also has negative commentary about the performance of Chinese forces at the siege of Ulsan in the twelfth month of 1597. Of the ordinary Chinese soldiers,

---

20) Sienna Kang, "National Disgrace: Korea, Japan and the Imjin War," *Columbia East Asia Review* (2009), p.60.

21) Yu Sŏngnyong, *Sŏae sŏnsaeng munjip* 16. Translation from Choi Byonghyon, *The Book of Corrections: Reflections on the National Crisis during the Japanese Invasion of Korea, 1592~1598* (Berkeley: Institute of East Asia Studies, 2002), p.120.

he laments how they were more interested in looting than fighting:

> "···the Chinese stopped short of pursuing the Japanese all the
> way; they were more preoccupied with grabbing things abandoned
> by the enemy. In the meantime, the enemy tightly closed the gate
> of their fortress, and therefore, it was too late for the Chinese soldiers
> to finish them off···the Japanese sent their relief army by land, and
> as they approached, Military Commander [Yang Hao] became scared
> and suddenly withdrew his army."[22]

Furthermore, Yu had little faith in such Ming leaders as Li Rusong
and Qian Shizhen. He thought of them as arrogant and he argued
frequently with them while suspecting them of treachery in their
dealings with the Japanese during negotiations.[23]

Yu also condemns such Korean leaders as the General Kim Ch'ŏnil
and Vice Minister of War Kim Sin Ip as incompetent. Kim, Yu charges,
was ignorant of warfare and stubborn, thus causing the disaster at
Chinju.[24] He describes Sin as an incompetent man more interested
in promoting himself than in providing effective leadership:. "Generally
speaking, Sin Ip was a shrewd man of shallow character. Although
he once succeeded in distinguishing himself, he was not good at

---

22) Ibid, p.218.
23) Ibid, pp.176~180.
24) Ibid, pp.187~188.

devising and planning strategies of war. There is an old saying: 'If the commanding general is ignorant of warfare, he will hand over the country to his enemy.' It is too late to deplore what has already happened, but I want to write this down for the sake of avoiding the same mistake in the future."[25]

Why, then, did Yu Sŏngnyong show a relative lack of indignation at the atrocities committed by the Japanese invaders while frequently expressing dismay and outrage at the behavior of Chinese and Korean officials and soldiers? The answer seems rather straightforward: Yu viewed the world in terms of the Hua-Yi (civilized-barbarian) binary. Evidence of Yu's Hua-Yi view can be found in the *Kŭmp'o chip*, where he dismisses as deplorable the offer by the Jurchen leader Nurhaci(撻 子) to help Chosŏn against the Japanese, drawing comparisons with the disasters visited on Tang China when the emperor Xuanzong(r. 712~756) called in Uyghur(回紇) and Tibetan(吐蕃) barbarians to suppress the rebellions of other barbarians, An Lushan and Shi Shiming, on whom he had come to rely.[26] Furthermore, as No Yŏnggu notes in his contribution to this volume, other scholars have already argued that Yu was committed to the Hua-Yi binary and Yu clearly saw the Japanese as Yi barbarians.[27] Hence the atrocities committed by the Japanese were hardly worthy of mention since that was what

---

25) Ibid, p.70.

26) Yu Sŏngnyŏng, *Kŭmp'o chip* 1: 1a-b.

27) No Yŏnggu, "Sŏae Yu Sŏngnyong ŭi pukpang wihyŏp insik kwa tae pukpang kukpang chŏngch'aek."

is to be expected by barbarians. On the other hand, Yu had greater expectations of the civilized. To him, the Ming was the center of civilization and thus he expected the highest standards of behavior from Ming officials and generals. Chosŏn, while part of China, was certainly a civilized country. Hence, the failures of Ming and Chosŏn officials and generals to live up to what should be expected of civilized men made them the targets of his criticism.

What, then, does Yu's commitment to the Hua-Yi binary and the corollary acceptance of Ming suzerainty and Chinese civilizational superiority imply for his sense of Koreanness, for the existence of a sense of nationhood in early modern Korea? It seems fairly straightforward to argue that there could exist no true sense of nationhood in a polity whose rulers and elites recognized the suzerainty of an outside entity. Indeed, one of the staple arguments of the rise of nationhood in early modern England has been that the separation of the English church from the church of Rome in the sixteenth century freed the monarch from papal restraints. More recent scholarship, however, has challenged this view, arguing instead that there were "two competing conceptions of English nationhood, one that positions England within a larger transnational polity and the other that views the realm and organically separate and self-sufficient."[28] If we accept

---

28) Lockey, Brian C., *Early Modern Catholics, Royalists, and Cosmopolitans: English Transnationalism and the Christian Commonwealth* (Farnham, United Kingdom: Ashgate Publishing, 2015), p.48.

this newer view, then it can perhaps be argued that Chosŏn acceptance of the Ming emperor's ritual suzerainty and China's place as the center of civilization is not necessarily antithetical to the formation of a sense of nationhood in early modern Korea.

IV. Yu Sŏngnyong and the People

One of the fundamental tenets of modern nationalism is the identification of the state (or nation) with the people, that the state should include all the members of the nationality. Thus, it is one thing to talk about some sort of shared identity among literate elites and quite another to talk about whether the non-elites who made up the vast majority of the putative "nation" also shared that collective identity, particularly since one of the key elements of the notion of a modern nation is the idea of a common identity that transcends status or class boundaries. Seeking to answer this question regarding the late Chosŏn, and inspired in part by the work of Im Ch'ŏlho on how non-elite's historical consciousness was reflected in oral traditions,[29] some years back I undertook an investigation of various versions of the *Imjin nok*, in which I tentatively concluded that the memories of the Imjin War constructed and passed down by the

---

29) Im Ch'ŏr-ho, *Imjin nok* yŏn'gu (Seoul: Chŏngŭmsa, 1986) and Im, *Sŏrhwa wa minjung ŭi yŏksa ŭisik* (Seoul: Chimmundang, 1989).

Imjin nok suggested the strong likelihood that the non-elites of the late Chosŏn period did have a sense of themselves as a distinctive social and cultural community different from their neighbors in Japan and China and that they were keenly, if not always happily, aware of the role the state of Chosŏn played in shaping their lives.[30] Of course, such memories from the eighteenth and nineteenth centuries do not necessarily imply that the common people of late sixteenth century Chosŏn had such a collective identity but at the very least we can postulate that the beginnings of such a shared sense of self as "Koreans" date at least back to the years of the Imjin War, if not earlier.

More to the point here is the question of how Yu Sŏngnyong saw the non-elite populace of Chosŏn. One the one hand, he frequently expresses concern over the well-being of the people, while advocating policies and carrying out measures intended to lessen their burden, as seen, for example, in the following passage from the *Book of Corrections*.

---

30) John Duncan, "The Impact of the Hideyoshi Invasions on Ethnic Consciousness in Korea," *Kyushu daiguku kankoku kenkyu senta nenbo* 6 (2007) ; for a somewhat revised Korean-language version, see "Imjin waeran ŭi kiŏk kwa minjok ŭisik ŭi hyŏngsŏng" (Historical Memories of the Imjin War and the Formation of Ethnic Consciousness) in Chŏng Tuhŭi ed., *Imjin waeran: tong asia samguk chŏnjaeng* (Seoul: Humanisŭt'ŭ, 2007).

"I petitioned the king to give his permission to release some of the extra military provisions to save the starving people. My petition was granted. At that time, it has already been two years since the enemy occupied Seoul. Because of the atrocities of the cruel war, the whole country appeared desolate and deserted. People, unable to do any farming, perished of hunger. Those who survived in the fortress heard that I was staying in Tongp'a and came to see me. Being very weak or sick, holding and supporting each other, they barely made it to Tongp'a. There were so many of them that I could not count their number. On his way to Masan [post station near P'aju], Regional Commander Ch'a found a little baby sucking the nipple of its dead mother. He felt sorry to see this tragic situation and to the baby to his camp to be raised. He said to me, 'The Japanese enemies have not gone away yet and the plight of the people is terrible. What should we do?' Then, he let out a sigh and said, 'Heaven is worried and the earth is wretched.' Hearing his words, I cried unawares, tears streaming down my face⋯. General Kim Sŏngil of Right Kyŏngsang Provice also sent me former Librarian Yi No to deliver his emergency message: 'We would like to borrow grain from Left Chŏlla province as well as seeds for the crops to save the starving people, but Lieutenant Governor Ch'oe Ch'ŏlgyŏn of Chŏlla province is very reluctant to cooperate.' At that time, Third Minister-without-Portfolio Kim Ch'an was vice supreme inspector of

Ch'ungch'ŏng Province. I immediately ordered him to go down to Chŏlla province with my official letter. I told him to open the state warehouses in Namwŏn and personally take out ten thousand sŏk of grain and carry them to Yŏngnam to feed the people."[31]

Yu Sŏngnyong also mentions a number of instances in which some Chosŏn non-elites helped the Japanese invaders, and expresses no particularly dismay, no sense of outrage that his putative "fellow countrymen" were betraying the nation. In several cases he simply notes, without commentary, that some Chosŏn people were aiding the enemy as seen in his discussion of the circumstances of the capture of Prince Sunhwa by the Japanese: "… a man named Kuk Kyŏngin, a petty government functionary of the Hoeryŏng district, betrayed the prince with the help of his associates. They captured both the princes and their attending ministers and, binding their bodies, delivered them to the enemy.[32]" He also notes without commentary that because the enemy was very strong in the northeast, most people were following and relying on them.[33]

---

31) Yu Sŏngnyong, *Sŏae sŏnsaeng munjip*. Translation from Choi Byonghyon, *The Book of Corrections: Reflections on the National Crisis during the Japanese Invasion of Korea, 1592~1598* (Berkeley: Institute of East Asia Studies, 2002), pp.173~174. The *Chinsarok* also contains a discussion of the misery of the people in Hwanghae province and of measures Yu recommended to alleviate their situation.(p.300)
32) Ibid, p.89.
33) Yu Sŏngnyong, *Chinsarok* vol.1, p.197.

Even in the cases where Chosŏn commoners were spying for the Japanese, he evidences no sense of outrage. For example, he discusses the case of one Kim Sullyang, a soldier from Kangsŏ, who confessed to being a spy for the Japanese and said that over forty spies were working for the invaders. On learning this, Yu says, "I conducted an investigation on the rest of the spies and learned their names. Then I quickly distributed their names to all the units of our army and let them search out the spies whose names were on the list I sent. Some of them were caught and some were not. Then I ordered Kim Sullyang to be taken out and beheaded outside the fortress."[34] What we see here is Yu simply stressing the need to ferret out and punish transgressors severely so as to prevent future instances of such behavior.

Furthermore, I have not been able to find any passages in which Yu expresses a sense of shared identity with non-elites. What, then, are we to make of this apparent great divide between elites like Yu and the rest of the Chosŏn population in reference to the question of early modern nationhood? There has been something of a heated debate among scholars in the West about the significance of the commoner populace in the early formations of nationhood. On the one side are scholars such as Liah Greenfeld, who argues that one

34) Yu Sŏngnyong, Sŏae sŏnsaeng munjip. Translation from Choi Byonghyon, The Book of Corrections: Reflections on the National Crisis during the Japanese Invasion of Korea, 1592~1598 (Berkeley: Institute of East Asia Studies, 2002), pp.151~152.

of the key features of nationhood in early modern England was the way in elites and commoners came to share a sense of membership in a larger community.[35] On the other side are such scholars as Krishnan Kumar, who contends that Greenfeld greatly exaggerates the degree and significance of social mobility in early modern England and that those who did attain some degree of upward mobility were much more interested in joining the aristocracy that in challenging it. Kumar argues that there was no formation of an English identity that comprehended all social classes until the late nineteenth century.[36] With regard to this debate, I am inclined to agree with Karen Standbridge, a sociologist who recently reviewed Kumar's book: "Although Kumar is correct in cautioning readers not to read nineteenth-century notions of nationalism into the past, surely the more restrictive political communities that prevailed before the masses were politicised were capable of experiencing a type of nationalistic fervour, a connection with others of 'their kind,' even though this did not extend to the greater populace."[37] When seen from this perspective, Yu Sŏngnyong's apparent lack of identification with non-elites, probably a typical elite attitude of his time and place,

---

35) Margaret Canovan, *Nationhood and Political Theory* (Cheltenham, Great Britain: Edward Elgar, 1996), p.62.

36) Kumar, Krishnan, *The Making of English National Identity* (Cambridge: Cambridge University Press, 2003).

37) Standbridge, Karen, "Krishnan Kumar: *The Making of English National Identity*," *Canadian Journal of Sociology* (January-February, 2004).

is not necessarily incompatible with the development of a sense of nationhood among politically and intellectually active elites.

V. Some Final Remarks

If, in the interests of incorporating Chosŏn dynasty Korea into world history as it is now narrated and taught, I set aside my theoretical reservations about the universal applicability of the "early modern" we can see the Chosŏn as generally conforming to the parameters of the early modern as laid out by such scholars as Kenneth Pomeranz. And, if we accept the arguments of scholars such as Karen Standbridge that nationalism could arise within restricted political and literate communities in early modern Europe, then I think we can tentatively argue that there was some sense of nationhood among Chosŏn era elites. This can be seen more clearly in the case of Yang Sŏthan in Yu Sŏngnyong, but when we take into consideration Yu's devotion to his country and his apparent acceptance of the view that Korea constituted an enduring political and cultural community as suggested by his incomplete *Chewang kinyŏnnok*, we can see that Yu, too, felt a sense of Korean nationhood.

This brings me to another question. Is it possible for a sense of nationalism to develop in a state like Chosŏn that accepted a secondary position vis-à-vis China in the tributary relations that characterized historical East Asian international relations, in a state whose political and intellectual leaders operated within the *Hua-Yi* civilized versus barbarian binary that privileged China as the only civilized society?

Those who think of nationalism in the modern sense will surely say that it was impossible. Indeed, some of the scholars, such as Anne Mclaren, now working on early modern nationalism in Europe see the Protestant reformation as central to the rise of nationalism since it enabled kings to reject the suzerainty of the pope.[38] But others, such as Caspar Hirschi, contend that the beginnings of European nationalism can be found in polities that still recognized the authority of the papal regime. If one accepts the modern notion of devotion to absolute national autonomy as the hallmark of nationalism, then nationalism could not have existed in either pre-Reformation Europe or in pre-nineteenth century East Asia. If, on the other hand, one accepts a more variegated view of early modern nationalism as a process involving the formation of feelings of loyalty to a state and shared political, cultural, and social identities, then questions of Chinese imperial or European papal ritual sovereignty fade into the background.

The question of the *Hua-Yi* world view seems a bit more complicated, at least in the case of Chosŏn Korea. Yang Sŏngji, in the quote I

---

38) See, for example, Anne McLaren, "Gender, Religion, and Early Modern Nationalism: Elizabeth I, Mary Queen of Scots, and the Genesis of English Anti-Catholicism," *American Historical Review* 170-3 (June 2002).

provided above, seems to accept that China was *Hua* and Korea was *Yi*. But the way that he demonstrates pride in Korea's long history and comparative stability suggests that for him *Hua* was a designation for China as a political and social entity and Yi was a designation for a non-Chinese entity rather than terms simply denoting "civilized" and "barbarian." In case of Yu Sŏngnyong, as I argued above he seems to have regarded both Ming China and Chosŏn Korea as civilized in contrast to the barbarian Jurchens and Japanese. Given that Yu was a disciple of Yi T'oegye, who had sharply criticized the Ming fascination with the Wang Yangming school and defended the transmission of the Way from Zhu Xi, Yu may very well have seen the Chosŏn as every bit as civilized as the Ming. In either Yang's or Yu's case, the *Hua-Yi* world view would not have been an impediment for the development of a sense of early modern nationhood in Chosŏn era Korea.[39]

---

39) This also suggests that the *So Chunghwa* (Korea as the last bastion of civilization) discourse of seventeenth and eighteenth century Chosŏn, which is commonly described as a Korean reaction to the conquest of China by the Jurchens cum Manchus, may have had its beginnings as early as the 16th century.

BIBLIOGRAPHY

Samguk sagi

Koryŏsa

Koryŏsa chŏryo

Anderson, Benedict, *Imagined Communities: Reflections on the Origin and Spread of Nationalism*, London: Verso, 1991.

Banac, Ivo, and Frank Sysyn, eds., "Concepts of Nationhood in Early Modern Eastern Europe," *Harvard Ukrainian Studies* 10:3-4 (1986).

Braddick, Michael J., *State Formation in Early Modern England, c. 1550 −1700*, Cambridge: Cambridge University Press, 2000.

Breuker, Remco, "The Three in One, the One in Three: The Koryŏ Three Han as a Pre-modern Nation," *Journal of Inner and East Asian Studies* 2: 2 (2005).

Canovan, Margaret, *Nationhood and Political Theory*, Cheltenham, Great Britain: Edward Elgar, 1996.

Chatterjee, Partha, *Nationalist Thought and Colonial World: A Derivative Discourse*, Minneapolis: University of Minnesota Press, 1993.

Duncan, John B., *The Origins of the Chosŏn Dynasty*, Seattle: University of Washington Press, 2000.

Duncan, John B., "Proto-nationalism in Pre-modern Korea," In Lee and Park, eds., *Perspectives on Korea*, Sydney: Peony Press, 1998.

Duncan, John, "The Impact of the Hideyoshi Invasions on Ethnic Consciousness in Korea," *Kyushu daiguku kankoku kenkyu senta nenbo* 6 (2007).

Duncan, John, "Imjin waeran ŭi kiŏk kwa minjok ŭisik ŭi hyŏngsŏng" (Historical Memories of the Imjin War and the Formation of Ethnic Consciousness) In Chŏng Tuhŭi, ed, *Imjin waeran: tong asia samguk chŏnjaeng*. Seoul: Humanisŭt'ŭ, 2007.

Em, Henry, *The Great Enterprise: Sovereignty and Historiography in Modern Korea*. Durham: Duke University Press, 2013.

Gat, Azar, *The Long History and Deep Roots of Political Ethnicity and Nationalism*, Cambridge: Cambridge University Press, 2013.

Gellner, Ernest, *Nations and Nationalism*, Ithaca: Cornell University Press, 1983.

Haboush, JaHyun Kim, "Constructing the Center: The Ritual Controversy and the Search for a New Identity in Seventeenth Century Korea," In JaHyun Kim Haboush and Martina Deuchler, eds., *Culture and the State in Late Chosŏn Korea*, Cambridge: Harvard University Press, 1999.

Han Young Woo et al, eds., Uri yet chido wa kŭ arŭmdaŭm. Seoul: Hyohyŏng ch'ulp'an, 1999.

Hirschi, Caspar, *The Origins of Nationalism: An Alternative History from Ancient Rome to Early Modern Germany*, Cambridge: Cambridge University Press, 2012.

Hobsbawm, Eric, *Nations and Nationalism since 1780: Programme, Myth, Reality*, Cambridge: Cambridge University Press, 1990.

Huh Dong Hyun(Hŏ Tonghyŏn), "Han'guk kŭndae esŏ ŭi tanil minjok sinhwa hyŏngsŏng kwajŏng," *Tongbuga yŏksa nonch'ong* 23 (2009).

Im Ch'ŏr-ho, *Imjin nok yŏn'gu*. Seoul: Chŏngŭmsa, 1986.

Im Ch'ŏr-ho, *Sŏrhwa wa minjung ŭi yŏksa ŭisik*. Seoul: Chimmundang, 1989.

Kang, Sienna, "National Disgrace: Korea, Japan and the Imjin War," *Columbia East Asia Review*.

Lockey, Brian C., *Early Modern Catholics, Royalists, and Cosmopolitans: English Transnationalism and the Christian Commonwealth*, Farnham, United Kingdom: Ashgate Publishing, 2015.

Kim Tonguk, "P'anbon'go: Han'gŭl sosŏl ŭi panggakpon ŭi sŏngnip e taehayŏ," In *Ch'unhyang chŏn yŏn'gu*. Seoul: Yonsei taehakkyo, 1983.

Kostantaras, Dean, "Empirical Advances in the Study of Early European Nationalisms," *History Compass* 13: 11 (2015).

Kumar, Krishan, *The Making of English National Identity*, Cambridge: Cambridge University Press, 2003.

Ledyard, Gari, "Cartography in Korea," In J.B. Harley and David Woodward, eds., Chicago: The University of Chicago Press, 1994.

Lee Hun-chang, "State Finance in the Early Modern Korea, 1652-1876," paper presented at the IV International Economic History Congress, Helsinki, Finland, August 2006.

McLaren, Anne, "Gender, Religion, and Early Modern Nationalism: Elizabeth I, Mary Queen of Scots, and the Genesis of English Anti-Catholicism," *American Historical Review* 170: 3 (June 2002).

No T'aedon, "Han'guk minjok hyŏngsŏng sigi e taehan kŏmt'o," *Yŏksa pip'yŏng* 21 (1992).

Pomeranz, Kenneth, "Teleology, Discontinuity and World History: Periodization and Some Creation Myths of Modernity," *Asian Review of World Histories* 1:2 (2013).

Schmid, Andre, *Korea between Empires, 1895-1919*, New York: Columbia University Press, 2002.

Shin, Gi-Wook, *Peasant Protest and Social Change in Colonial Korea*, Seattle: University of Washington Press, 1996.

Sin Yongha, "Han'guk minjok kongdongch'e ŭi hyŏngsŏng kwajŏng," 2009 (tongil.snu.ac.kr/pdf/090910/00 기조발제-한국 민족공동체의 형성과정-신용하.pdf).

Skillend, W. E., *Kodae sosŏl: A Survey of Korean Popular Style Novels*, London: School of Oriental and African Studies, 1968.

Stanbridge, Karen, "Krishan Kumar: *The Making of English National Identity*," *Canadian Journal of Sociology* (January-February 2004).

To Hyŏnch'ŏl. "Sŏae Ryu Sŏngnyong ŭi hangmun kwa kyesŭng: Ryu Sŏngnyong e taehan il sisŏn−17 segi Sŏnjo sillok kwa Sŏnjo sujŏng sillok ŭi kyŏngu," *T'oegyehak kwa yugyo munhwa* 55 (2014).

Yang Sŏngji, *Nuljae chip*.

Yi T'aejin. "Koryŏ hugi ŭi in'gu chŭngga youin saengsŏng kwa hyangyak ŭisul paltal," *Han'guk saron* 19 (1988).

Yu Sŏngnyong, *Chinsarok*.

Yu Sŏngnyong, *Kŭmp'o chip*.

Yu Sŏngnyong, *Sŏae sŏnsaeng munjip*, Translation from Choi Byonghyon, *The Book of Corrections: Reflections on the National Crisis during the Japanese Invasion of Korea, 1592- 1598*, Berkeley: Institute of East Asia Studies, 2002.

정호훈

전쟁의 경험과 반추

『懲毖錄』,『再造藩邦志』의 시선

Ⅰ. 머리말

일본과의 7년 전쟁이 끝난 후 조선에서는 이 전쟁의 경험을 정리하여 기록으로 남기는 작업이 여러 층위에 걸쳐 대대적으로 펼쳐졌다. 여기에는 전쟁의 당사자였던 정부, 전쟁에 참여했던 개인이 직접 진행한 경우도 있고, 시간이 조금 지난 뒤에 여러 자료와 증언을 수집하여 사후적으로 기록한 사례도 있다. 전쟁에 간여했거나 관심을 가진 주체들은, 그것이 정부이든 아니면 개인이든 전쟁의 경험을 그냥 넘기지 않았던 것이다. 기록을 통한 정리 작업은 대체로 17세기 전반에서 후반 사이에 집중적으로 나타난다. 이 때 만들어진 기록물들은 기록의 방식이나 취지, 의도, 주체에 따라 다양한 모습을 보인다. 정부의 성과로는 『新續三綱行實圖』 편찬을 대표적으로 꼽을 수 있다.[1] 『三綱行實圖』, 『續三綱行實圖』의 정신과 의도를 잇는다는 차원에서 만들어진 이 책은 전쟁 중에 이루어진 忠, 孝, 烈의 모범을 찾아 국가가 표창하려는 목적으로 간행되었다. 그러나 정부에서는 전쟁의 발발과 마무리에 이르기까지의 전 과정을 정리하고

---

[1] 이광열, 「光海君代《東國新續三綱行實圖》 편찬의 의의」, 『韓國史論』 53, 2007 ; 김혁, 「《東國新續三綱行實圖》의 구성과 편찬 과정」, 『書誌學報』 25, 2001 ; 오윤정, 「《東國新續三綱行實圖》와 관련 儀軌 硏究」, 『미술사연구』 25, 2011.

이를 역사적 감계로 삼는 기록물을 만드는 노력은 기울이지 않았다. 전쟁의 경험을 담은 기록은 대부분 특정 개인 혹은 가문의 후손들이 私的으로 남겼다.

개인이 남긴 전쟁 기록은 단순히 경험을 남기기 위한 것, 전쟁의 전개 과정과 대응 양상을 통해 전쟁을 반성하고 성찰하려는 것, 전쟁 자료를 통해 개인의 치적을 드러내고 이로써 국가·사회로부터 의 表彰을 이끌어 내려 한 것 등 다양하였다.[2] 전쟁이 끝난 직후 바로 저술된 것도 있고, 시간이 흐른 뒤 만들어진 경우도 있다. 대체로 전쟁 직후에 이루어진 것은 개인의 경험이 주된 자료가 되고, 시간이 흐른 뒤 만들어진 저술은 여러 자료, 견문, 사회적 의견을 취합하여 체계화한 특징을 갖는다. 전자에 비해 후자의 기록이 보다 객관적이고 포괄하는 범위가 넓기도 하지만, 모든 자료를 일률적으로 그렇게 규정하는 것은 어렵다. 개인 경험에 기초한 책자라 하더라도 직접적인 체험을 넘어 많은 자료를 객관적 으로 취합하여 정리한 경우도 있기 때문이다.

전쟁 직후에 나온 것으로는 류성룡의 『懲毖錄』,[3] 신흠의 『征倭志』, 이항복의 『壬辰錄』, 趙慶男의 『亂中雜錄』 등이 있다. 시간이 조금

---

[2] 기록을 통한 것은 아니었지만, 정치·사회적으로 전쟁의 영웅을 기억하고 포장하는 일은 임진왜란 끝난 이후 조선 사회에서 중요한 흐름을 보인다. 그 한 모습에 대해서는 정호훈, 「임진왜란과 조선 사회의 기억—元豪의 戰功과 조선 사회의 襃奬을 중심으로—」, 『역사와 실학』 39, 2009 참조.

[3] 『징비록』에 대한 연구는 다대하다. 여기에서는 근래 이루어진 번역서 두 권을 소개하고자 한다. 두 번역서는 자세한 번역과 해제를 통해 이 책의 성립, 구성, 역사적 의미 등을 꼼꼼히 살피고 있다. 이재호, 『국역 징비록』, 서애선생기념사업회, 2009(제4판) ; 김시덕 역해, 『교감·해설 징비록』, 아카넷, 2013.

흐른 뒤에 정리된 책으로는 申炅의『再造藩邦誌』, 찬자 미상의『宣廟中興志』등을 거론할 수 있다.『재조번방지』,『선묘중흥지』는 앞 시기에 나온 자료를 참조하고 활용하며, 자료의 폭 혹은 서술의 범위를 더 넓히려 한 모습을 보여준다.

이 글에서는 류성룡의『징비록』,『재조번방지』두 자료를 검토하며 17세기 전쟁에 관한 기록이 어떻게 나타나는가를 정리하고자 한다. 필자가 판단하기에『징비록』과『재조번방지』는 이 시기에 정리된 사적인 전쟁 기록 가운데 내용이 풍부하고 체계적이며, 포괄하는 범위가 매우 넓다.[4]『징비록』은 개인의 직접적인 경험에 기초하면서도 폭넓은 견문과 안목 위에서 전쟁을 종합적으로 고찰하려 했고,『재조번방지』는『징비록』과 여러 자료를 참고하면서 전쟁을 간접적으로 정리했다.[5] 그러면서도 두 책은 내용과 시각에서 명백히 대비되는 요소를 지니고 있었다. 두 책에서 나타나는 상충 요소는 서로가 처했던 당파적 정치적 시각과 밀접히 연관되어 있어 객관성을 상실하고 한쪽으로 치우치는 경향을 보이지 않는 것은 아니지만, 하나의 사건·국면을 다양하게 이해하고 또 그에 근거해서 현실을 이끌려 했던 이 때의 시대적 특징을 강하게 반영하

---

4) 김경수,「《재조번방지》의 사학사적 고찰」,『이순신연구논총』18, 2012, 가을.

5) 영조대 扈聖功臣인 沈岱가 경기감사로 재직 중 순절하였으므로 '贈諡旌閭' 하는 조치를 취하게 되는데, 이 과정에서 심대의 사적이『징비록』과『재조번방지』에 실려 있다는 사실이 하나의 근거로서 거론되는 것을 볼 수 있다. 두 책에 가진 위상이 어떠했던가를 알 수 있는 한 사례이다. (『承政院日記』영조 46년 4월 23일 庚午, "韓光會曰, 宣廟朝扈聖功臣贈領議政沈岱, 昔在壬辰, 以畿伯殉節, 其時事蹟, 昭載於懲毖錄及再造藩邦志, 先朝庚寅, 筵臣陳達, 特命贈諡旌閭, 而尙未擧行, 猶在本曹謄錄。今其奉祀孫呈單, 而年久之事, 一經稟裁然後, 可以擧行, 故敢達矣.")

고 있다고 할 수 있다. 두 책에 대한 검토는 이점에서 임진왜란에 대한 반성과 정리 방식의 차이를 살피는 것이자, 17세기 격동기를 흘렀던 사유의 大河를 멀리 떨어져 조감하는 일이 되기도 한다.

II. 기록과 반성 :
『징비록』과 『재조번방지』의 편찬과 유통

『懲毖錄』은 현재 4종이 남아 있다. 류성룡의 친필본인 『草本懲毖錄』[6]이 그 하나이며 16권으로 된 『懲毖錄』, 그리고 목판과 활자로 인쇄된 2권본 『懲毖錄』 등이다. 각 자료는 성립 연대, 그리고 싣고 있는 내용이 각기 다르고, 유통 시기도 상호간에 차이가 난다.

『초본징비록』은 류성룡이 고향 상주로 낙향하여 은거하던 1599년 이후 4~5년 사이에 것으로 이야기된다. 전쟁이 일어나기 전후의 사정, 전쟁의 발발과 진행, 그리고 전쟁의 종결을 주로 다루었다. 개인의 체험, 그리고 보고 들은 여러 사실들을 시간 순으로 혹은 주제에 맞추어 기록했다. 류성룡 종가에서 보관하던 이 자료는 일제 시기에 조선총독부에서 영인하여 보급하면서 세상에 공개되었다.

16권본 『징비록』은 초본이 撰述되고 50여 년이 흐른 1647년(仁祖 25) 경 류성룡의 외손 趙壽益에 의해 간행된 것으로 알려져 있다.[7]

---

6) 경상도 河回의 宗家에서 所藏하고 있었다. 1936년 조선사편수회에서 朝鮮 史料叢刊 제11집에 『草本懲毖錄』이라는 이름으로 영인하여 300부 한정으로 간행했다. 이때 영인을 간행하면서 책 앞에 목차를 부기하고 뒤에다가 해설을 붙여 놓았다.
7) 李宜顯, 『陶谷集』 권27, 「雲陽漫錄」 五十八則, "柳西厓成龍記壬辰事 名曰懲

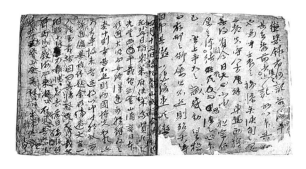

『草本懲毖錄』

그런데 16권본은 『초본징비록』을 포함하여 여러 자료를 포괄적으로 수록하고 있다. 전쟁 수행 사실을 담고 있는 기록, 그리고 전쟁기간 중 류성룡이 작성한 疏箚와 啓聞, 공문 등 공적인 자료를 묶은 기록으로 대분된다. 자료의 성격에 따라, 권별 책의 명칭도 다르게 붙였다. 권1부터 권16까지의 내용은 다음과 같다.

　　권1~2 : 懲毖錄－전란의 원인과 상황을 略述. 전전의 조·일 관계,
　　　　　 관군의 붕괴, 의병의 봉기, 한산도 해전, 명군의 來援, 강화
　　　　　 교섭과 전쟁의 종결.
　　권3~5 : 芹曝集－선조 25~29년까지의 軍國政務에 관한 箚와 啓文.
　　권6~14 : 辰巳錄－선조 25년과 26년 사이의 狀啓.
　　권15~16 : 軍門謄錄, 雜錄－류성룡이 都體察使로 재직할 당시인 선

조 28~31년까지 각도의 관찰사·순찰사·병사 등에게 通牒한 문
건을 수록.

말하자면 16권본 『징비록』은 '징비록'이라는 이름으로 전쟁의
전 과정을 정리하고, 이를 다시 확장하여 '징비록'이라는 책명 아래,
임진왜란과 관련된 류성룡의 자료를 일괄적으로 수집·정리한 자료
집이라 할 수 있다. 이와 같이 『초본징비록』을 포함하는 체재로
『징비록』을 간행하게 되는 사정은, 류성룡이 본래 그렇게 체재를
구성해두었는지, 아니면 간행 과정에서 후손들이 그렇게 정리했는
지는 자세하지 않다. 류성룡이 작성한 『징비록』의 서문으로 판단하
건대, 류성룡은 『초본징비록』과 여러 자료를 아우르는 자료집을
구상하고 있었던 것으로 보인다. 물론 이 계획에서 전쟁의 전개와
관련된 내용은 본문으로 삼고, 나머지 계(狀啓), 소(疏), 차자(箚子)
등은 부록으로 싣는다고 하여, 저술의 중심이 전쟁 상황의 정리에
있었던 것은 분명하다.

　이에 한가한 틈을 이용하여 내가 귀로 듣고 눈으로 본 바, 임진년
　(1592, 선조 25)으로부터 무술년(1598, 선조 31)에 이르기까지의
　일을 대강 기록하니 이것이 얼마가량 되었다. 또 狀啓, 疏, 箚子,
　文移, 雜錄을 그 뒤에 부록으로 덧붙였다.8)

---

8) 『懲毖錄』 自序. 1627년 정경세가 작성한 류성룡의 행장에도 문집과 『징비
　록』 외에 '芹曝集', '軍門謄錄' 등의 이름이 나타나지 않는 것을 보면, 『징비
　록』은 초기부터 하나의 자료로서 정리되어 있었을 수 있다. 행장의 내용은
　다음과 같다. "今有文集十卷·愼終錄·喪禮考證·永慕錄·懲毖錄等書藏於
　家."(『愚伏集』 20, 有明朝鮮國輸忠翼謨光國忠勤貞亮效節協策扈聖功臣 大

16권본 권1, 권2에 실려 있는 『징비록』은 초본 자료와 비교하면 여러 곳에서 변화가 보인다. 초본에 없는 내용이 첨가되기도 하고, 초본의 내용이 간략하게 정리되어 실려 있기도 하다. 16권본에 나타나는 이러한 변화는 어떤 경로를 거쳐 이루어지는지는 분명하지 않다. 『초본징비록』 이후 류성룡이 이를 재정리한 것일 수도 있고, 공간할 때 후손들이 첨삭을 했을 수 있다. 그런데 두 책의 변화가 일부 오탈자의 교정 차원에서가 아니라 내용의 변개 형식을 보이는 점으로 미루어 본다면 필자가 직접 수정 원고를 작성했을 수 있다.

목판과 목활자로 간행된 2권본 『징비록』은 내용이 일치하지는 않는다. 목활자본은 16권본 『징비록』과 같은 내용을 담고 있다. 언제 간행되었는지 그 시기는 분명하게 밝혀져 있지 않다. 목판본으로 된 2권본은 16권본의 권1, 2의 '징비록', 그리고 권16의 '雜錄'을 싣고 있다. 이것은 16권본을 활용한 재구성된 『징비록』이라 할 수 있는데, 『초본징비록』에서 다루는 내용의 범위가 확장된 것이다. 16권 이후에 간행되었을 가능성이 크다. 16권본에 비해 간편한 체재로 구성되었기에, 조선에서는 이 목판본 2권본이 널리 유통되었던 것으로 보인다. 일본에서 간행된 『징비록』도 이 2권본을 저본으로 했다.[9]

한편 『징비록』은 한글로도 번역되어 유통되었다. 누가 번역했는

匡輔國崇祿大夫 議政府領議政兼領經筵弘文館藝文館春秋館觀象監事世子師 豐原府院君西厓柳先生行狀) 이준이 작성한 행장에도 이 표현은 그대로 나온다.(『蒼石集』 권17, 西厓柳先生行狀, "辛未秋 配享于道南書院 平生詩文 先於兵火 今有文集十卷·愼終錄·永慕錄·懲毖錄等書藏于家.")

9) 김시덕, 앞의 책, 2013 참조.

지, 그리고 그 시기는 언제인지가 명확하지 않으나, 단정한 궁체로 쓴 필사본이 현존하고 있음을 볼 수 있다.

이번 연구에서 검토하는 자료는 2권본 『징비록』이다. 권1에는 1586년 일본국 사신 다치바나 야스히로(橘康廣)가 다이라노 히데요시(平秀吉)의 서신을 가지고 조선에 온 일부터 경상 충청도 등지에서 의병이 활발하게 일어나는 상황까지, 권2에서는 12월부터 이순신 사망할 때까지를 다루었다.

『재조번방지』는 申炅(1613~1653)의 저술이다.[10] 이 책의 後識에 따르면 1649년(인조 27)에 지은 것으로 되어 있다.[11] 그러나 신경 생전에 완전히 정리되지는 않았으며, 신경이 세상을 떠난 몇 해 뒤인 1659년(효종 10)에 장남 申以華가 갈무리를 했다.[12] 이 책이 세상에 처음 공개된 것은 영조 대 들어와서 였다. 1753년(영조 29) 영천에서 목활자로 제작한 4권 4책본이 간행되고 이듬해 史庫에 보관되었다.[13] 영조가 이 책에 큰 관심을 기울이면서[14] 필사로 전해져 오던 것을 간행해서 급기야 사고에까지 수장하게 되는 것이

---

10) 字는 用晦, 號는 華隱, 본관은 平山이다. 申欽은 할아버지, 申翊聖은 아버지가 된다.

11) 『再造藩邦志』의 後識. 기록자를 海東逋民이라 했다.

12) 『再造藩邦志』의 後識.

13) 규장각한국학연구원 소장본(奎4494)은 "癸酉仲秋 以活字印行于榮川郡"의 간기를 갖고 있어 榮川(지금의 경상도 榮州)에서 간행된 것임을 알 수 있다. 간년인 '癸酉'년은 이 책의 표지에 적혀 있는 "當宁 三十年甲戌(1754, 영조 30) 閏四月日 藏于史庫"라는 기록으로 미루어 본다면, 이 책이 史庫에 수장되기 바로 전 해인 계묘년 즉 1753년(영조 29)으로 볼 수 있다.

14) 『承政院日記』 영조 12년 9월 5일(병신) ; 『承政院日記』 영조 12년 9월 7일(무술) ; 『承政院日記』 영조 30년 12월 23일(정묘). 영조 30년에는 左議政 金尙魯의 요청으로 신경에게 특별히 '贈官'하는 조치를 내렸다.(『承政院日記』 영조 30년 12월 23일(정묘))

아닌가 싶다. 한글로 풀어쓴『직조번방지』도 있다.15) 모두 7책이다. 목활자본『再造藩邦志』가 나온 뒤에 편찬된 것으로 보인다.

신경은 할아버지가 신흠, 아버지가 申翊聖인데서 알 수 있듯, 당대 최고의 명문가에서 태어났다. 생장한 곳 또한 서울이었지만 관직에는 나아가지 않았다. 젊은 시절 愼獨齋 金集에게서 공부를 했으며,16) 泰安縣 白樺山, 그리고 강릉 등지에서 살았다.17) 호를 隱華로 지은 데서 드러나듯, 화려한 세상살이와는 담을 쌓고 지냈던 것으로 보인다.

이 책은 할아버지 象村 申欽이 지은『정왜지』, 그리고『징비록』과 『지봉유설』을 바탕으로 작성되었다. 그 외『列聖御製』·『攷事撮要』· 『東閣雜記』·『正氣錄』18)·『象村集』·『西厓集』등 30여 種에 이르는 다양한 자료를 활용했다. 신경은 이들 자료에서 片言隻字라도 취할 만한 것이 있으면 주목하여 모으고, 자신의 개인적인 의견은 붙이지 않으려 했다.

象村(申欽의 호)의 문고 가운데『征倭志』를 근원삼고 여러 사람의 문집 소설에서 비슷한 종류의 글을 모아서 책을 만들었다. 그 사이 에 咨·奏·章·疏의 번거로움이 있으나 삭제하지 않은 것은 그 변론을 자세하게 하려는 것이고, 거리의 이야기 같은 자질구레한 것을

---

15) 규장각한국학연구원. 청구기호 古4252.4-33.

16) 『愼獨齋全書』권18, 附錄, 門人錄. "申炅 號華隱, 貫鄕平山."

17) 『國朝人物考』권35, 休逸. 작성자는 洪柱世이다.

18) 임진왜란 때 전라도에서 의병을 일으킨 高敬命과 그의 아들 從厚의 활동을 기록한 책이다. 尹根壽, 李廷龜, 李德馨, 柳根 등이 쓴 서·발문을 붙여 광해군대에 처음 간행되었으며, 이후 여러 차례 重刊되었다.

286

오히려 기록한 것은 당시의 人情을 자세히 살피려는 것이다. 아아!
임진년의 화란이 참혹하였도다. 중국 군사가 아니었으면 나라가
없어졌을 것이고, 나라가 없어졌다면 우리들로 하여금 이같이 번성
하게 살 수 있을 것인가? 이는 필부필부라도 마땅히 여러 번 익히
읽어서 그 사실을 자세하게 알아 우리가 살아가는 것이 이 가운데서
얻은 것임을 깨달아야 할 것인데, 어찌 다만 신음하는 자의 소견거
리만 되고 말 뿐이겠는가? 이에 글씨를 빨리 쓰고 번역을 잘 하는
사람에게 부탁하여 한 통을 베껴서 여러 사람에게 알리는 것이다.[19]

　　말하자면 『재조번방지』는 집안에 내려오던 『征倭志』를 바탕으로
하여 이를 확대한 것이므로, 온전히 신경 본인만의 작품은 아니었다.
신흠의 시선에 자신의 생각이 덧붙여진 책이었다. 그렇다면 『征倭志』
는 어떤 자료인가? 『정왜지』라는 이름으로 된 독립서의 실물은 확인
되지 않는다. 다만 『象村稿』 권38, 39에 '지'라는 이름으로 실려 있는
자료가 이 책이 아닐까 추측하게 된다.[20] 『征倭志』라고 제목을 붙이
지는 않았지만, 실려 있는 내용에서 그렇게 유추할 수 있다. 이곳에서
는 '임진년에 왜구가 흔단을 일으킨 시종을 기록함[壬辰倭寇構釁始
末志]', '본국에서 무고를 당한 시종을 기록함[本國被誣始末志]', '본
국에서 병화를 입은 과정을 기록함[本國被兵志]', '여러 장군 병사가
전쟁 초기 패한 사실을 기록함[諸將士難初陷敗志]', '명나라에서 오
고 간 장군들의 이름[天朝詔使將臣先後去來姓名]' 등 임진왜란과
관련된 다섯 주제를 담고 있다.

---

19) 1649년에 海東逋民이 기록한 『再造藩邦志』의 後識.
20) 『象村稿』 권38~39.

신흠이 이 자료를 만든 것은 "중국 조정의 將官들이 왜적을 정벌한 사적을 찬집"하라는 선조의 명에 의해서였다. 본래 尹根壽가 이 일을 맡아 여러 해에 걸쳐 책을 만들었으나 쓸데없는 말들이 많이 들어 있다고 하여 폐기되고 신흠이 새로 만들었던 것이다. 신흠은 '征討에 관한 곡절과 장관들이 왕래한 연원과 병력과 군량의 다소를 거론하여 선조가 보기에 편하도록 만들어 바치고, 이후 임술년에 이르러 본래의 초고에 1592년에 두 나라 사이에 흔단이 일어나고 조선이 兵禍를 입게 된 사정을 첨가하여 전쟁의 본말을 대략 갖추어 볼 수 있도록 하였다.[21]

그런 점에서 이 책은 전쟁이 끝나고 시간이 한참 흐른 뒤에 여러 자료를 취합하여 편찬한 것이지만, 실상은 전쟁을 직접 경험한 고위 관료의 견해 위에 서 있는 것이라고 할 수 있을 것이다. 이점에서 본다면 이 책은 어떤 측면에서는 『징비록』과 공유하는 특성이 있다고 할 수 있다. 이 사실은 또한 『재조번방지』가 할아버지 신흠, 아버지 신익성으로 이어진 가계, 金集의 문인이라는 조건에서 볼 수 있듯, 17세기 서인의 정치 학문적 영향을 강하게 받은 책임을 알려 준다.

『재조번방지』에 기술된 내용은 전쟁 전, 전쟁 중, 전쟁 후의 세

---

21) 『象村稿』 권39, 識, "宣祖大王經筵官建白 令朝臣撰輯先後天朝將官征倭事蹟 海平府院君尹根壽掌其事 更屢歲未就 及袞次成書以進 宣廟以多浮辭 令從實 纂出 而欽受其命 乙巳春 完粹奏御 蓋擧其征討曲折 將官往來年月 兵糧多少 以便一時睿覽而已 其詳則國乘存 正本則已藏於天上 家有留草 而自癸丑遭禍 身罹放竄 未暇考閱 辛酉夏 蒙有賜環 復歸田間 尋理書籍 得見此稿 夫壬辰之 變 實繫國家否運 而幸以傾否者 唯賴宣祖大王至誠事大之效 天朝覆露之迹 悉具於茲簡中 寔不可不傳 以爲當世文獻之徵也 征倭事蹟之外 添壬辰搆釁 洎被兵始末者 欲粗備端倪云爾 歲壬戌中秋 玄翁書于黔浦之枕雲亭."

시기로 삼분하여 살필 수 있다. 권1에서는 1577년(선조 10)부터 1592년 6월까지의 기록이다. 전쟁이 일어나기 전의 조선 상황을 기록하고 있다. 권2와 권3은 전쟁 중의 사실을 담고 있다. 권4는 전쟁 후의 기록이다. 1607년까지 일어났던 일을 정리하고 있음을 유의할 수 있다. 각 권별 내용은 다음과 같다.

　　권1 : 1577년~1592년 6월 사이 16년간의 기사.
　　권2 : 1592년 6월~1593년 9월 사이 2년간의 기사.
　　권3 : 1593년 10월~1597년 사이 5년간의 기사.
　　권4 : 1597년 9월~1607년 사이 11년간의 기사.

　이상 살핀 내용을 간략히 정리해보면, 『재조번방지』는 『징비록』에 비해 담고 있는 내용이 풍부하다. 이점은 두 책 사이에 보이는 형태상의 차이다. 이와 더불어 주목하게 되는 점은 사실의 평가에서 볼 수 있는 두 책의 견해 차이다. 두 책은 同一 사안을 동시에 기록하고 있기도 하고, 또 책 별로 다른 책에서는 찾아볼 수 없는 독자적인 내용을 담고 있어, 서술의 특징을 단순하게 정리할 수는 없지만, 동일 사안에 대한 기록에서 사실 관계가 다르고 또 평가에서 차이를 보이기도 했다. 다음 장에서 이 점을 자세히 살피도록 한다.

Ⅲ. 서로 다른 기억과 서술, 그리고 평가

　『징비록』과 『재조번방지』는 그 서술 주체의 성격, 그리고 서술

시기가 다르다. 다루고 있는 내용도 많이 다르다. 두 책에서 나타나는 차이는 근본적으로 서술 주체의 성격이 다르기 때문일 것이다. 『징비록』은 전쟁을 직접 수행한 인물이 자신의 경험에 기초하여 전란과 관련된 내용을 정리했다. 집필 과정에서 다양한 참고 자료를 활용했겠지만, 집필의 바탕이 된 기본 자료는 자신의 직접적인 견문과 경험이었다. 임진왜란과 시간상 그렇게 멀리 떨어지지 않은 시점에서 정리했다는 점도 이 책의 특징이었다.

『재조번방지』는 전쟁이 마무리된 이후 적지 않은 시간이 흐르고 나서 정리되었다. 전쟁 후 정치 사회적 복구가 어느 정도 진전되고, 전쟁을 둘러싼 평가가 전 사회적으로 많이 진전된 상황에서 나왔다고 할 수 있다. 신경 개인의 저술이지만, 그가 이 책에서 행한 기록과 평가에는 보다 확장된 시선과 경험들이 착종되어 있을 수 있다. 두 책은 서술 범위, 기술 방식, 그리고 기술의 내용에서 상당한 차이를 보인다.

1. 전쟁 전의 기록

1) 1590년의 통신사행 결정에 대한 여론

1590년 봄, 조정에서 통신사를 보내기로 결정을 하자 길주에 귀양가 있던 조헌이 일본과 통화하는 것은 불가하다는 내용의 상소를 올렸다. 이 사실과 상소의 내용을 『再造藩邦志』에서는 자세히 실었다. "속임수에 빠져 동맹을 요구하는데 응하는가" "사신의 교환은 우리나라의 산천의 지형 지세와 도로의 원근을 알아서 우리의 땅을 유린하자고 하는데 불과하다"[22]는 내용이었다. 『懲毖錄』에서 이 내용은 언급하지 않았다.

2) 1591년 3월, 통신사행의 정세 보고

황윤길, 김성일 통신사행의 정세 보고에 대한 기술은 두 책에서
큰 차이를 보인다. 황윤길이 전쟁의 위험성을 경고했다면 김성일은
이를 부정했다. 이때 류성룡, 이산해 등이 참여하고 있던 조정의
의견은 황윤길의 의견을 긍정하는 쪽과 김성일의 의견을 따르는
쪽으로 양분되었다. 『재조번방지』는 류성룡이 김성일의 주장을
지지했다고 기록했다. 반면 『징비록』에서는 류성룡이 김성일을
지지했다고 서술하지 않았다. 오히려 류성룡이 김성일에게 황윤길
과 충돌하는 내용으로 보고를 한 이유를 물었다는 점이 기술되었다.

> 통신사 일행이 신묘년(1591, 선조 24) 3월에 부산으로 돌아와서
> 그간의 사정을 馳啓하여, '반드시 兵禍가 있을 것이다.' 하였다.
> 復命하고 나서 왕이 인견하여 물으니, 황윤길은 처음과 같이 대답했
> 으나, 김성일은, "신은 이런 망극한 징조가 있음을 보지 못하였습니
> 다."라고 하고, 황윤길의 말을 인심을 동요시키는 것으로서 옳지
> 않다고 하니, 柳成龍은 김성일의 주장을 지지했다.[23]

> 이에 의론하는 사람들이 어떤 이는 윤길의 말을 지지하고 어떤
> 이는 성일의 말을 주장하였다. 내(류성룡-필자 주)가 성일에게 묻기
> 를 "그대의 말은 黃使와 같지 않으니 병화가 있게 되면 장차 어찌할

---

22) 『再造藩邦志』 권1.
23) 『再造藩邦志』 권1.

것인가?"하니 그는 "나 역시 어찌 왜적이 끝내 動兵치 않을 것이라고 단언하겠느냐만 다만 황윤길의 말이 너무 지나쳐 중앙과 지방의 인심이 놀라 당황할 것이므로 이를 풀고자 했을 뿐이다."라고 했다.[24]

조선이 전쟁 대비를 제대로 하지 못하고 일본군에게 처참하게 무너진 것은 김성일의 잘못된 보고 때문이라는 『재조번방지』의 서술은 신흠의 의견[25]을 충실히 반영한 것으로 보이는데, 이러한 생각은 1650년을 전후한 시기 이를테면 안방준의 임진왜란 관련 기사를 통하여 상당히 구체화되며 확산되었던 것으로 보인다.[26] 김성일을 둘러싼 『징비록』과 『재조번방지』의 서로 다른 평가는 임진왜란의 김성일 책임론이 만들어지고 유포되는 과정을 이해함

---

24) 『懲毖錄』 권1. 『鶴峯集』 附錄 권3, 言行錄에서는 『懲毖錄』의 이 내용을 그대로 싣고 있다. 정세를 오판하여 전쟁을 미연에 대비하지 못했다는 세간의 공격을 피해나감에 크게 도움을 받을 수 있는 내용이었다. "辛卯春通信使黃允吉金誠一等回自日本 允吉還泊釜山 馳啓情形 以爲必有兵禍 旣復命 上引見而問之 允吉對如前 誠一曰 臣不見其有是 因言允吉動搖人心 非宜 於是議者 或主允吉 或主誠一 余問誠一曰 君言與黃使不同 萬一有兵 將奈何 日吾亦豈能必倭終不動 但黃言太重 中外驚惑 故解之耳 出柳西厓懲毖錄."
25) 이는 다음 기록에서 확인할 수 있다. 『象村稿』 권30, 申汝櫓傳, "至許遣使使廻 副价金誠一 謂賊必不動兵 廟堂恃以無憂 如以賊爲狡獪難測者 則至曰待外夷當以誠信 何乃爾耶 於是人莫敢言.";『象村稿』 권33, 備倭說, "通信使黃允吉之逈 其逆節已什八九萌 而副使金誠一以爲必不來 朝廷信之 姑息玩愒 不選一將 不鍊一兵 而賊已渡海矣 (중략) 兵火之慘 自有載籍所未覩聞也." 그런데 신흠의 의견은 『宣祖實錄』(권27, 선조 25년 6월 28일 丙辰)의 기록과 대비된다. 여기에서는 "誠一以通信使往日本 初還言 倭賊必不來此 則其智有所未及而然耶 同時使臣如黃允吉許筬 或言其必來 或言其難保其不來 而誠一獨言其不來 誠可怪也."라고 기록했다.
26) 여기에 대해서는 安邦俊이 작성한 「壬辰記事」(『隱峯全書』 권6) 참조.

에 많은 시사점을 던진다고 보아야 되겠다.

3) 명과 전쟁을 벌이겠다는 일본의 國書에 대한 조선 정부의 대응

통신사를 통해 '명나라를 칠 것이니 조선은 길을 비켜 달라'는 일본의 國書를 받아 본 이후 조선에서는 이 사실을 중국에 알릴 것인가의 여부를 두고 논쟁을 벌였다. 『재조번방지』에서는, 黃廷彧·尹斗壽의 알려야 한다는 주장과 이를 반대하는 李山海의 발언을 기록한 뒤, 류성룡은 영의정 이산해의 견해를 좇았다고 기록했다.

> 우의정 류성룡은 아뢰기를, "일이 있어 이웃 나라에 왕래하는 것은 국가로서 없을 수 없는 것이니, 일이 있으면 아뢰는 것이 의리에 무엇이 해가 되겠습니까. 다만 모든 일을 생각하지 않고 행하면 엉성해짐을 면하지 못할까 두렵습니다. 領相의 말이 옳습니다."라고 했다.27)

『징비록』의 기록은 이와는 정반대이다. 『징비록』에서는 명나라에 이 사실을 알려야 한다는 류성룡과 이를 반대하는 이산해의 대립된 의견을 제시하고,28) 조정에서 류성룡의 의견에 찬동하는 사람이 많아서 김응남 등을 보내어 사실을 알리도록 했다고 기록했다.

---

27) 『再造藩邦志』 권1.
28) 『懲毖錄』, "余謂 當卽具由 奏聞天朝. 首相以爲 恐皇朝罪我私通倭國 不如諱之. 余曰 因事往來隣邦 有國之所不免 成化間 日本亦嘗因我 求貢中國 卽據實奏聞 天朝降勅回諭 前事已然 非獨今日 今諱不聞奏 於大義不可 況賊若實有犯順之謀 從他處奏聞 而天朝反疑我國同心隱諱 則其罪不止於通信而已也."

지금 사실을 숨기고 알리지 않는다면 大義에도 옳지 않을 뿐만 아니라, 적이 침범할 계획을 가지고 있다는 사실을 명나라가 알게 된다면 우리가 왜국과 공모하여 숨기는 것으로 의심할 것이며 그렇게 되면 그 죄는 통신했다는 그것만으로 그치지 않을 것입니다.[29]

두 책 사이에 나타나는 이러한 사실 관계의 불일치는 공식 사서에서도 나타난다. 선조실록에는 이 사안을 두고 논쟁을 벌인 사실 자체가 실려 있지 않다. 선조수정실록에는 1591년 4월, 황정욱, 윤두수와 이산해 간의 의견 충돌이 있어 결정을 하지 못했다가, 뒷날 선조가 주문하는 것이 옳다고 결정을 하여 그렇게 하기로 했다고 기록하고,[30] 이해 5월자 기사에서는 李山海·柳成龍·李陽元 세 대신이 국서의 내용을 주문하지는 않되, 일본의 정세를 중국에

---

29) 『懲毖錄』 권1. 정경세가 작성한 류성룡의 행장에도 이 내용이 실려 있다. "通信使黃允吉等回自日本 倭酋平秀吉書有一超直入大明國之語 公謂當卽具奏 領議政李山海以爲皇朝若以交通罪我則無說矣 不如匿之 公曰使价往來 有國之所不免 成化間 日本因求貢中國 卽據實奏聞 天朝降勅回諭 前事則然矣 今見此書而諱不以聞. 非徒於義不可. 倭若實有犯順之謀. 而天朝由他國聞之. 則其疑我必深. 而愈無以自說矣. 遂建白具奏. 時福建人許儀後, 陳申被擄在倭中. 已密報倭情. 琉球亦遣使報聲息. 而我使未至. 朝廷疑我貳於倭. 獨閣老許國曾以詔使來. 知我國至誠事大. 保其必不反. 未久而奏至. 皇上甚嘉之. 賞賚加厚"(『西厓年譜』 권3, 附錄 ○ 行狀, 「有明朝鮮國輸忠翼謨光國忠勤貞亮効節協策扈聖功臣. 大匡輔國崇祿大夫議政府領議政兼領經筵, 弘文館, 藝文館, 春秋館, 觀象監事. 世子師. 豐原府院君西厓柳先生行狀)

30) 『宣修實錄』 권25, 24년 4월 1일(병신), "遂以倭情 奏聞天朝當否議之 大臣以下皆難之 斗壽曰 事係上國 機關甚重 殿下至誠事大 天日在上 豈可隱諱 臣意當直上聞爲是 李山海曰 正恐奏聞後 天朝反以我通信倭國爲罪故也 兵曹判書黃廷彧如斗壽議 餘如山海言 不決以罷 後日更議 上斷以奏聞爲是 大臣亦不敢貳."

294

보고하는 정도로 처리하자고 건의하는 내용을 싣고 있다. 이날 논의에서는 김응남을 하절사로 보내어 일본의 정세를 알리기로 결정했다.31) 선조수정실록의 기사는 국서를 알리려는 문제를 두고 논의가 양분되었음을 보여주지만 『징비록』이나 『재조번방지』의 내용을 온전히 확인할 수는 없다. 다만, 1591년 5월자 기사에서는 柳根의 말을 빌려, 류성룡이 중국에 국서의 내용을 알리는 것은 대의에 맞지만, 일본이 쳐들어올지 알 수 없는 상태에서 실상이 없는 말로 알려주면 중국을 驚動시키고 또 이웃 나라인 일본에 깊은 원한을 사게 될 것이니, 옳지 못하다고 했음을 기록하고 있다.32)

또 같은 해 가을에 奏請使 韓應寅, 서장관 辛慶晉, 질정관 吳億齡을 보낸다는 사실을 실었지만,33) 그것이 어떠한 과정을 거쳐 나온 결정이었는지는 구체적으로 밝히지 않았다. 한편 윤근수는 하절사 김응남이 돌아온 뒤 禮部에 移咨한 일로 인해 田里로 방환되었다.34)

『재조번방지』나 『징비록』의 기록은 일본의 국서를 둘러싼 조선 조정의 논의를 보여주는 귀한 자료이지만, 실제 그 실체를 아는 것은 분명하지 않은 것이다. 『재조번방지』의 기록은 서인들이 공유하는 내용이었다. 18세기 전반 이의현은 『징비록』이 이 사정을

---

31) 『宣祖修正實錄』 권25, 24년 5월 1일(을축).
32) 『宣祖修正實錄』 권25, 24년 5월 1일(을축), "根曰 臣於內醫院 適聞左議政柳成龍之言 則以爲大義所在 雖不得不奏 秀吉狂悖 必不能稱兵入犯 而我在至近之地 不可橫受其禍 況聞使臣之言 則謂必不發動 雖發不足畏 若以無實之言 一則驚動天朝 一則致怨隣國不可也 至於通信一事 直爲奏聞 萬一天朝盤問 則亦必難處 如不得已 則似聞於被擄逃還人爲辭 庶或可也."
33) 『宣祖實錄』 권25, 24년 10월 24일(병진).
34) 『宣祖實錄』 권25, 24년 11월 2일(갑자).

잘못 기록하고 있음을 힐난하고, 당시 조정에서는 이 문제를 두고 서인과 동인의 당론으로 나뉘어져 대립했다고 했다.[35] 이의현이 보기에, 이 사안은 기록자의 시선을 넘어서는 역사적 실체였으나, 『징비록』은 그것을 제대로 기록하지 않은 점에서 문제가 심각했다.

2. 전쟁의 수행 과정－인물과 상황

전쟁의 수행 과정에 대한 『징비록』과 『재조번방지』의 초점은 많이 다르다. 두 책 모두, 전쟁이 발발하는 과정, 일본국의 부산포 착륙 이후 한양이 함락될 때까지의 과정, 의병들의 역할, 평양과 의주쪽으로의 피난, 명나라 군대의 지원, 강화에 이르기까지의 정세 변화 등 중요한 사안들을 시간 순으로, 혹은 사건 순으로 정리하고 있으나, 어떤 국면에서는 서술 내용과 방향이 첨예하게 대립되는 모습을 보인다. 이 경우, 동일 사안을 두고 다른 내용으로 서술하기도 하고, 서술의 비중을 달리하기도 한다. 몇 가지 중요한 점을 중심으로 이를 살핀다.

---

35) 李宜顯,『陶谷集』권27,「雲陽漫錄」五十八則, "且當秀吉嫚書之至 西厓與李山海俱在廟堂 欲爲欺隱天朝 尹梧陰斗壽力請奏聞 黃芝川廷彧亦極言之 此則世所共知也 懲毖錄 乃以爲己則欲奏 而朝議不一 余嘗疑之 後見朴錦溪東亮所著寄齋雜記 其中有辛卯史草 以爲倭書初到 柳成龍以爲決不可奏 尹黃諸公以爲不可不奏 朴公東賢又以奏聞爲當 尹黃朴公 皆是西人 故此事便成黨論 東人皆主勿奏之議 西人力持奏聞之論 互相詆斥 此乃錦溪珥筆出入時 所目觀而記之者 豈非可信之公案乎 卒之宣廟從尹公之議 終以奏聞 見獎於天朝 出兵來援 亦以此也 若論重恢之功 此當爲首 故西厓公然攬取 欲以厚誣後人 誠可痛也 鄭愚伏經世撰其行狀 備載此事 盛加稱道."

1) 金誠一에 대한 평가

두 책에서 큰 시각 차이를 보이는 사안 중의 하나가 김성일에 대한 서술이다. 김성일은 전쟁 전 통신사 때의 일로 인하여 늘 논란의 중심에 있었는데, 전쟁을 전후하여 또 여러 일을 맡아 수행했다. 전쟁이 일어나자 그는 승지로 있다가 경상우병사를 맡아 경상도에서 일본군과 직접 대적했으며,36) 그 과정에서 통신사 당시 정세를 잘못 보고하여 國事를 그르치게 했다는 이유로 체포되어 서울로 압송되는 상황에 놓이기도 했다.37) 이런 일련의 사건에 대해 『징비록』이 우호적인 태도를 취했다면 『재조번방지』는 크게 비판적이었다. 우선, 전쟁 직전 경상우병사 조대곤을 해임하고 김성일로 이 일을 대신하게 했는데, 『징비록』에서는 비변사가 그가 儒臣임을 들어 반대했다는 점을 거론했고, 『재조번방지』에서는 그가 '일본이 침략하지 않을 것이라 말했기 때문'임을 강조했다.

> 경상우병사 曹大坤을 교체하고 특지를 내려 승지 김성일로 이를 대신하게 했다. 비변사에서 김성일은 儒臣이므로 변방 장수의 임무를 맡기기에 적합하지 않다고 했지만 임금이 윤허하지 않았다.38)

---

36) 『宣祖修正實錄』 권26, 25년 3월 3일(癸亥), "以金誠一爲慶尙右兵使 時曹大坤以老病被遞 特旨以金誠一代之."

37) 『宣祖修正實錄』 권26, 25년 4월 14일(癸卯), "命逮慶尙右兵使金誠一鞫問 未至釋之 還爲本道招諭使 以咸安郡守柳崇仁代爲兵使 先是 上以誠一前使日本還 言賊必不能來寇 以懈人心 誤國事 命遣義禁府都事拿來 事將不測 俄有誠一遇賊交鋒狀奏 柳成龍言誠一忠節可恃 上爲霽怒 有是命."

38) 『懲毖錄』 권1. 이 내용은 『선조수정실록』에도 그대로 나온다. 『宣祖修正實錄』 권26, 25년 3월 3일(癸亥), "以金誠一爲慶尙右兵使 時曹大坤以老病被遞 特旨以金誠一代之 蓋誠一常言 倭必不來 寇亦不足憂 又箚論嶺南築城練卒之弊 慶尙監司金睟狀啓云 築城之役 由道內士大夫厭其煩弊 鼓出異議 爲此沮抑

승지 김성일을 특명하여 曹大坤을 대신하여 慶尙右兵使를 삼았으니, 조대곤이 나이 늙어 용맹이 없고 김성일은 일찍이 왜가 반드시 오지 않을 것이라고 말하였기 때문이었다.[39]

김성일의 행동이 논란이 된 것은 부산포에 상륙한 일본군에 대한 정세 보고였다. 경상 좌수사 박홍과 우병사 김성일의 장계가 동시에 올라왔는데, 두 내용은 각기 달랐다. 『재조번방지』에서는 두 사람의 보고 요지를 그대로 싣고, 조정에서 김성일의 의견을 따랐음을 강조했다. 안일 무사하고 능력 없는 김성일의 모습이 부각된다.

17일 이른 아침에야 경상 좌수사 朴泓과 우병사 김성일 등의 장계가 비로소 들어왔다. 박홍의 장계에는 다만, "높은 데에 올라서서 바라보니 붉은 깃발이 성에 가득 찼으니 이것으로써 부산이 함락된 것을 알 수 있습니다." 하였고, 김성일의 장계에는, "적의 배가 4백 척이 되지 않고 한 배에 실은 수효가 수십 명에 지나지 아니하니 모두 합해야 1만에 차지 아니합니다." 하였다. 김성일의 보고가 올라오자 조정에서 그렇게 믿었다.[40]

『징비록』에서는 이에 대해서 박홍의 장계만 거론했다. "4월 17일 아침에 처음으로 변경의 보고가 도착했다. 좌수사 박홍의 장계였다", "박홍의 장계에는 높은 곳에 올라 바라보니 성안에 붉은 깃발이

上以此 不直誠一所論 遂有是除 備邊司啓以誠一 儒臣 不合此時邊帥之任 不允."
39) 『再造藩邦志』.
40) 『再造藩邦志』.

가득하였으므로, 이로써 성이 함락되었다는 것을 알았습니다."라는 내용이다. 김성일의 보고 내용은 전혀 기록하지 않았는데, 이것이 의도적이든 그렇지 않든, 『재조번방지』와는 분명 대비되는 모습이다.

전쟁 중에 김성일은 통신사 시절, 전쟁의 발발 가능성을 제대로 살피지 못했다는 점이 문제가 되어 체포되었다. 압송되다가 다시 경상우도 招諭使로 임명되었다.[41] 『재조번방지』는 이 일을 두고 그가 죄값을 갚도록 하기 위한 것이라고 했다.[42] 반면 『징비록』에서는 체포당하는 과정을 담담하게 서술하는 한편으로, 체포될 때 김성일이 충신의 모습을 보인다고 묘사했다.

김성일은 흩어진 병사들을 불러 모으고 각 군현에 격문을 보내어 서로 연계하여 적을 막으려는 계책을 실행하려 하였다. 그런데 임금이 김성일이 전에 일본에 사신 갔다 와서는 적이 쉽사리 오지 못할 것이다라고 말한 바람에 인심을 해이하게 하고 나랏일을 그르쳤다는 이유로 의금부 도사를 파견해서 그를 체포하여 오라고 명했으므로 사태가 어떻게 될지 예측할 수 없었다. 감사 김수는 김성일이 체포된다는 말을 듣고 길 위에서 만나 작별을 고하였다. 김성일은 언사와 안색이 강개하고 자기 일에 대해서는 한마디도

---

41) 『宣祖修正實錄』 권26, 25년 4월 14일(癸卯).
42) 『再造藩邦志』, "이때 적의 경보가 날로 급하여 임금이 특별히 의금부 도사를 보내어 경상도 우병사 金誠一을 잡아 올려 일이 장차 어찌될지 몰랐더니 잡혀서 稷山까지 이르자 임금의 노여움이 차차 풀리어 죄를 용서하고 右道招諭使를 삼아서 그로 하여금 도내 인민에게 타일러서 군사를 일으켜 적을 쳐서 그 죄를 갚게 하고".

없이 오로지 온힘을 다하여 적을 토벌하라고 김수를 격려할 뿐이었다. 이 모습을 본 하자용이라는 늙은 아전이 자기 자신의 죽음을 걱정하지 않고 오직 나랏일만을 걱정하니 참된 충신이구나 하고 감탄하였다.[43]

김성일과 관련하여 나타나는 두 책의 차이는 김성일에 대한 두 저자의 시각 차이에서 오는 것만은 아닐 것이다. 서인들이 김성일에 대해 갖는 비판적인 의식, 그리고 류성룡과 김성일의 우호적인 관계가 여기에는 깊이 개재하고 있었을 것이다. 류성룡과 김성일의 긴밀한 관계는 선조수정실록의 기록에도 반영되어 있는 것으로 보인다. 이곳에서는 체포되어 압송되던 김성일이 풀려나 다시 초유사가 된 것은 류성룡이 선조를 설득했기 때문이라고 기록해 두었다.[44] 선조실록에는 이런 내용이 없다.

2) 진주성 전투와 金千鎰에 대한 평가

명나라 군대가 참전하며 일본군과 싸우고 또 조선 각지의 의병과 관군들의 승전이 이어지면서 일본군은 상당한 곤란을 겪게 된다. 이제 전쟁은 또 다른 고비로 접어들게 되는데, 이때 일어난 큰 사건이 1593년 7월의 진주성 전투였다. 일본군은 진주성을 함락시키

---

43) 『懲毖錄』. 『초본징비록』에는 이 내용이 없으나 간행본에는 추가되어 있다. 이 부분을 추가함으로써 류성룡은 국가에 대한 김성일의 충심을 강조했다.(김시덕 역해, 『징비록』, 아카넷, 2013, 171쪽)

44) 『宣祖修正實錄』권26, 25년 4월 14일(계묘), "命逮慶尙右兵使金誠一鞫問 未至釋之 還爲本道招諭使 以咸安郡守柳崇仁代爲兵使 先是 上以誠一前使日 本還 言賊必不能來寇 以懈人心 誤國事 命遣義禁府都事拿來 事將不測 俄有 誠一遇賊交鋒狀奏 柳成龍言誠一忠節可恃 上爲霽怒 有是命."

고 이곳을 거점으로 호남으로 진출하려는 의도로 엄청난 화력을 쏟으며 이곳을 공격했다. 이때, 진주성은 목사 徐禮元, 판관 成守慶, 창의사 金千鎰, 경상 병사 崔慶會, 충청 병사 黃進, 좌도의병장 張潤 등이 지키고 있었는데, 중과부적으로 성이 함락되고 김천일은 항전하다가 아들과 함께 자살했다.[45] 호남으로 가는 길목이었기에, 진주성이 함락된 것은 조선으로서는 엄청난 손실이었다. 이후 명군은 조선에서는 남원을 지키는데 큰 힘을 쏟았다. 진주성 전투와 김천일에 대한『징비록』과『재조번방지』의 기록은 판이하다.

『징비록』에서는 김천일에 대해 크게 비판적이었다. 김천일이 군사를 잘 알지 못하면서 고집을 부리고, 목사 서예원과 충돌하며 主將과 客將의 위치를 뒤흔들어 명령이 무너졌기 때문에 대패했다고 보았다.

김천일이 지휘하는 병사들은 모두 한양 거리에서 모은 자들이었으며 김천일 역시 군사를 알지 못하면서 자기 고집이 매우 심하였다. 그리고 김천일은 서예원과 사이가 나빠 주장과 객장이 서로 시기하고 명령이 서로 어긋났기 때문에 크게 진 것이다. (중략) 성안 사람들이 가시나무를 묶고 돌을 던지며 온 힘을 다하여 성을 방어하자 적이 조금 물러났는데, 김천일의 부대가 북쪽 문을 지키다가 성이 이미 함락되었다고 착각하고는 먼저 무너져 버리니, 적은 산위에서 김천일 부대가 무너지는 모습을 보고는 일제히 성벽을 기어올라왔다. 이에 여러 부대가 크게 어지러워지고 김천일은 촉석루에서 최경회와 손을 맞잡고 통곡하며 강물로 뛰어 들어

45)『宣祖實錄』권40, 26년 7월 16일(戊辰).

전사하였다.[46)

반면『재조번방지』에서는 김천일이 "호남은 우리 나라의 근본이요, 晉州는 실로 호남의 방패이니, 진주를 지키지 못하면 이는 바로 호남을 없애는 것이다." 하고, 여러 장수와 더불어 사수하기를 다짐하는 모습을 보이는 한편으로, 진주성의 함락이 불가항력이었음을 드러내었다. 그의 죽음 또한 장렬하게 묘사했다.

> 25일 적이 성안에다 불을 던지는 바람에 연소된 가옥들이 매우 많고 화염이 충천하니, 성안의 사기가 꺾이고 서예원은 겁에 질려 당황하여 호령이 전도되고, 더구나 김천일과 더불어 서로 용납되지 못하여 주객이 불화하였다. (중략) 군중에서 급히 張潤을 假守로 삼아 예원의 직무를 맡게 하자, 온 군중이 약간 안정되었다. (중략) 성안은 이미 기운이 빠지고 외부의 지원군이 이르지 않은 상태인데 적은 자주 군사를 더하여 급히 공격하여 아우성 소리가 천지를 진동시켰다. 때마침 하늘이 큰 비를 내려 성첩이 쉽사리 뭉개지니, 적병은 개미 떼처럼 기어오르고 성안에는 화살과 돌이 없어져 한갓 竹木으로 찌르고 내리칠 뿐이었다. 장윤이 서예원을 대신하여 성안을 순시하다가 달아나버리니, 적이 드디어 온통 에워싸고 올라왔다. (중략) 조금 있다가 적도가 닥쳐오는지라, 천일이 최경회와 더불어 손을 잡고 통곡하고 함께 북쪽을 향하여 재배하고 먼저 병기를 물속에 버리고 그 아들 상건과 서로 안고 다락 아래 깊은

---

46) 『懲毖錄』 권2.

물속에 몸을 던져 죽었다.[47]

김천일에 대한 『징비록』의 기록은 당시 여러 사람들에게 논란이
되었다. 택당 이식과 안방준이 대표적인 인물인데, 이들은 『징비록』
에서 진주성 싸움의 패배를 김천일에게만 돌린 것은 이해할 수
없다는 반응을 보였다.[48] 안방준은 「晉州敍事」[49]라는 글을 지어,
김천일의 죽음이 절의의 의로운 행위임을 증거하고자 했다.[50]

3) 이순신에 대한 평가

『징비록』이나 『재조번방지』 모두 이순신을 높이 평가하고 있다.
이순신의 공적은 누구나 인정하는 일이었기에 이는 자연스러운
모습이라 할 수 있다. 그러나 두 책이 이순신을 대하는 태도는
무척 다르다. 『징비록』에서 이순신의 활약상, 이순신이 차지하는
비중은 매우 높다. 16권본 『징비록』의 권2를 이순신으로 마무리하
는 것은 그 단적인 모습이다. 류성룡은 "이순신의 자는 汝海이고,
본관은 德水이다"로 기필하며 그의 생애를 개관하고, 전쟁 중에

---

47) 『再造藩邦志』.
48) 『澤堂別集』 권18, 與安牛山, "西崖懲毖錄以爲晉州之陷 全由於金倡義失策
又謂死時痛哭若畏死者然 何耶 史則極贊之 而外史却如此 可怪可怪";『隱峯
全書』 권3, 答李汝固問目, "晉州之陷 西崖以爲全由於金倡義失策云者 晉州
之城東南 有蠆石大江賊不敢犯 惟西北一面受敵 故金倡義以爲令諸將守禦 則
慮有不謹之患 與黃進張潤等獨當之 其餘諸將 分守東南 及城陷 賊自西北闌入
所謂失策者 蓋指此也 詳載晉州敍事."
49) 『隱峯全書』 권7, 晉州敍事.
50) 『再造藩邦志』에서는 또 明나라 監督南北諸軍竝督朝鮮兵務經略兵部參謀事
武擧指揮使 吳宗道가 김천일의 죽음을 애도하는 제문을 수록하여, 그의
죽음을 명군도 슬퍼했음을 드러내 보이고자 했다.

한시도 甲冑를 풀지 않고 생활하는 이순신을 여러 장수들은 神으로 여겼다고 하여, 이순신을 극찬하며 글을 끝맺었다.

이순신을 천거한 인물이 류성룡이므로 그가 이순신에 대해 각별한 관심을 기울여 서술한 것은 충분히 수긍할 수 있는 일이다. 그는 스스로 이점에 대해 굉장한 자부심을 가지고 있었다. 뒷날 이익도『징비록』을 읽은 독후감을 정리하며, 류성룡이 이순신과 같은 인물을 찾아내어 등용한 점을 극구 칭송했다.[51]

사람들은 임진왜란 때에 西厓 柳先生이 나라를 위해 활약하여 공로를 세웠다고 말한다. 하지만 이것은 선생에게 있어 조그마한 일에 불과하다고 나는 여긴다. 오히려 그보다 더 큰 공로가 있다. 당시에 나라를 잃지 않은 것은 오직 李忠武公 한 사람이 있었기 때문이다. 처음 이 충무공은 일개 裨將에 불과하였으니, 류 선생의 추천이 아니었더라면 단지 일반 병사들과 함께 싸우다 이름 없이 세상을 떠났을 것이다. 그렇게 되었다면 나라를 중흥하여 안정시킨 공은 과연 누구를 통해 이룰 수 있었겠는가. 근세에는 이러한 옛 법도를 실행한 예를 들어 본 적이 없다. 현인을 추천하기는커녕 이러한 인물에 대해 시기와 질투나 하고 있으니, 슬픈 일이다.

---

51)『星湖全集』권56, 書懲毖錄後.

3. 『징비록』과 『재조번방지』의 개성

『징비록』과 『재조번방지』의 기록은 찬자의 현실인식, 정치적 사고를 명확히 반영하며 서술되었다. 두 책에서 정리된 기사는 서술의 분량, 평가 방식에서는 차이를 보였지만, 어느 정도는 비슷하다. 그런데, 두 책에는 각각의 책에서만 찾을 수 있는 기사가 몇 종류 있다. 자료를 수집하고 정리한 찬자의 개성이 충분히 발휘된 대목이라 하겠다.

1) 制勝方略 비판과 鎭管法 복구론 : 『징비록』

전쟁이 일어나기 전 조선의 군사 방어체제는 국초에 시행하던 鎭管法을 버리고 制勝方略에 맞추어 운용되고 있었다. 진관법은 巨鎭을 거점으로 하여 인근의 여러 고을을 하나의 방어망으로 묶어 自戰自守할 것으로 목적으로 하여 고안된 방어체제였다. 이를 위해 각도를 몇 개의 진관으로 나누고 도내의 군대를 진관에 소속시켜 운용했다. 이를테면 경상도는 김해, 대구, 상주, 경주, 안동, 진주의 6개 진관으로 구성되어 있었다. 진관법은 한 진관의 방어가 실패하더라도 다른 남은 진관이 엄중하고 굳건히 지킬 수 있는 구조를 가지고 있었다. 그러나 이 군사 방어체제는 군사력을 집중하여 긴급한 사태를 처리하는 데는 많은 한계가 있었다. 전체적 통합적인 통솔이 어려운 것이 단점이었다. 그리하여 16세기 중엽 을묘왜변을 겪은 뒤 이 제도는 제승방략으로 바뀌었다. 도내의 여러 읍을 나누어 각기 중앙으로부터 내려오는 순변사, 방어사, 조방장 등의 京將에 소속시키는 방식이었다. 구체적으로는 적의 침입이 있으면 지방군을 지정된 곳으로 집결하고 중앙에서 파견된 군관으로 지휘하게 했다. 이 방어체제는 군사력의 집중이 가능한 것이 장점이었지만, 중앙에서의 경장 파견이 늦어져 군사적 대응이 지체되는 약점을 지니기도 했다. 임진왜란이 일어난 뒤, 경상도 방어망이 순식간에 무너진 것은 이 방어법과 연관이 있었다.[52] 『징비록』에서는 류성룡이 비변사에 나아가 진관법의 장점을 거론하며 제승방략을 포기할 것을 주장하는 내용이 실려 있다.

건국 초기에는 각 도의 군대가 모두 진관에 분속되어 있어서 무슨 일이 있으면 즉시 진관이 자신에게 속한 고을을 통솔하여 물고기 비늘처럼 차례로 정돈하고 주장의 명령을 기다렸습니다. 경상도의 예를 들면 김해 대구 상주 경주 안동 진주의 여섯 진관으로 되어 있어서 만일 한 진의 군대가 적병을 막는데 실패하더라도 다른 다섯 진이 차례로 엄중하고 굳건히 지키니 한꺼번에 무너지는 지경에 이르지 않습니다.[53]

(류성룡이 진관법을 주장하자) 비변사에서는 논의 끝에 이 안을 경상도로 내려 보냈지만 경상감사 김수는 제승방략을 시행한 지 오래되었으므로 갑자기 바꿀 수가 없다고 하여 논의가 중단되었다.[54]

---

52) 최영희, 「왜란 전의 정세」, 『한국사』 29, 국사편찬위원회, 26쪽 ; 오종록, 「서애 유성룡의 군사 정책과 사상」, 『유성룡의 학술과 경륜』, 태학사, 2008, 205쪽.
53) 『懲毖錄』.
54) 『懲毖錄』.

처음에 경상도 순찰사 김수가 적의 침공 소식을 듣고는 즉각
제승방략의 분군법(分軍法)에 의거하여 여러 고을에 통지하니 각기
소속 부대를 이끌고 미리 정해진 장소로 모여 한양의 장군이 도착하
기를 기다리고 있었다. 문경 이하 남쪽의 각 수령들은 모두 군대를
이끌고 대구로 향하여 강가에서 노숙하면서 순변사를 기다린 지
이미 며칠이 지났다.[55]

　『재조번방지』에서는 진관법, 제승방략에 대해서는 별달리 언급
하지 않았다.[56] 진관법을 시행하자는 류성룡의 건의에 대해서도
기록하지 않았다. 다만, 전쟁이 일어났을 때 경상감사 김수가 제승방
략에 따라 군대를 모으는 내용을 기록했지만, 이 제도의 폐단에
대해서는 특별히 언급하지 않았다.[57] 진관법 복구를 통하여 군제를
새롭게 짜야 한다는 『징비록』의 서술은 풍부한 전략과 경험, 지식을
지니고 있던 류성룡의 면모를 잘 보이는 대목이다. 그의 제자 이준은
아마도 류성룡의 이런 모습을 보고 그를 "經濟의 通儒"[58]로 불렀을
것이다.

---

55) 『懲毖錄』. 이 기사는 京將인 巡邊使를 기다리다가 시간을 놓쳐 군사적
　　대응을 제대로 하지 못한 모습을 보여준다.
56) 경상도 순찰사 김수가 순변사를 기다리다가 대책을 제대로 세우지 못하는
　　모습에 대해서 객관적으로 서술했다. 그러나 진관법, 제승방략 등 군사
　　방어체제의 장단점을 거론하며 새로운 변화를 주장하지는 않았다.(『再造
　　藩邦志』)
57) 『再造藩邦志』.
58) 『蒼石集』 권17, 「西厓柳先生行狀」. 이준이 류성룡을 경제의 통유로 평가하
　　는 내용에 대해서는 정호훈, 「17세기 전반 류성룡 후학의 활동과 학문
　　세계 : 鄭經世 · 李埈」, 『歷史와 實學』 55, 2014 참조.

2) 이이에 대한 높은 평가와 성혼을 위한 변명 :『재조번방지』

『재조번방지』의 색채, 개성을 가장 선명하게 드러내는 내용은 이이, 성혼에 대한 기록에 있다. 찬자 신경이 서인의 시각을 가지고 이 책을 지었음을 잘 알 수 있다.『재조번방지』에서는 이이를 학식이나 경세적 식견에서 최고의 인물로 묘사하고 있다.

> 左議政 류성룡이 賓廳에서 同列에게 말하기를, "叔獻이 매양 군사를 훈련시키고자 하였는데 당시에 일이 없었으므로 나 또한 그것은 백성을 소요스럽게 하는 것이라 여겼더니 오늘날에 이르러 생각하니 李文靖은 참으로 성인이다." 하였다. 숙헌은 李珥의 字이다. 李珥는 (중략) 20세가 되기 전에 禪學을 좋아하였다. 그 要旨를 얻지 못하고 돌아와 儒學을 궁구하여 그 옳고 그른 것을 환히 깨달았다. 이에 한결같이 聖賢으로 표준을 삼아 造詣가 심히 높고 德行이 純粹하다. 저술한 理氣說은 先賢이 아직 밝히지 못한 것을 밝혔으니 세상에서 율곡선생이라 일컬었다.[59]

이이가 매양 군사를 훈련시켜두자고 했는데 류성룡이 긍정하지 않았다는 위의 서술은, 익히 알려진 바, 이이가 십만양병설을 주장했고 이를 류성룡이 긍정했다는 내용과는 표현상 거리가 있다.[60]

---

59)『再造藩邦志』.

60) 이이가 '십만양병설'을 주장했다는 언급은 김장생이 1597년에 지은 이이 행장에 처음 나온다. 이후 송시열은 십만양병설을 주장한 시기에 대해 '栗谷年譜'에서 '선조 16년(1583) 4월' 즉 임진왜란 발생 9년 전이라고 적시했다. 말하자면 '십만양병설'은 17세기 전반 서인계에서는 충분히 알려져 있었을 것이다. '군사를 훈련하고자 했다'고 서술하는 『再造藩邦志』의 입장은 이를 충분히 받아들이지 않고 있었던 것은 아닌가 하는 생각이다.

그렇다 할지라도 외적의 침략에 대비해 이이가 군사 훈련의 필요성을 언급했으며, 또한 이기설에서 선현이 발명하지 못한 점을 밝혔다는 기록은 이이를 최고의 인물로 두는 찬자의 시선을 잘 보여준다.

『재조번방지』에서는 또한 임진왜란 시기 성혼의 행동을 변호하는 내용을 담고 있다. 성혼은 선조가 한양을 떠나 북쪽으로 떠날 때, 그 행로에 살고 있었음에도 인사를 하지 않은 까닭에 많은 비난을 받고 있었다. 그런데 신경은 특별히 이를 논하는 글을 지어, 그의 행동을 극구 옹호했다.

> 論 : 신하가 되어 임금을 섬기는 것이 그 도리가 한 가지가 아니니, 난리에 임하여 처신하는 것이 어찌 일정한 방법이 있으리오. 다만 한 의리에 합치되기를 구할 뿐이다. 어지 다 옷을 찢어 발을 싸매고 따라가서 부녀나 內侍와 같은 충성을 하든지 목을 매고 찔러서 남 모르게 개울 속에서 죽는 행동을 한 연후에라야 임금을 섬기는 충성이며 어려움에 처신하는 합당한 도리라 하리오. 조정에 있어 어려움을 만나면 혹은 나라를 위하는 이도 있고, 혹은 임금을 위하는 이도 있으며, 재야에 있다가 어려움을 만나면 혹은 慷慨하여 몸을 버리는 자도 있고, 혹은 절개를 온전히 하여 몸을 보존하는 자도 있는 것이니, 어찌 한 가지 도리에 구애될 것인가? (중략) 成渾이 田里에서 待罪하던 중이기 때문에 변란이 일어난 처음에 감히 서울로 달려오지 못하였고, 임금의 수레가 창졸간에 출동하였

이이 십만양병설에 대한 비판적 연구는 李載浩, 「宣祖修正實錄 記事의 疑點에 對한 辨析 ; 특히 李栗谷의 「十萬養兵論」과 柳西厓의 「養兵不可論」에 對하여」, 『大東文化研究』 19, 1985 ; 송복, 『서애 유성룡 위대한 만남』, 지식마당, 2007 참조.

으니 나룻가에서 곡하며 전송하지 못한 것이 무엇이 大義에 손상되
겠는가?

신하가 임금을 섬기는 도리는 하나가 아니라는 변호는,『재조번방
지』의 찬자가 매우 유연한 태도를 지니고 있었음을 보여준다. 절의
를 중시하고 강조하나 그것이 송시열의 경우와 같이, 절대의 의리로
서 현실을 구속하고 규정하는 성격은 아니었음을 알 수 있다. 신경이
전쟁의 경험을 기록하고 반추하는 기본적인 태도도 아마 이 지점에
서 찾아볼 수 있을 것이다.

IV. 맺음말

『징비록』과『재조번방지』는 성격상 매우 귀한 책이다. 국망 직전
에까지 몰렸던 처참한 전쟁의 경험을 반성하고, 그와 같은 일이
일어나지 않도록 방비하자는 의식이 두 책의 밑바닥에는 가로 놓여
있었다. 국가 차원의 기록으로 기획된 것이 아닌 사적 성격의 저술이
었지만, 이 책들은 찬술된 이후 여러 형태로 공간되며 많은 사람들에
게 읽혔다. 두 책의 사회적 생명력은 적지 않았다.
『징비록』은 간행된 이후 조선 사회에 널리 보급되었다. 많은
사람들이 이 책을 통해 임진왜란의 실상을 접했다. 그 중에는 이
책을 經國의 方略을 구상하는 자료로 삼기도 했다.『징비록』에 대한
조선 사람들의 태도는 다양하게 나타났다. 대체로 남인들이 긍정적
으로 읽었다면, 서인계 인물들은 부정적 비판적이었다.

『재조번방지』는 『징비록』에 비판적이었던 서인들이 지니고 있었던, 전쟁에 대한 시각의 일단을 보여준다. 이 책은 『징비록』과는 약간 다른 방식, 시각으로 전쟁의 경험을 기록했다. 여기에서는 일본의 국서를 둘러싼 조선 정계의 의견 대립을 철저하게 서인과 동인의 관점에서 정리하고, 서인의 의견이 우위에 있었음을 강조했다. 일본의 정세에 대해 보고했던 김성일에 대해서도 극히 비판적인 태도를 취했다. 진주성 전투와 김천일에 대한 서술도 『재조번방지』는 『징비록』의 관점을 벗어나 있었다. 『징비록』은 진주성의 패배가 김천일의 부족한 인품, 위계를 무시한 행동에서 결과한 것이라고 보았으나, 『재조번방지』는 불가항력의 상황 때문임을 강조했다. 『재조번방지』는 또한 이이와 성혼을 높이고 또 변호하고자 했다. 그런데 두 사람을 추숭하는 방식은 극단적이지는 않았다. 서인의 정신적, 사상적 원류로서 위치에 있었던 두 사람은 임진왜란을 거치면서 사회적 평가가 변화하고 있었다. 이이는 전쟁을 미연에 방비하고자 했던 선견지명을 가진 인물로 강조되고 있었고, 성혼은 전쟁 중의 선조에 대한 흠결을 살 수 있는 태도 때문에 공론에 오르내리고 있었다. 『재조번방지』에서는 이이에 대해 김장생이나 송시열과 같이 '십만양병설'을 거론하지 않았고, 성혼에 대해서는 군신간 의리 실천의 다양성을 들어 그를 옹호하였다. 서인의 시각으로 전쟁의 시간, 인물을 정리하면서도 극단에 빠지지 않는 태도였다.

　『징비록』과 『재조번방지』의 출현은 17세기 조선에서 이루어졌던 전쟁 정리 방식이 어떠했던가, 그리고 그것이 가지는 역사적인 의미가 무엇이었던가를 살피는 중요한 계기가 된다. 두 책의 존재는 그 자체로 의미심장하다 하겠다.

한편, 17, 18세기 조선 현실에서 보다 큰 영향력을 발휘했던 책은
『징비록』이었던 것으로 보인다. 이미 일본으로도 이 책은 유출되고
있었지만, 국내에서도 많은 간본이 유통되고 있었다. 그런 사정과도
연관하여 이 책은 서인들로부터 집중적인 공격을 받고 있었다.
어떤 사람은 이 책이 지나치게 찬자 류성룡 중심적이라는 점을
들어 그 서술 태도 자체를 비난하기도 했고,[61] 어떤 경우는 임진왜란
에서 얻어야 할 핵심적인 교훈을 얻지 못한다고 비판하기도 했다.
『징비록』에 대한 후자의 비판은 특히 신랄했는데, 이 목소리는
송시열의 직계 제자인 南塘 韓元震(1682~1751)이 1742년에 작성한
『징비록』독후 감상[62]에서 나타난다. 한원진은 이 글에서『징비록』
에서 놓치고 있는 것으로 첫째, 10만 정병의 양성 문제를 거론하지
않았고, 둘째, '먼저 지킨 후에 싸움'을 하지 않고 싸움을 먼저 걸어
패배를 자초한 조선의 전술에 대해 반성하지 않았으며, 셋째, 선조가
압록강을 건너 요동으로 가려고 했던 것에 대해 비판하지 않았으며,
넷째, 豊臣秀吉이 죽기 전에 화의를 요청한 것에 대한 잘못을 거론하
지 않았음을 거론했다.

한원진의『징비록』이해는, 조선의 '7년 전쟁' 수행에 대한 판단과
맞물려 있다. 그의 견해는 서인-노론계 한 학자의 사례이지만,『징비
록』혹은 동아시아 전쟁에 대한 18세기 조선인들의 생각을 읽기에
매우 중요한 자료로 여겨진다. 그가 이 글에서 거론하는 여러 주장
은, 그것에 대한 시시비비의 여부와는 무관하게, 서인들이 지니고
있었던 그들 고유의 정치적 사유를 반영하고 있었다고 할 수 있다.

---

61) 『宣祖修正實錄』, 40년 5월 1일.
62) 『南塘集』 권31, 「書西涯柳相懲毖錄後壬戌仲夏日」.

앞으로 이런 여러 사항까지 아우르며, 조선후기 임진왜란에 대한 조선 학계와 지식인들의 비판적 반성의 방식을 입체적으로 살필 필요가 있을 것으로 판단된다.

참고문헌

『草本懲毖錄』『懲毖錄』『再造藩邦志』
『愚伏集』『蒼石集』『澤堂別集』『南塘集』
『陶谷集』『隱峯全書』『星湖全集』『愼獨齋全書』
『國朝人物考』『象村稿』
김시덕 역해, 『교감·해설 징비록』, 아카넷, 2013.
이재호, 『국역 징비록』, 서애선생기념사업회, 2009(제4판).

김경수, 「《재조번방지》의 사학사적 고찰」, 『이순신연구논총』 18, 2012, 가을.
김혁, 「《東國新續三綱行實圖》의 구성과 편찬 과정」, 『書誌學報』 25, 2001.
李載浩, 「宣祖修正實錄 記事의 疑點에 對한 辨析 ; 특히 李栗谷의 「十萬養兵論」
　　　과 柳西厓의 「養兵不可論」에 對하여」, 『大東文化硏究』 19, 1985.
송복, 『서애 유성룡 위대한 만남』, 지식마당, 2007.
오윤정, 「《東國新續三綱行實圖》와 관련 儀軌 硏究」, 『미술사연구』 25, 2011.
오종록, 「서애 유성룡의 군사 정책과 사상」, 『유성룡의 학술과 경륜』, 태학사,
　　　2008.
이광열, 「光海君代 《東國新續三綱行實圖》 편찬의 의의」, 『韓國史論』 53, 2007.
정호훈, 「17세기 전반 유성룡 후학의 활동과 학문 세계 : 鄭經世·李埈」, 『歷史와
　　　實學』 55, 2014.
정호훈, 「임진왜란과 조선 사회의 기억－元豪의 戰功과 조선 사회의 襃獎을
　　　중심으로－」, 『역사와 실학』 39, 2009.
최영희, 「왜란 전의 정세」, 『한국사』 29, 국사편찬위원회.

길태숙

서애 관련 구비설화에 나타난
구술 공동체의 임진왜란에 대한 문제의식

Ⅰ. 머리말

본 논문에서는『한국구비문학대계』에 수집된 서애 관련 구비설화 51편을 대상으로 서애를 둘러싼 역사적 개인적 사건들이 이들 설화에서 어떻게 형상화되고 있는지 분석하고, 이를 통해 설화 전승 공동체들의 역사적 현실에 대한 문제의식에 대해 살펴볼 것이다. 설화는 이야기하는 사람들이 자신의 환경에서 선택하고 변이시키면서 일정한 세계관적 논쟁을 벌이며 공동체의 사회적 성격과 역사적 전개 속에서 전승된다. 발터 벤야민은 이야기라는 것은 정보와 달리 사건 그 자체를 단순하게 전달하는 것을 목적으로 삼지 않고, 이야기의 사건을 이야기를 하고 있는 구술자의 생애 속에 침투시켜 이야기를 듣는 청중들에게 경험으로써 전달하고 있다고 하였다. 곧, 이야기에는 이야기를 하는 사람들의 흔적이 따라 다닌다[1]는 것이다.

이런 관점에서 서애 관련 구비설화에 대한 연구를 살펴보면, 임재해[2]는 인물 전설들은 실제 사건이나 인물들의 행동에 대한 진위

---

* 이 글은『洌上古典研究』제45집(2015. 6)에 실린 논문을 조금 수정하여 재수록한 것임.

1) 발터 벤야민, 반성완 편역,『발터 벤야민의 문예이론』, 민음사, 1983, 123쪽.

316

여부의 문제를 떠나서 민중들이 역사적 사건들에 대해 어떻게 인식하고 있는가를 전달한다는 점에서 연구할 가치가 있다고 밝히고, 전승자인 민중의 역사적 사건에 대한 문제 인식에 주목하여 서애 관련 설화를 고찰하였다. 그는『한국구비문학대계』의 14여 편의 서애 관련 구비설화를 예시하고 서애 관련 구비설화에는 임진왜란을 예견하지 못한 지배층에 대한 비판의식, 겸암의 삶을 통해 드러낸 민중의 삶과 역량, 풍수지리사상에 대한 강조 등이 투영되어 있다고 설명하였다. 한편 조정현3)은 서애 관련 구비설화에 투영된 전승집단의 마을 특성에 따른 지역 담론을 고찰하였다. 서애 관련 구비설화의 주요 전승지인 안동지역을 사촌마을, 하회마을, 서미마을, 수동마을로 그 전승 단위를 세분화하여 설화를 분석하였는데, 서미마을과 수동마을에서 채록된 이야기에서는 대체로 서애에 대해서는 부정적 태도를, 겸암에 대해서는 호의적 태도를 보이고 있으며, 하회마을에서 채록된 이야기에서는 서애에 대해 긍정적 태도를 보이고 있다고 보고하였다. 김기호4)는 형제 관계에 주목하여 겸암과 서애가 동시에 등장하는 20편의 서애 관련 구비설화를 해석하였다. 서애 관련 구비설화는 소개–경쟁–협력–결과의 서사구조와 구술자의 논평이 합치된 구성으로 된 이야기로, 형제 사이의 경쟁과 협력의 내적 체계를 갖추고 있다고 하였다. 또한 논평을 통해서

---

2) 임재해, 「설화에 나타난 겸암과 서애의 엇갈린 삶과 민중의식」,『퇴계학』 5, 안동대학교, 1993, 41~83쪽.

3) 조정현, 「마을성격에 따른 인물전설의 변이와 지역담론의 창출–안동지역 서애 류성룡 관련설화를 중심으로」,『구비문학연구』 29, 한국구비문학회, 2009, 281~310쪽.

4) 김기호, 「겸암설화에 나타난 형제관계와 전승자 의식」,『구비문학연구』 31, 한국구비문학회, 2010, 1~30쪽.

전승자는 형 겸암을 높이 평가함으로써 역사적으로 실존한 인물이지만 드러나지 않는 형을 서애와 대등하게 혹은 더 위대하게 만들고자 하는 전승자의 의식을 드러낸다고 보았다. 임철호[5]는 서애와 겸암, 이여송, 김덕령이 중심이 된 임진왜란 관련 구비설화를 『임진록』의 이본군에 실린 내용과 비교하여 고찰하고, 개별유형으로 전승되는 독립된 설화가 임진왜란이라는 주제 아래 연결되면서 전승되고 있는 실상에 대해 주목하고 있다.

『한국구비문학대계』에 실려 있는 서애 관련 구비설화 51편의 대부분은 임진왜란과 관련이 깊다. 임진왜란 전에 조선을 염탐하기 위해 온 왜장을 퇴치하고 임진왜란 후 이여송을 청병하는, 37편의 임진왜란을 중심으로 하는 설화뿐만 아니라, 서애와 겸암의 이인적인 능력과 탄생과 관련된 설화도 임진왜란과의 관련성 아래 이야기되고 있음이 발견된다. 이런 점에서 서애 관련 구비설화는 임진왜란에 대한 구비공동체의 관심을 직간접적으로 담고 있다. 본 연구에서는 서애 관련 설화에 대한 내용 분석과 설화를 통해 형상화된 인물을 비교함으로써 설화 전승 공동체들이 서애 관련 설화를 통해 전달하고 있는 임진왜란에 대한 문제의식이 무엇인지 살펴볼 것이다.

---

5) 임철호, 「장편설화의 형성배경과 전승양상 : 임진왜란 설화를 중심으로」, 『열상고전연구』 14, 열상고전연구회, 2001, 275~308쪽.

II. 연구 대상

본 연구의 주요 대상은『한국구비문학대계』에 실린 서애 관련 구비설화[6] 51편이다.[7] 이 중 37편이 임진왜란을 중심으로 한 설화이고, 이외 서애와 겸암 형제의 이인됨과 출중한 능력에 대한 설화와 어머니의 특별함과 서애의 외갓집을 비롯한 이인이 탄생하는 지역의 풍수와 연관된, 서애와 겸암 형제의 탄생에 초점을 맞춘 설화가 있다.

서애의 출중한 능력과 청빈함에 대한 설화로는 3-4 708,[8] [경북영주-신필호],[9] 7-17 634, 7-8 940 등이 있다. 서애는 어릴 때부터 어른들도 풀지 못한 한시를 풀어낼 만큼 총명하였고(7-17 634), 또한 마을에 떠도는 도깨비들을 혼내주어 자손들에게 해를 끼치지 못하게 했으며([경북영주-신필호]), 관직을 그만두고 고향으로 돌아와서는 너그러운 인품과 청빈함으로 도둑의 마음을 움직여 성실히 일하는 사람이 되게 했다(3-4 708)는 내용이다. 7-8 940은 태몽에 대한 이야기이지만, 정승으로 살다가 청빈하게 생을 마감한 서애 일생에

---

6) 이후 논문의 본문에서는 서애 관련 구비설화는 '서애설화'로 일컫는다. 이는 주체와 객체 상관없이 서애가 등장하는 모든 설화를 의미한다.

7) 〈첨부 1〉 참고.

8) 3-4는『한국구비문학대계』의 권호를 가리키며, 708은 설화가 실린 시작 페이지를 가리킨다. 3-4 708은『한국구비문학대계』 3-4권의 708쪽에 실린, 제보자 심재경이 구술한 〈도둑을 개심시킨 류성룡(柳成龍) 대감〉이다.

9)『한국구비문학대계』 증보사업으로 조사된 설화로, 2012년 경북 영주시 풍기읍 수철리에서 신필호님이 구술한 〈마을에 떠도는 도깨비들을 혼낸 서애선생〉을 채록한 것임(http://gubi.aks.ac.kr/web/TitleList.asp 참고). 본 논문에서는『한국구비문학대계』 증보사업으로 채록된 설화의 경우 [채록지역-구술자]로 표기할 것임.

대한 평가를 거지의 혼과 용의 눈을 가지고 태어났다는 태몽을 빌어 이야기하였다.

겸암의 미래를 예견하고, 이인적인 특별한 능력에 대한 설화로는 8-6 636, 7-9 751, 7-9 755, [경북영주-박수영], 7-13 469 등이 전한다. 겸암은 자신이 죽은 후의 일까지 미리 알아 자신이 묻힐 곳에 대해 알고 있거나(7-13 469) 후대에 해야 할 일을 당부하는 능력이 있었으며(8-6 636), 죽을 생질을 살릴 방도를 일러주어 생질을 살려내었고 (7-9 755), 세숫대야에 낚시를 놓아 잉어를 잡는 능력을 발휘하였다 ([경북영주-박수영2]). 또한 겸암은 서애는 보지 못했던, 사람으로 변해 아버지의 젊은 부인이 되어 동생까지 낳은 여우를 알아보고 이를 퇴치하는 능력을 발휘한다(7-9 751).

서애와 겸암의 탄생에 대한 이야기로, [전북임실-한준석1]은 전혀 평범하지 않은 말과 행동을 서슴없이 하는 서애와 겸암 형제의 어머니에 대한 특이함을 통해 큰 인물들이 탄생할 수 있었다는 것을 드러낸 이야기이다. 7-12 133, [경북의성-김갑대], [경북의성-김창회]는 서애의 외갓집을 비롯한 이인이 탄생하는 지역의 풍수와 연관된 내용으로 서애와 겸암 형제의 뛰어난 능력이 풍수와 관련되었다는 것이다. 또한 7-11 348은 어머니의 기질과 풍수가 모두 연관된 형제의 탄생 설화로, 어머니는 처녀 시절 대추나무에 오르는 등 특이한 행동을 하였는데, 그런 기질 덕분에 이인이 나는 친정에서 두 형제를 낳았다는 이야기이다. 어머니의 처녀 시절의 특이한 행적이나 이인이 나는 지력의 힘으로 능력이 출중한 형제가 태어났다는 탄생모티프는 위와 같이 한 편의 설화를 구성하기도 하지만 임진왜란이 중심이 되는 다른 설화에 포함되어 있는 내용이기도 하다.

　서애과 겸암의 능력에 대한 설화나 어머니와 풍수와 관련한 설화
는 임진왜란이라는 나라의 위기 상황에서 특정한 역할을 담당할
위정자로서의 직분과 이인적 능력을 갖춘 인물이 구체적으로 어떠
한 탄생 배경을 가지고 있으며, 무슨 능력을 갖추고 있는가에 대한
구비공동체의 관심을 나타낸 이야기라 볼 수 있다. 그러므로 서애
관련 구비설화는 임진왜란에 대한 구비공동체의 인식과 직간접적
으로 관련되어 있음을 알 수 있다.

1. 서애 관련 구비설화의 서사 구성

　서애설화 중 임진왜란 관련 설화 37편의 내용을 모티프로 해체하
고, 각 모티프를 키워드별로 정리하면 〈보기 1〉과 같다. 〈보기 2〉는
〈보기 1〉을 바탕으로 설화 37편의 내용에 포함된 모티프를 순서대로
표시한 것이다. 예비, 예견, 퇴치, 방지, 청병, 기용, 포상 등의 키워드
는 임진왜란과 밀접하게 관련된 것들이고, 서애와 겸암의 이인적
능력은 예비, 예견, 퇴치의 행동이 가능한 이유와 연관된다. 어머니
나 풍수에 대한 내용은 서애와 겸암이 이인적이고 뛰어난 능력에
대한 배경스토리 기능을 하며 임진왜란의 두 인물의 행적에 관여하
고 있다.

<보기 1> 『한국구비문학대계』 서애설화 중 임진왜란 관련 설화의 모티프 예시

번호	모티프	키워드
1	이인(동고, 율곡, 겸암)이 (죽으면서) 청병할 때 필요한 것을 미리 일러주어 기억하게 함.	예비
2	겸암이 서애를 데리고 소상강에 가서 소상반죽을 마련해 몸에 지니고 있게 함	
3	겸암과 부인이 짚신과 발싸개를 준비함	
4	겸암이 왜 첩자가 서애 집에 올 것을 미리 앎	예견
5	이인은 왜가 전쟁 준비를 하고 있음을 알고, 이를 알게 함	
6	아이 혹은 빨래하는 아낙들이 왜 첩자를 알아 봄	
7	서애가 노파(영감)의 오두막에 가서 임진왜란이 날 것을 알지 못한다는 이유로 생선 반 토막만 얻어먹음	
8	겸암이 왜 첩자와의 대결에서 이기고, 겸암의 집을 빠져 나가려 하는 왜 첩자를 빠져 나갈 수 없게 고생시키다가 쫓아버림	퇴치
9	김덕령이 하월이와 왜장을 죽임	
10	초립동이가 이여송을 몰아냄	
11	이여송이 왕노릇하려는 맘을 품어 송구병이 혼내줌	
12	겸암이 중이 가지고 있던 지도를 바꾸어 그려 이순신이 왜를 무너뜨리게 함	
13	하회는 임진왜란 때에도 화를 당하지 않음	방지
14	임진왜란이 일어나자 전쟁이 일어나지 않을 것이라고 했던 학봉이 죽을 지경이 되지만 서애가 사전에 방지를 잘 함	
15	관운장 혼백이 청병을 도움	
16	산신(노파)이 이여송 화상을 주고 그를 청병하게 함	
17	이여송을 청병함	청병
18	이여송이 압록강에서 조선인을 시험하기 위해 여러 가지를 요구하고, 이것이 해결됨	
19	이여송이 왕상이 아니라고 하여 돌아가려고 하자 선조가 독안에서 큰 소리를 내어 울어 청병이 이루어짐	
20	율곡이 데려간 금강산에서 백발 노인 셋이 서애에게 이순신을 기용해야 한다고 엄포를 놓음	기용
21	이여송이 김덕령을 기용함	
22	이여송이 조선의 혈을 끊음	단혈
23	서애 어머니가 처녀 시절 행동이 남다름(아버지 친구 말을 타고 다님, 싸움, 막말을 잘함)	어머니
24	서애 어머니가 태몽을 꿈	
25	서애 어머니가 대인이 날 곳인 외가에서 아들을 낳음	풍수
26	풍수에 이인이 탄생하는 지역이 있음	
27	김덕령이 만고충신 김덕령 표를 세워달라고 하고 자살함	포상
28	서애와 겸암이 바둑을 겨룸	이인적 능력
29	서애가 산에 올라 물고기를 낚아 겸암을 대접함	
30	서애가 잡술로 물그릇에 낚시를 놓아 잉어장수의 잉어를 잡아 겸암을 대접함	
31	겸암이 서애를 대야와 나뭇잎으로 만든 배에 태우고 이동함	
32	겸암이 축지법(도술)으로 서애를 데리고 이동함	
33	대국의 황후(여인)를 구해줌	

〈보기 2〉『한국구비문학대계』서애설화 중 임진왜란 관련 설화 37편의 세부 내용

모티프\설화	예비			예견				퇴치					방지			청병				기용		단혈	어머니		풍수		포상	이인적 능력					
설화	1	2	3	4	5	6	7	8	9	10	11	12	13	14	15	16	17	18	19	20	21	22	23	24	25	26	27	28	29	30	31	32	33
1-8 606				1	2			3																									
7-12 618				2	1			3																									
경북영주-박수백				1				2																									
4-3 530				1		3		2																									
6-2 770				2	1	4		3																									
5-1 190			1	3				4					5																		2		
6-4 65				2	1	4		3					5																				
경북영주-류시양2				1		2		3					4																				
전북임실-한준석2				2		4		3					5														1						
3-1 431			3														4	5										1			2		
7-3 185			3														1	2	4														
7-13 465			2														3	4													1		
7-12 538			3														4	5												1	2		
경북문경-엄제균			2														3	4	5												1		
경북영주-박수영1			2														3	4														1	
7-8 689			3			4												5						1							2		
7-6 153			3				2											4													1		
경북영주-류시양1			3														4	5				6	1		2								
7-11 317			2								6	9					3	4				8				7							
2-8 533			3			1		2									4	5	6														
6-2 87	4		3			6											7	8	9								1					2	5
7-6 670			5			4								6										2	1						3		
1-2 71	1																2	3						4									
7-6 156	1																2																
7-8 410	3																4						1	2									
7-4 129	1										6	8				2	3	4	5			7											
7-18 419											5	7				2	1	3			4	6											
6-2 101												3					2									1							
2-5 338			11		3	5	7	6					8		9		12	13	14				1		2			4			10		
3-1 304			9		5		7	6					10				11	12						2	3	1		4					8
3-3 332	12		3		4	6	5	8					7				9	11	10											1	2		
3-4 566			3			4			5		7						8	10	9											1	2		
5-5 160			7			4	3		5															1	2								6
6-2 242																				1													
7-17 158							1																										
8-4 728																		1					2										
경남남해-박충섭						1							2																				

임진왜란과 관련된 설화는 크게 임진왜란이 일어나기 전 왜장을 퇴치하는 이야기와 임진왜란이 일어난 후 이여송을 청병하는 이야기의 두 가지로 나누어 살필 수 있다.

왜장을 퇴치하는 설화는 〈보기 1〉의 번호 4, 5의 '예견'과 8의 '퇴치'가 중심이 되는 설화10)이다. 겸암이 전쟁을 위해 조선을 염탐하러 온 왜 첩자 혹은 왜장의 존재를 미리 알고, 이를 퇴치한다는 내용을 기본 구성으로 한다(1-8 606, 7-12 618, 경북영주-박수백). 여기에 아이 혹은 빨래하는 아낙들이 왜 첩자를 알아보는 것(4-3, 530, 6-2 770)과 하회 지역이 임진왜란 때에도 화를 당하지 않았다는 내용까지 포함된 설화(5-1 190, 6-4 65, 경북영주-류시양2, 전북임실-한준석2)가 있다. 왜장을 퇴치하는 설화의 내용을 정리하면 다음과 같다.

'왜장을 퇴치하는 설화'의 기본 구성

4. 겸암이 왜 첩자가 서애 집에 올 것을 미리 앎 / 5. 왜가 전쟁 준비를 하고 있음을 알고 이를 알려줌

8. 겸암이 왜 첩자와의 대결에서 이기고, 겸암의 집을 빠져 나가려 하는 왜 첩자를 빠져 나갈 수 없게 고생시키다가 쫓아버림

(6. 아이 혹은 빨래하는 아낙들이 왜 첩자를 알아 봄)

(13. 하회는 임진왜란 때에도 화를 당하지 않음)

---

10) 1-8 606, 7-12 618, 경북영주-박수백, 4-3 530, 6-2 770, 5-1 190, 6-4 65, 경북영주-류시양2, 전북임실-한준석2 등이 있음.

임진왜란이 일어난 후 이여송을 청병하는 설화는 청병을 준비하게 하는 사건에 따라 다시 두 가지 유형으로 나눌 수 있다. '이여송을 청병하는 설화 1'11)은 〈보기 2〉의 번호 2의 '예비'와 17, 18, 19의 '청병' 모티프가 중심이 되는 것으로, 겸암의 이인적인 능력이 강조되는 설화 유형이다. 이 유형은 '겸암이 이인적인 능력을 발휘하여 소상강에 가서 서애에게 소상반죽을 마련해 주고, 임진왜란이 일어난 후 이여송을 청병했을 때 압록강에서 이여송의 요구에 대처하게 해서 청병이 이루어졌다'는 내용을 기본 구성으로 하고 있다. 3-1 431, 7-3 185, 7-13 465, 7-12 538, [경북문경-엄제균], [경북영주-박수영1], 7-8 689, 7-6 153 등이 이 유형에 속한다. 7-11 317은 위의 내용에 이여송이 조선에 들어와 왜와 싸우기 위해 김덕령을 기용하고, 김덕령이 왜장을 죽인 이야기와 이여송이 단혈한 사건이 덧붙여진 것이다. [경북영주류시양1]은 서애와 겸암의 탄생에 대한 내용에서부터 시작하여 이여송을 청병한 이야기가 이어지고 이여송이 단혈한 이야기까지 포함한 것이다. 6-2 87은 이여송을 청병할 수 있었던 원인을 대국의 황후를 구해준 사건으로 구술하고 있으며, 2-8 533은 이여송을 청병하는 설화에서 소상반죽을 구하러 가는 부분이 많이 축소되고, 대신 서애가 영감의 오두막에 가서 개가 생선 한 토막을 얻어먹는데 임진왜란이 날 것을 알지 못한다는 이유로 생선 반 토막을 얻어먹는 내용이 포함되어 있다. 7-6 670은 겸암이 서애에게 소상반죽을 준비하게 한 사건 이후에 학봉과 황종

---

11) 번호는 구별하기 위해 임의로 붙인 것임. 2-8 533, 3-1 431, 6-2 87, 7-3 185, 7-6 153, 7-6 670, 7-8 689, 7-11 317, 7-12 538, 7-13 465, [경북문경-엄제균], [경북영주-박수영1], [경북영주-류시양1] 등이 포함됨.

률이 사신으로 일본에 다녀온 후 학봉이 황종률과 다르게 전쟁이 일어나지 않을 것이라고 임금에게 고해 죽을 뻔한 내용이 이어지고, 이여송을 청병하는 부분이 서애가 방지를 잘했다는 구술로 마무리 되고 있다.

'이여송을 청병하는 설화 1'의 기본 구성

31. 겸암이 서애를 대야와 나뭇잎으로 만든 배에 태우고 이동함 / 32. 겸암이 축지법(도술)으로 서애를 데리고 이동함

2. 겸암이 서애를 데리고 소상강에 가서 소상반죽을 마련해 몸에 지니고 있게 함

17. 이여송을 청병함

18. 이여송이 압록강에서 조선인을 시험하기 위해 여러 가지를 요구하고, 이것이 해결됨 / 19. 이여송이 왕상이 아니라고 하여 돌아가려고 하자 선조가 독안에서 큰 소리를 내어 울어 청병이 이루어짐

(22. 이여송이 조선의 혈을 끊음)

(10. 초립동이가 이여송을 몰아 냄)

'이여송을 청병하는 설화 2'[12)는 '이여송을 청병하는 설화 1'과 유사하지만 〈보기 2〉의 번호 1의 '예비'와 17, 18, 19의 '청병' 모티프가 중심이 되는 설화 유형으로, 동고, 율곡, 겸암 등의 이인이 청병에 필요한 것을 알려주고 기억하게 함으로써 임진왜란이 일어난 후 청병에 대처하게 한 이야기이다. 동고나 율곡으로 대표되는 이인들

12) 1-2 71, 6-2 101, 7-4 129, 7-6 156, 7-8 410, 7-18 419 등이 포함됨.

이 왜가 쳐들어 올 것을 알고 청병에 필요한 것을 알려주어 준비하게
하고, 이여송을 청병하는 사건은 유사하지만 청병에 대한 예비
부분에서 차이를 보인 설화들이다. 1-2 71, 7-6 156, 7-8 410 등이
여기에 속하며, 7-4 129는 김덕령이 왜장을 죽인 이야기와 이여송이
단혈하여, 초립동이가 이여송을 몰아낸 이야기가 포함된 것이다.
7-18 419는 서애가 학봉과 함께 청병을 하러 가는 것에서부터 구술이
시작하는데, 노파가 나타나 이여송의 화상을 주고 이여송을 청병해
야 한다는 내용과 더불어 김덕령이 왜장을 죽인 이야기, 이여송이
단혈하여 초립동이가 이를 퇴치한 이야기가 포함되어 있다. 6-2
101은 김덕령이 오해를 받아 억울하게 죽는 내용부터 시작하는데,
이인들이 왜가 쳐들어 올 것을 알고 청병에 필요한 것을 알려주어
준비하게 하는 내용이 임진왜란이 나서 서애가 서산대사를 찾아가
어떻게 대처해야 할지 물으니 청병을 하라는 내용으로 대치되어
이어져 있고, 청병에 응해 조선에 온 이여송이 조선에서 왕노릇하려
는 수작을 부리자 송구병이 혼을 내어 쫓아 보냈다는 내용이 포함되
어 있다. 6-2 101의 내용은 '이여송을 청병하는 설화 2'의 내용에서
많이 벗어나 있지만, 이인 서산대사가 청병을 일러주었다는 점,
이여송을 청병하고 있다는 점 등이 유사하여 '이여송을 청병하는
설화 2'를 설명하는 데 포함하여 살펴보았다.

　'겸암이 조선을 염탐하러 온 왜 첩자 혹은 왜장을 퇴치하는 설화'와
'이여송을 청병하는 설화'의 두 유형이 합쳐진 설화 2-5 338, 3-1
304, 3-3 332, 3-4 566, 5-5 160이 있다. 임진왜란이 일어나기 전
상황과 임진왜란 당시의 상황이 모두 포함된, 상대적으로 길고
복잡한 구성을 가진 설화들로, 이여송을 청병하는 이야기의 경우

'이여송을 청병하는 설화 2'의 기본 구성

1. 이인(동고, 율곡, 겸암)이 (죽으면서) 청병할 때 필요한 것을 미리 일러주어 기억하게 함.

17. 이여송을 청병함

18. 이여송이 압록강에서 조선인을 시험하기 위해 여러 가지를 요구하고, 이것이 해결됨 / 19. 이여송이 왕상이 아니라고 하여 돌아가려고 하자 선조가 독안에서 큰 소리를 내어 울어 청병이 이루어짐

(22. 이여송이 조선의 혈을 끊음)

(10. 초립동이가 이여송을 몰아 냄)

겸암의 이인적인 능력이 강조되는 '이여송을 청병하는 설화 1'의 내용을 포함한다. 겸암의 행적이 강조되는 왜장을 퇴치하는 내용에 임진왜란이 일어나서 이여송을 청병하는 내용이 연결될 때 역시 겸암의 이인적인 능력이 강조되는 '이여송을 청병하는 설화 1'의 내용이 자연스럽게 연결될 수 있기 때문이다.

이외 임진왜란과 관련된 각 편이 있다. 6-2 242는 율곡과 산신령이 류성룡에게 찾아와 이순신을 등용하라고 지시하고 협박했다는 내용의 설화로 임진왜란이 난 후 왜에 대응하여 싸울 인재의 기용에 대한 생각을 담고 있다. 7-17 158은 민요 '쾌지나칭칭'의 의미에 대해 알려 준 설화로 쾌지나칭칭은 왜장청정이 나온다의 의미라고 하였고, [경남남해-박충섭]은 경남 남해의 '가청곡' 지역의 이름과 관련된 전설로 주막을 하던 서애의 형이 몰래 왜장이 가진 지도에 고현면 오곡의 육지를 파랑으로 칠해 놓았는데, 왜가 그 지도를 보고 전투를 해서 이순신에게 전멸 당했다는 설화이다. 8-4 728은 임진왜란 때 서애와 학봉이 데려온 이여송이 조선의 맥을 끊어 이후 조선에 이인이 나지 않았다고 하는 내용의 설화로, '이여송을 청병하는 설화'에 포함된 내용 중 이여송이 맥을 끊는 것만 강조하여 각 편을 이룬 설화이다.

2. 서애 관련 구비설화의 지역 분포

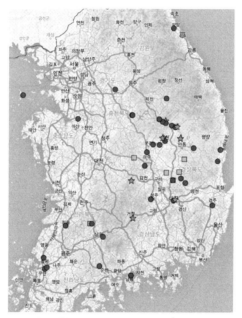

● 임진왜란 관련 설화　□ 탄생 관련 설화　★ 능력 관련 설화

『한국구비문학대계』 서애설화 51편은 겸암이 조선을 염탐하고 서애를 죽이러 온 왜장을 퇴치하는 이야기, 이여송을 청병하는 이야기, 청병과 왜장을 퇴치하는 내용이 혼합된 이야기, 겸암이나

서애의 능력을 표현한 이야기, 대인이 날 지역과 관련된 풍수 및 어머니의 특별함과 관련된 탄생에 대한 이야기로 나눠볼 수 있겠는데, 서애의 고향인 하회뿐 아니라 전국적인 전승 분포를 보이고 있다. 다만, 이여송의 청병과 관련된 유형이 다른 지역에 비해 경상도 지역에서 많이 채록되고 있음을 살필 수 있지만, 지역과 밀접하게 연관되어 전승되고 있다고 보기 어렵다.

III. 서애 관련 구비설화에 나타난 임진왜란에 관한 문제의식

1. 위정자로서의 서애와 이인으로서의 겸암

서애 류성룡, 겸암 류운룡, 그리고 형제의 어머니는 역사적으로 실재한 인물들이지만 설화에서 이들을 실제와 같게 형상화하고 있지는 않다. 서애와 겸암 형제의 어머니는 괴짜, 왈패로 표현된다. 어머니에 대한 이야기는 대부분 처녀 때의 모습과 아들을 해산할 때의 행동에 집중되어 있는데, 이를 통해 이야기 전승자들의 그 어머니에 대한 관심이 어머니 자체에 대한 것이라기보다는 겸암과 서애 형제의 특별함을 강조해 나타내기 위함이라는 것을 알 수 있다. 활달하고 주변의 눈에 거리낌 없이 행동하던 처녀시절의 어머니의 모습은 부모와 형제의 반대나 방해에도 불구하고 만삭의 몸으로 대인이 날 곳인 친정에서 아들을 해산하는 것으로까지 이어진다. 대인이 될 아들을 쟁취하는 어머니의 적극적인 행동에 대한 표현은 두 아들의 특출한 능력의 배경이 풍수에 따른 지력의 힘과 동시에 능동적인 행동에 있다고 여기는 구술자들의 생각을 드러낸다.

　　다 큰 규수가 하나 나와 설랑은 참 옛날 그거 참 그 양반의 집 말이라, 말을 마판에 있는 걸 타골랑은 마당을 한바쿠 썩썩 돌거등 말이라. 처녀가. 옛날에 보통 대인이 아인 겉으만 말이지 영 그 영 요망한 기집이라 카지 말이라. 기집이라 카는데 참 이 사람은 참 사람볼 줄을 유서애 대, 그집 서애대감의 아부지 되는 말이라, 그 분은 사람을 볼 중 아는 분이라요. 그 다 큰 처녀가 남우 말을 응, 참 떠억 한 바꾸 타골랑은 말이라, 안장아 앉아서 마당을 한바쿠 돌디이 탁 니리거등 말이라. 그래 이이 양반이 거어서 참 놀다갈랑은 점심을 먹고 가는데, 참 말 안장에 묻은 것이 옛날 참 그 처녀들 말이라 월경이 그 그 말안장에 묻었더랍니다.[13]

　　출가한 딸이 오면 그 방을 주지 말라. 그 방을 주면 그 명기가 외손한테로 간다. 이 방에 꼭 대인 둘 날 자리다. 그래 아들을 가르치거든. 이놈의 색시가 들었단 말이야. 시집을 갔지. 시집을 가서 몇 달 있다니 아, 태기가 떡 들어서, "아, 난 친정에 가서 내가 십사 일 있다가 몸을 풀고 와야 되겠다."고. 아, 시부모한테 얘길하니 그만 친정으로 갔다고 가니까 후원 별당에 들어 앉았는 게야. 들어앉았으니 그 오빠도 그렇고 어머이도 그렇고, 그 딸을,

---

13) 7-8 410.

"가라."할 수도 없고, 내쫓을 수도 없고, 아, 뭐, 그 들어앉아. 아, 거서 몇 달을 거의 있다가 그집에서 알 떡 하나 났거던. 나니까 한 뒤 주일 지나니 그만 알(아이를) 업고서 시집으로 떡 왔단 말이야.[14]

설화에서 겸암과 서애의 능력은 출중하다. 서애는 일국의 재상에 오른 인물이며, 겸암은 숨은 은사로서 바둑을 잘 둘 뿐 아니라 축지법과 도술을 사용할 줄 알며, 미래를 예견하는 능력이 있어 왜가 침략할 것을 알고, 죽을 사람도 살리고, 죽은 후의 일까지 당부할 수 있다.

〈예시 1〉 서애설화에 나타난 서애와 겸암의 인물 표현 구술 비교

서애	겸암	권호	설화
옛날에 유정승이 참 굉장히 머리가 좋고 아주 정승 중에서도 제일 참말로 학식이 능했어요.		7-17 634	능력 관련 설화
	염라대왕이 와가주고 죽을 사람을 명부에다 해노이께네 겸암선생이 더 알아가주고 말이래. 더 알아가주고 그걸 뺏단 말이래. 뺏노이 저 겸암 선생 놔뒀다가는 우리 거 저 염라대왕 구실을 못한다 말이래.	7-9 755	
서애대감은 영의정쯤 했고 병조판서쯤 했으이께네, 출장입상(出將入相) 했그던. 나가면 장수고 들어오먼 정승 영의정이 아이껴? 거기 참 병부상서(兵部尚書)를 다 지낸 분 아이껴. 양반으로는 고마	운룡선생은 그 분은 인제 은사(隱士)고 숨은 선비고 서애대감은 몰랐는데 겸암선생은 미리 하마 예측을 했그던. 예측을 해가주고	7-9 751	

14) 2-5 338.

저런 거는 모지마는 양반으로는 서애대감보다 더 양반도 없니더. 문무를 겸직해야 양반인데, 양반이라는 게 그릏지 머요. 퇴계 선생은 도학자(道學者)만 도학자지, 서애대감보단 양반이사 아이지요.		능력 관련 설화
대감은 틀림없이 다르구나. 야단을 칠껜데 그렇게 후덕하게 말씀을 하니 이 집 대감은 대감이로구나. 그래 예전엔 그 정승이라 하면 소인보다는 틀리지		3-4 708
자네가 일국 정승으로 있지만 지금 일본놈이 한국을 칠라고 말이야 지금 명이 치르느라고 야단일세. 그런데 개는 저녁에 저렇게 짓는 기 그 병기치도 소리를 듣고 짓는데, 자넨 깜깍하게 아주 밤중에 들어 앉았어. 그래 개만 못하잖나 말이여, 개만 할 수 있나. 개는 저 병기 치는 걸 알고 그래도 저리 짓는데 말이야. 자네는 그걸 모르고 들어 앉았으니 정승이 있단 뿐이지, 뭘 아나 말이여. 그러니 개만 못하네 이기여.	백씨는 겸암 선생이라고 하는 분인데 알기는 정승으로 있는 동생보다가 그 백씨가 더 알았단 말이여	2-8 533
서울가서 참 정승질도 하고	백시(伯氏)는 아주 바보여. 남보기는 아무 것도 몰러. 글만 알지.	3-1 304
	서애 대감은 안다 그래도 김암(겸암) 선생 대만 그 뭐 참 고야이(고양이) 앞이 지(쥐)고, 머 그저 족탁불급(足脫不及)이지	7-13 465
유서해라고 그분이 이 고을 정승여. 정승인디	한분이 계신디 그 농판여. 항시 농판이 짓을 허고 댕겨. 그런게 미치꽹이만이 농판이 짓을 허고 댕긴디	6-4 65
류성룡은 재상으로 영의정으로 계셨어, 선조대왕 밑에서.	겸암이라고 성님은 버버리여. 경암은 버버링께 아 머슬 모릉께 아조 모두들 철부지로 알제.	6-2 770
	류셩룡 형님이 게 류서애라고 류서애. 저 형제분인디 형님 하나가 있었어. 근디 인제 그 어른은 에 집에서, 집에서나 동중에서 동네	[전북임실-한준석2]

임진왜란 관련 설화

서 치숙이라고 했다 그래 치숙. 아, 치숙. 어리석을 치자, 아재비 숙자 치숙이여. 보통 평소에 이제 치숙이 어쨌다 그러고 문중에서 도 그러고 동네서도 그랬는디, 근 게 인제 왜 치숙이다 소리를 들었 냐먼은, 좋은 것을 봐도 웃도 않 고, 나쁜 것을 봐도 홰도 안 내고, 말을 안 해버려 통 말을. 근게 글 안으믄 인제 치숰이라고 안 하면 은 유벙어리	임진왜란관련설화

   서애설화에서 서애가 영의정, 정승으로 묘사되는 것은 실제로 그가 임진왜란 당시 영의정이자 도체찰사로서 국가의 위기에서 실무를 통괄한 인물로 잘 알려져 있었기 때문이다. 서애는 임진왜란 이 시작되는 1592년(선조 25)에 51세의 나이로 영의정에 오르고, 전란이 끝나는 선조 31년까지 영의정, 도체찰사로서 일본군과의 전투, 명의 강화론에 대한 대응, 민생문제의 해결을 위해 고군분투하 였다.[15]

   그런데, 서애설화 중 임진왜란 관련 설화에서 서애 인물의 형상화 는 '정승질'이라는 단어로 명시하였듯이 부정적 평가를 받을 뿐 아니라 겸암보다 못한 존재로 표현되고 있다. '영의정'으로서의 서애 의 능력은 겸암과의 대조를 통해 드러나는데, 겉으로는 임진왜란 당시 일국의 재상으로서 만인지상의 권력자의 위치에서 말 잘하고, 조정을 드나들며 큰일을 하는 인물이었지만 그 능력 면에 있어서는 벙어리, 농판, 백씨, 치숙으로 표현되는 그 형보다 못한 존재였다.

---

15) 鄭萬祚, 「서애 유성룡의 정치활동과 임란 극복」, 『한국학논총』30, 국민대 학교 한국학연구소, 2008, 561~597쪽.

〈예시 1〉의 2-8 533, 7-13 465에서 보았듯이 그 형 겸암이 더 '알았기' 때문이다. 어머니와 관련된 설화에서 알 수 있듯이 형제 모두 뛰어난 능력의 소유자로 여겨졌지만 임진왜란 관련 설화 2-8 533에서 서애는 일국의 재상임에도 불구하고 임진왜란이 일어날 기미를 아는데 있어서는 개보다도 못한 능력을 가진 자로 무시당한다. 이처럼 설화에서 서애가 겸암에 비해 상대적으로 무능한 인물로 묘사되고 있는 것에 대해 임재해는 왕을 측근에서 떠받들며 대단하게 행세하는 벼슬아치들이 임란도 예견하지 못하고 쩔쩔매는 것을 비판한 민중의식을 드러낸 것이라고 보았다.[16] '족탈불급', '서애가 출세한 것은 겸암 때문임', '모든 면에서 겸암이 나음'이라는 서애에 대한 부정적 평가는 서애가 임진왜란 관련 설화에서는 위정자라는 직분으로써 형상화되고 있기 때문이다.

임진왜란 관련 설화에서 위정자 서애와 이인 겸암은 국난 극복을 위해 협력 관계를 형성한다. 때문에 설화에서 형제의 능력을 겨루는 사건은 대립적 관계에 있는 적대자들이 그 우위를 가리기 위해 그 능력을 비교하는 것이 아니다. 김기호는 서애와 겸암 형제의 경쟁의 발단은 서애가 겸암을 경시한 것에서부터이며 그 결과 형제의 협력 관계가 형성되었다고 하였다. 서애가 겸암에게 바둑이나 장기를 둘 줄 아냐고 묻거나 혹은 자신의 체면을 위해 짚신 장사를 하지 않을 것을 요구하는 등 겸암을 경시함으로써 소통이 일어나고 형제의 경쟁이 성립되며, 경쟁의 결과는 서애의 백전백패로 나타나지만 그 결과 서애는 겸암을 인정하고 겸암이 이끄는 대로 따라다니며 협력 관계를 형성하여 직면한 문제를 해결하였다[17]는 것이다.

---

16) 임재해, 앞의 논문, 53~54쪽.

그런데 문제는 서애의 행동이 겸암을 경시하는 것 외에 대부분 수동적이고 소극적으로 표현되어 있다는 점이다. 겸암이 서애에게 왜군이 전쟁 준비를 하고 있음을 일러주지만 영의정인 서애는 스스로 그 문제에 대해 해결해 보려는 노력을 전혀 보이지 않는다. 형제의 능력에 대한 비교에는 곧 바로 가까이 있는 겸암과 같이 예견할 수 있는 능력의 소유자의 말을 바로 듣고, 겸암과 같은 이인이 갖추지 못한 사회적 정치적 직분의 능력[18]을 발휘하여 국가의 위기를 극복하기를 바라는 전승자의 역사 인식이 숨어있다고 볼 수 있다. 곧, 서애에 대한 부정적 시각은 위정자로 형상화 된 서애가 임진왜란이라는 국가적 위기 상황에서 전승자들이 바라는 위정자로서의 직분을 제대로 해내지 못했다는 비판적 의식으로부터 온 것이라고 할 수 있다.

그렇기 때문에 임진왜란에 대한 상황이 나타나지 않는 서애와 겸암의 능력에 대한 설화에서 서애에 대한 묘사는 그 직분으로 형상화 된 서애와 정반대로 달라진다. 여전히 겸암은 염라대왕이 적어 놓은 죽은 사람의 명부를 염라대왕보다 더 잘 아는 등의 이인으로서의 특별한 능력을 발휘하지만 영의정 서애에 대한 관심은 그의

---

17) 김기호, 앞의 논문, 12~18쪽.

18) 설화 86 636 〈겸암 선생 이야기〉에서는 일상에서의 직분을 충실히 수행하는 것이 매우 중요하다고 생각하는 설화 전승자의 의식이 나타나 있다. 겸암은 십일대 손부 밀양 박씨에게 土移射男邦이라는 다섯 글자를 남겼는데, 그 뜻이 '사람은 농민은 농민 행세해야 되고 [음성을 높여서 말한다.] 장사는 장사 행세해야 되고, 정치객은 정치 행세해야 되고, 국회의원은 국회 행세해야 되는데, 모든 우리 국민이 각자 자기 일만 한다면 무엇이 어려운 게 있겠습니까? 여러분 호색탐화 하지 말고, 부귀영화 바라지 말고, 각자 지 맡은 직업이나 완수하라'는 의미를 담고 있다고 하였다.

직분이 아니라 그의 인품과 명석함에 초점이 맞춰져 있다. 〈예시 1〉의 3-4 708에서 서애는 관직에서 나와 고향에 돌아와 청빈한 삶을 살고, 가난한 생활 속에서도 도둑에게까지 관용을 베푸는 모습으로 표현되며, 그를 통해 소인과 다른 정승으로 평가되고 있다. 또한 7-17 634에서 7살의 서애는 어른도 풀 수 없는 어려운 글귀를 쉽게 풀어낼 만큼의 총명함을 지닌 자로, '옛날에 유정승이 참 굉장히 머리가 좋고 아주 정승 중에서도 제일 참말로 학식이 능했다'는 평가를 받고 있다. 곧, 직분을 떠나 표현되는 서애는 겸암 못지않은 총명함과 관대한 인품을 갖춘 자로 구술되고 있음을 알 수 있다.

2. 임진왜란에 대한 구술 공동체의 문제의식

임진왜란 당시 오랜 전쟁으로 인해 민중들이 고통스런 삶을 살았다는 것은 말할 필요도 없다. 궁핍한 생활, 무너진 자존심, 기대했던 지도자들의 무능함, 왜병과 명나라 병사들의 폭행과 친족과 이웃의 죽음을 경험한 조선의 백성들은 그 원인이 무엇이며, 상처를 회복하기 위해 어떻게 해야 하는가를 고민할 수밖에 없었다. 서애설화에도 임진왜란에 대한 예견, 예비, 외세 퇴치, 청병, 장병의 기용, 전쟁의 방지 등의 키워드를 통해서도 알 수 있듯이 이러한 고민과 문제의식은 구술 공동체의 주요 관심사로써 설화의 전승과 소통의 동력이 되고 있음은 물론이다. 서애설화를 통해 추출될 수 있는 역사에 대한, 특히 임진왜란에 대한 구술 전승자들의 문제의식은 다음의 네 가지로 요약된다.

임진왜란이 일어날 것에 대해 미리 알고 대비책이 있었는가?

왜의 침략세력을 몰아낼 방책이 무엇인가?

전쟁 후 명의 횡포에 제대로 대처하였는가?

침략세력을 물리친 자들에 대한 공이 제대로 평가되었는가?

1) 임진왜란이 일어날 것에 대해 미리 알고 대비책이 있었는가?

예견과 관련된 모티프는 '임진왜란이 일어날 것에 대해 미리 알고 대비책이 있었는가'에 대한 물음과 대답이라고 할 수 있다. 앞서 인물 형상화에서 살펴보았듯이 임진왜란이 일어날 것에 대해 예견했던 일군의 무리들은 겸암을 비롯한 이인들이었다. 서애의 무능함과 왕상의 자격에 대해 운운한 것은 구비 전승자들이 생각하기에 왕을 비롯한 관료들이 임진왜란에 대한 대비책이 전혀 없었음을 질타한 표현에 다름 아니다.

	겸암이 왜 첩자가 서애 집에 올 것을 미리 앎
	이인은 왜가 전쟁 준비를 하고 있음을 알고, 이를 알게 함
예견	아이 혹은 빨래하는 아낙들이 왜 첩자를 알아 봄
	서애가 노파(영감)의 오두막에 가서 임진왜란이 날 것을 알지 못한다는 이유로 생선 반 토막만 얻어먹음

겸암, 노파 혹은 구인회, 율곡 등의 이인들이 왜병이 조선을 침범할 것을 미리 알고 이를 서애나 위정자들에게 알려주었지만, 서애 혹은 위정자들이 이에 대해 준비하는 일은 일어나지 않았다. 실제 역사에서 어떠한 노력이 있었던지 간에 전승자들의 기억과 경험에서 위정자들은 위정자로서의 자신의 직무에 성실하게 임하지 않음

으로써 임진왜란에 대해 그 어떤 대비책도 마련하지 못한, 일신의 안위와 품위를 위해 사는 사람들이었다. 7-8 689에서 겸암은 동생 서애가 아끼던 학을 잡아먹고 거문고를 부셔 땔감으로 써버린 후에 소상강에 가서 소상반죽을 마련해 주고 "네 이놈! 오새 지금 일본이 넘보고 혹은 나라를 침범을 하고 우리나라 얼매 안 가서 망할 형편인데 당파 싸움만 하고 호의호식만 하고 학의 춤만 치고 거문고만 타고 이기 뭐냐"라고 혼을 낸다. 학과 거문고는 지배층의 유희적 삶을 상징한다. 구술자는 학과 거문고를 식용과 땔감으로 대치하는 겸암의 행동과 일본의 침략에 대한 대비책 하나 없이 당파싸움과 호의호식한다고 질책하는 겸암의 말을 통해서 지배층에 대한 민중적 비판 인식[19]을 명확하게 전달하고 있다.

겸암은 왜의 첩자 혹은 왜장이 조선을 염탐하러 와서 서애를 죽이려고 서애 집에 올 것을 예견하고 있었으며, 서애를 죽이려고 온 첩자를 쫓아버린다.

예견	겸암이 왜 첩자가 서애 집에 올 것을 미리 앎	→	퇴치	겸암이 왜 첩자와의 대결에서 이기고, 겸암의 집을 빠져 나가려 하는 왜 첩자를 빠져 나갈 수 없게 고생시키다가 쫓아버림

겸암이 서애를 죽이려고 온 왜장을 퇴치한 이야기는 구비설화뿐 아니라 문헌설화나 임진록에서도 찾아볼 수 있다.

류성룡이 겸암의 선견지명에 놀라면서 집안에 일이 있어 손님을

---

19) 임재해, 앞의 논문, 70~71쪽.

받을 수 없다고 거절하고 암자로 보냈다. 겸암은 거사의 모습으로 중을 맞이하여 좋은 술과 음식을 대접하였다. 중이 많이 먹고 취하여 자다가 속이 거북하여 깨보니 겸암이 칼을 들고 배 위에 올라앉아 있었다. 겸암이 "천한 중놈아 네가 어찌 헛튼 마음을 먹느냐. 네가 바다를 건너올 때 나는 이미 알고 있었다. 네가 사실대로 고하면 살려 줄 것이고, 그렇지 않으면 살아가지 못 할 것이다" 하며 호통을 쳤다. 중이 목숨을 애걸하면서 평수길의 명을 받고 류성룡을 죽이러 온 것이라고 하였다. 겸암은 우리나라 병란은 천명이기 때문에 왜장 하나를 죽인다고 해결될 수 있는 것이 아니라고 하였다. 겸암은 왜장을 살려 보내면서 안동만은 화를 면하게 하고 싶다고 하였다. 왜장이 귀국하여 이 사실을 전하자 평수길이 놀라 군사들이 떠날 때 안동은 범하지 말라고 하였다. 이로 인하여 임진왜란 때 안동이 무사하였다. [계서야담[20]]

차설 차시 영의정 柳姓龍의 형님 謙庵先生이 벙어리 행세를 하고 잇섯는데 일일은 류성룡대감 집에 와서 말하기를 오늘 저녁에 중의 행세를 한 두 사람이 올 것인즉 만일 그 사람들을 재우면 아우에게 화가 미칠 것이니 방고래를 파헤쳐 노코 투숙을 거절하고 구지 애걸하거든 나의 집으로 보내라 하더니 과연 저녁 때에 중 두 사람이 와서 투숙을 청커늘 방손질을 핑계하고 겸암선생 집으로 보내니라 그날 밤 오경에 겸암선생이 그 중의 바랑을 잡아나꾸니 비수가 나오는지라 겸암선생이 호령 왈 네 이놈들 중의 행세로

20) 임철호,「왜장퇴치 이야기의 전승과 변이 : 문헌설화와 임진록의 관련성을 중심으로」(『열상고전연구』11, 열상고전연구회, 1998)의 86쪽에서 재인용. 임철호는 『청구야담』, 『기문총화』, 『해동야서』에도 이와 유사한 문헌설화가 실려 있다고 밝히고 있다.

누구를 해치라고 비수를 간직하고 단이느냐 당장에 썩 물러가거라 한대 두 중이 새벽에 떠나 하로종일 길을 가다가 저녁 때에 정신을 차리고 본즉 아직까지 겸암선생의 뜰 앞에 서 잇는지라 다시 드러와 고두사죄하고 떠나갈새 겸암선생이 동리사람에게 미리 시켜 노앗는지라 동라 아이들이 종의지와 헌소를 보고 말하되 저놈들이 왜국 중놈으로서 우리나라의 지도 그리러 단인다 하니 종의지와 헌소가 생각하되 조선 사람은 남녀노소가 모다 명인들이로다 하고 줄다름처 본국으로 도라가니라 [임진록21)]

그때에 뭣이냐고니 일본놈 팽신수길이란 놈 이놈이 이 조선을 칠라고 방방(塘埼), 그 지도를 기리고 댕인단 말여. 지도를 기리고 댕긴게 인자 유서해 그 양반은 정승만 됐지 그를 모르는디 즈그 행님은 그걸 알었다 그말여. 근께 반팽이 짓을 허고 댕겨도 異人여 이인. 아는 사람여. 하리 저녁이는 즈그 동생 그 유서해를 보고, "오늘 어뜬 중놈이 와서 하루저녁 자자고 헐 것인 게 사랑방을, 방을 뜯어 고친다 그러고 우리 사랑으로 보내소." 그러거든. 그런게 대차 석양이 된 게 어뜬 중놈이 와서 하릿밤 자고 가잔께로 "아이 우리 사랑은 방을 뜯어 고친께로 나 동생 아니 우리 성님 사랑으로 가라고." 지시를 해서 보낸다 말여. 그래가지고 그 팽신수길이란 놈이 [청중 : 풍신수길] 응, 풍신수길이란 놈이 거그서 자는디 아, 자다가 자너라곤게 유서해 즈그 성님 유농판이가 칼을 갖고 배를 덜렁 올라 앉어서, "너 이놈, 네 일본놈 평신수길 아니냐 이놈아.

---

21) 전체 74쪽, 한 쪽에 14행, 1행에22자 내외로 된 임철호 소장의 프린프 본임(임철호, 『임진록 연구』, 정음사, 1986, 20~21쪽 참고), 본 논문에서 참고한 임진록 이본연구에서는 [CB임36]이라 구분되어 있음.(임철호, 『임진록이본연구 II』, 전주대학교 출판부, 1996, 174쪽)

네 죽인다."그러거든. 아, 이놈이 근근히 살려도라고 혀서 살려줬어. 일어난 게로 아, 유서해 그 양반이 날마당 반팽이 미친 사람으로 알았더니 양철조각을 갖고 와서 쪼므락 쪼므락 허드니 쪽 피드니 지드라믄 장도칼을 만든다 말여. 그리 갖고 칼날이가 탁 올라서드니 조화를 부린께 칼을 찬 사람이 뱅뱅뱅뱅 온방을 잡어도는디 아, 평신수길 이놈이 놀래 갖고는 폭신 그냥 한쪽 구석탱이 쪼그려 앉었다가는 날이 샌께로 내달릴라고 달린판에. 아 그 뭣이냐 유서해 즈그 성님 유농판이가 동네 앞이 동네 아들들, 아침 일찍 나가믄 동네 앞으 싱을 치고 아들 모다 논(노는) 디가 있거든. "낼 아침에 일찍이 중놈 하나 지나 갈터니 일본놈 평신수길이 '저놈 잡자' 그러고 막 싱을 치다가 싱매를 들고 쫓으라"고 시기났다 그말여. 아, 이놈이 밥을 먹고 동네 앞이를 나간게로 요만썩헌 아들이 그나이나, "일본 중놈 저놈 평신수길이 저놈 잡자." 허고서 싱치다 싱매를 들고 쫓아오는디 으찌게 이놈으 간디가 전부가 아들도 이인이란 말여. 전부 저 평신수길인지 안다 그말여. 한없이 달아나는디 바람이 불어서 그나이나 대문이 탁 때림서 뱅정그르…. '앗다 이 대문도 나를 아는구나. 대문도 나를 아는구나' 그러고 내달리서…. [웃음] 그런게 그놈 들어감선 경상도 안동땅이라믄 도리뱅이를 딱 쳤어. 그리갖고는 임진왜란 그렇게 난리가 나도 경상도 안동이라믄 통 무사히 일본놈이 투적을 안허고 말어.[22]

문헌설화, 임진록, 구비설화에서조차 겸암은 왜란이 천시임을

---

22) 6-4 65.

주장하여 왜장 청정을 죽일 수 있었는데 죽이지 않고 살려 보내고, 안동만은 범해서는 안 된다고 경계한다. 역사적으로 벌어진 일을 이야기한다는 점에서 제한되기는 하지만 임진왜란을 막을 수 있는 겸암 같은 이인이 왜란을 국운이 다하여 부득이 겪을 수밖에 없는 난리로 인식하고 운명적으로 받아들이는 것은 민중의식의 한 모습이자 한계로 볼 수 있다.23) 임철호24)는 이에 대해 왜에 대한 적극적인 대응의지를 지니지 못한 문헌설화 담당계층의 한계성이 천명관과 민족적인 아량으로 교묘하게 은폐되어 있다고 하였고, 최문정25)은 그 이면에서 전란을 미연에 방지하지 못한 집권사대부들의 실정에 대한 책임을 회피하려는 의도로 파악하였다.

그런데, 구비설화에서는 어린아이, 빨래하는 부녀자들이 조선을 염탐하고, 조선의 지도를 그리며, 서애를 죽이려고 찾아 온 왜장을 알아본다는 이야기가 더 첨가되어 있다. 임철호는 역사계열, 최일영계열, 관운장계열의 임진록에서도 왜장 퇴치 설화가 발견된다고 하고, 문헌설화의 왜장 퇴치 설화는 임진록의 역사계열로 수용되었고, 구비설화는 관운장계열에 수용되었다고 보았다. 창작된 것으로 보이는 최일영계열의 내용에는 일반적으로 왜장 퇴치 설화가 없는데, 최일영계열의 하나인 임철호 소장의 프린트 본26)에 실린 왜장 퇴치 설화는 구비되는 설화를 수용한 것으로 보인다고 하였다.27)

---

23) 임재해, 앞의 논문, 82쪽.
24) 임철호, 앞의 책, 1986, 49~50쪽.
25) 최문정, 『임진록연구』, 박이정, 2001, 76쪽.
26) 임철호는 이를 CB임본이라고 명명하였다.(임철호, 『임진록 연구』, 20~21쪽 ; 임철호, 『임진록이본연구 Ⅰ』, 74~77쪽)
27) 임철호, 「왜장퇴치 이야기의 전승과 변이 : 문헌설화와 임진록의 관련성을 중심으로」, 『열상고전연구』11, 열상고전연구회, 1998, 83~118쪽.

그렇다면 아이들과 동네아낙들이 풍신수길 등의 왜장을 알아보아 혼내주고, 이 때문에 안동 지역이 임진왜란 때에 화를 당하지 않았다는 사건은 바로 임진록이 창작되던 당시부터 지금까지 이어 온 구술 전승자들의 인식을 드러내고 있는 이야기라고 볼 수 있다.

예견	아이 혹은 빨래하는 아낙들이 왜 첩자를 알아 봄	→	방지	하회는 임진왜란 때에도 화를 당하지 않음

이 사건은 매우 잘 알려진 민요 '쾌지나칭칭나네'에 대한 어의를 설명하는 설화에서도 강조되는데, 그만큼 구술 공동체들에게는 중요한 일로 기억된 사건이라고 할 수 있다.

> "[노래조로] 왜장 淸淨이 나온다. 왜장 청정이 나온다." 이런걸 요새 쾌지나 칭칭이라 그래. 일본놈 왜놈의 장수 청정이가 나온다 이기라. 청정이가 글 때 말이지 임란전에 어데를 최초로 머여(먼저) 갔나 하면 퇴계한테 먼저 갔다. 또 하회에 西厓가 있다그이 그리 가는데. 이놈이 중놈 돼가주고 조선에 인제 명인을 보는데 바로 여, 여 경상도이면 李退溪, 柳西厓, 柳謙菴이거던. 그이 겸암이거 씨긴게라(시킨 것이다). 지금 여서 지금 보통말이래, "얼씨구나 좋다. 쾌지나 칭칭나네-." 그러잖아, "[청중들 모두 합창] 니가 죽고 내가 살면 무신 재미가 있나 쾌지나 칭칭나네." 이래 하잖애? 이게 왜장 청정이 나온다 그는게래. 왜장 청정을 쾌지나칭칭이라 그러.[28]

설화 7-17 158에서 '쾌지나칭칭나네'는 겸암이 시켜서 임진왜란 전에 했던 말로 '왜장 청정이 나온다'라는 뜻이라고 설명한다. 7-17 158의 내용을 6-4 65의 내용과 연결해 보면, 왜장 청정이 겸암의 집에서 죽을 지경으로 겨우 빠져나오는데, 아이들이 "쾌지나칭칭나네", "왜장청정이 나오네"라고 합창을 하며 몽둥이를 들고 따라가며 혼을 내주었다는 것이다. 그리고 하회는 임진왜란의 전란을 겪지 않는 곳이 될 수 있었다는 것이다. 하회의 어린 아이와 빨래하는 아낙네들은 겸암의 이야기를 통해 왜장 풍신수길이 하회마을에 온 것을 예견할 수 있었고, 그의 침범에 대해 적극적으로 대처함으로써 그들의 마을을 지켜낼 수 있었다. 풍신수길을 알아보는 자가 어린아이 혹은 빨래하는 아낙네로 표현되는 것은 그들이 어리숙하고 약하고 모르는 자들이라고 여겨지기 때문이다. 겸암이 치숙, 바보, 버버리 등으로 표현된 것처럼 그들은 위정자인 서애의 능력에는 전혀 미칠 수 없는 무능한 인물들로 표현되었지만 풍신수길은 바로 그들을 이인으로 인식했고, 결국 그들이 하회를 전란으로부터 지켜낼 수 있었다. 이 사건은 민중들이 서애와 같은 위정자와는 달리 겸암이 알려주는 것에 대해 귀를 기울여 환란을 예견할 수 있었고, 예견된 환란에 대해 힘을 합하여 적극적이고 능동적으로 대처함으로써 결국 위기적 상황이 닥치는 것을 방지할 수 있었다는 인식을 보여준다. 구비설화에 전승된 역사인식이 문헌설화나 소설과 다른 지점이 바로 이 부분이다.

---

28) 7-17 158.

2) 왜의 침략세력을 몰아낼 방책이 무엇인가?

서애설화에서 임진왜란에 대한 대비책으로써 겸암을 비롯한 이인들에 의해 예비된 것은 모두 명의 장군 이여송을 청병하는 데에 집중되어 있다. 일본이 전쟁준비를 하고 쳐들어 올 것이 예견되었지만 이에 대해 예비된 것은 청병뿐이었다.

예비	이인(동고, 율곡, 겸암)이 청병할 때 필요한 것을 미리 일러주어 기억하게 함.	→	청병	이여송을 청병함
	겸암이 서애를 데리고 소상강에 가서 소상반죽을 마련해 줌			이여송이 압록강에서 이인을 시험하기 위해 여러 가지를 요구하고, 이것이 해결됨
				이여송이 왕상이 아니라고 하여 돌아가려고 하자 선조가 독안에서 큰 소리를 내어 울어 청병이 이루어짐

이인으로 형상화된 동고, 율곡, 겸암 등이 죽으면서 유언으로써 청병할 때 필요한 것을 일러준 것이나 겸암이 능력을 발휘하여 서애를 데리고 소상강에 가서 소상반죽을 준비시킨 것은 모두 왜병이 침략한 후 이여송의 청병을 성사시키기 위함이었다. 왜가 침략할 것에 대해 알지도 못했고, 일러주어도 무엇 하나 준비하지 않았던 위정자들의 충심과 능력이 발휘되는 곳 또한 청병의 현장이었다.

참 임진왜란 때 그래가주 그참 저저, 저 청국 가 인제 그 저저, 뭐고 학봉선생하고 그 어른들이 가가주 그 저저 이여송을 인제 참말로 청병을 해가주 나올 찍에, 그래 나오는데 이여송이 함부래 안 나올라 카는 걸 그 참말로 억질로 해가주 권해가 나오는데. 나오다가 인제 참 그 강변에 와가주 인제 그 오성대감하고 인제 맹, 서애대감하고 전부 인제 참 전송을 하러 마중갔다 말이라. 가다 인제 그 점심상을 쭉 채리 들노이께네 그래 인제 이여송이, 그 하매 가뜩이나 트집을 그래 잡는데, 참 뭐라 카는 기, "아이고, 내 이거 뭐."카미, 점심상을 채리 들노이께네 뭐라 카는기 아이라, "자, 점심상에 인제 석간적을 하고 용에 간을 인제 회를 해야 내 점심 먹겠다." 이카이께네, 그, 자, 이눔의 자슥, 석간적이 뭔동 알 수가 있나. 그래가주 인제, "석간적은 어렵지 않네. 그, 저, 조포가 석간적이네." 이래가주 인제 참 그 또 용의 간을 도저히 구할 수가 없고 그래 저 뭐 참 예전 말이 그렇지. 거 학봉선생이 가가주고 그 강변에 가여 압록강변에 가가주고마, 고만 절을 하고 이래 비이께네 마 참 용이 한 바리 나 디비졌다 카지 그기 인제, 그기 용에 간이 아이라 잉어 간이라요. 그래 인제 간 갖다 인제 점심상에 떡 채리노이께네. 또 인제 그 이여송이 인제 트집잡기를, "용의 간을 찍어 멀라 카만 소상반죽 저(箸) 아이고는 도저히 먹을 수 없다." 카이께네, [청중 : 트집이께네.] [제보자 : 예, 트집이라.] 카이께네, 서애대감도 그제야 인제 행전 발에 인제 소상반 저를 인제 척 판에 걸디, "햐. 참 조선 충신들은 참 이렇구나."카미, 그래 인제, 거 와 인제 그 적을 인제 참 점심을 식사를 하고 인제, 그래 인제 와가주. 인제, 와가주 인제 또 인제 트집잡기를 뭐라카노 카면, 와가주 인제, 참 그때 선조대왕을 보고, "야. 조선 국왕 인물 보이께네, 여, 국왕감이 안 되이께네 난 고마 반사하겠이이 마 난 돌아가겠다."카이, 거 인제 또 그 오성대감하고 그 어른들 또 수단을 꾸미가주, "자, 이러면 할 수 없고 하이께네 안 되겠다." 자, 대왕을 인제 큰 독에다 인제 마 들어가라 캐놓고 앉아가주

마, 자기 신명대로 한 분 우라 캤어요. 마. 그래 자기도 하매 마 그때 남한산성에 올라가가주 마, [청중 : 나라는 망하게 됐지….] 나라는 망하게 됐제. 그 하매 저 대국드러 장사를 청해가주 와도 하매 고만 국왕 그렇다고 갈라카이께네. 이 뭐 천태상으로 난 인물 가주 할 수 없고. 이래가주 카이께네, 그래 독 안에 대고, 그땐 마 대성통곡을, 막 우이께네, 그래 인제 이여송이 듣고, "아이, 저 울음소리가 저, 누 울음소리고?"카이, 그래 참, "국왕이 참 이거 저 대도독이 오싰다가 이 반사하신다 카이 하도 원통해 인진 마, 나라 망하이 그래, 통곡해가 운다."카이께네, "야, 그 참 얼굴은 보이 국왕감 안되나, 그 울음소리 보이께네 동해 [청중 : 용(龍)소리 라.] 청룡의 왕소리구나. 그래만 내 반사 안 하겠다."29)

    설화에서 이여송은 명황의 명에 따라 조선에 출병하였음에도 불구하고 이런저런 이유를 들어 왜병과의 전투에 참여하지 않고 명으로 돌아가려고 하였다. 서애 류성룡은 『징비록』에서 1차 청병 때 명의 조승훈 군이 조선에 오기 전 "명나라 조정에서는 조선에 대한 지원에 반론이 제기되었고, 심하게는 조선이 왜군의 안내를 하고 있다는 의심을 하는 사람까지 있었다"30)고 적고 있다. 때문에 조승훈 군을 맞이하면서 서애는 "이에 민심이 비로소 조금 안정되어 혼란을 수습하고 명나라 군사를 맞이함으로써 마침내 국토를 회복 할 수 있었으니, 이는 진실로 사람의 힘에 의한 것이 아니라 하늘의

---

29) 7-11 317.
30) "而朝議多異同 甚或疑我爲賊向導."(류성룡 저, 김시덕 역해, 『교감 해설 징비록』, 아카넷, 2013, 290~292쪽)

뜻이었다"[31]고 찬탄한다. 그러나 조승훈 군은 평양 전투에서 실패하고 임진왜란은 가장 어두운 국면에 직면한다. 이러한 상황에서 이여송이 조선에 온 것이다. 이여송은 대장으로 임명받고 4만 명의 군사를 이끌고 압록강을 건너 들어와서 안주성 남쪽에 진을 친다. 서애는 "내가 제독을 만나 일련의 상황에 대하여 말하겠다고 청하니 제독은 동헌에 있다가 나에게 들어오도록 하였는데, 만나보니 그는 당당한 대장부였다. 의자를 놓고 서로 마주 앉은 뒤 나는 소맷자락에서 평양 지도를 꺼내어 평양의 지형과 군대가 진입할 수 있는 길을 설명하였다"[32]고 서술하였다.

서애설화에서 이인들이 이여송이 조선으로의 출병에 선뜻 나서지 않을 것을 미리 알아 출병에 예비하여 이여송을 전투에 참여시킬 수 있었다는 이야기는 다시 말해 일본의 침략세력을 조선에서 몰아내고 임진왜란의 종결에 결정적인 역할을 담당한 자가 바로 이여송의 원병이었다는 인식에서 비롯한 것이라고 볼 수 있다. 김덕령, 사명당 등의 의병장을 중심으로 한 임진왜란 관련 설화에서와 달리 서애설화에서 전승자들은 서애를 비롯한 위정자들에게 맹장으로서의 전투 능력을 요구하고 있지 않는다. 구비설화 속에서 사명당은 장작불로 달군 무쇠 방에 갇힌 상태에서 도술로 얼음을 얼렸다든가 수만 폭의 병풍의 글귀를 빠짐없이 외우는 등의 능력을 발휘하고 왜국으로 가서 왜왕의 항복을 받으면서 사람의 가죽과 고환을 공물로 바치게 했다는 혁혁한 무공을 세운다.[33] 김덕령 또한 구비설화

---

31) "以此人心稍定 收拾餘燼 導迎天兵 終致恢復之功 此實天也 非人力之所及也."(류성룡 저, 위의 책, 290~292쪽)

32) "余請見提督白事 提督在東軒許入 乃頹然丈夫也 設椅相對 余袖出平壤地圖 指示形勢 兵所從入之路."(류성룡 저, 위의 책, 378쪽)

속에서 하늘을 날아다니는 호랑이로 묘사되며 도술을 부려 적군을 물리쳐서 적군은 그의 이름만 들어도 혼비백산하여 도망쳤다고 하였다.[34] 전승자들은 서애와 같은 위정자들에게 정세를 파악하고 예견할 수 있는 지능과 국가적 위기가 닥치지 않도록 국정을 관리하는 능력, 그리고 만약 국가적 위기가 닥쳤을 때에 실천적으로 위기를 극복해 나가는 행동을 요구하고 있다. 그러나 위정자들은 자아도취에 빠져 위기적 상황에 대처하는 데에는 무능하였고, 위기적 상황을 알게 되었음에도 소극적이고 수동적인 행동만을 보여주었다. 이에 이여송에 대한 '청병'은 국가적 위기가 닥쳤을 때에 미래를 예측하지 못하고, 위기에 대해 준비를 하지 못한 무능하고 불성실한 위정자들이 해야 하는 차선적 행동이자 대안책이었다는 인식에 다름 아닌 것이다.

3) 전쟁 후 명의 횡포에 제대로 대처하였는가?

『한국구비문학대계』 소재 서애설화에서는 임진왜란이 일어난 후 왜를 물리칠 대책으로써 이여송의 청병에 집중하고 있지만 전란에서의 대국의 횡포에 대해서도 간과하지 않는다.

설화의 퇴치 모티프는 구술 공동체가 적대자로 여기는 자들이 누구이며 누가 그들을 퇴치하고 있는지 명확히 밝히고 있다. 임진왜란이 일어나기 전 퇴치의 대상은 전쟁을 일으키기 위해 조선을 염탐하러 온 왜의 장군이었다.

33) 신동흔, 「사명당 설화에 담긴 역사의식 연구」, 『고전문학연구』 38, 2010, 279~310쪽.
34) 나경수, 「김덕령의 역설적 삶과 의의」, 『남도민속연구』 22, 남도민속학회, 2011, 85~91쪽.

	겸암이 왜 첩자와의 대결에서 이기고, 겸암의 집을 빠져 나가려 하는 왜 첩자를 빠져 나갈 수 없게 고생시키다가 쫓아버림
퇴	김덕령이 하월이와 왜장을 죽임
치	겸암이 중이 가지고 있던 지도를 바꾸어 그려 이순신이 왜를 무너뜨리게 함
	초립동이가 이여송을 몰아 냄
	이여송이 왕노릇하려는 맘을 품어 송구병이 혼내줌

임란 전 겸암은 조선을 염탐하러 온 왜장을 왜로 쫓아버린다. 임진왜란 중에는 김덕령, 겸암, 이순신이 왜장을 죽이고 왜군을 무찌르고 있으며, 임진왜란이 끝난 뒤에는 초립동이가 이여송을 혼내주고 쫓아내고 있다. 여기서 임진왜란 당시 퇴치 대상으로서의 적이 전쟁을 일으킨 장본인인 왜뿐만이 아니라 청병으로 조선에 불러 온 명의 원군을 포함한다는 구술 공동체의 의식을 확인할 수 있다. 임철호는 임진록에 나타난 이여송에 대해 임진왜란이라는 위기에서 조선을 구해 준 구원자로서의 성격과 구원자를 빙자하여 온갖 횡포를 부린 민족적 적대자로서의 양면성을 지닌 인물로 평가 되고 있다고 분석하였다. 이러한 양면성은 문헌설화와 구비설화에 서 매우 달리 나타나는데, 문헌설화와 임진록의 역사계열에서 이여 송은 왜의 정탐병을 퇴치하고, 바둑으로 조선의 승리를 예언하는 등 영웅적인 행위가 부각되어 있는 반면 구비설화와 임진록의 관운 장계열에서 이여송이 왜와의 싸움은 하지 않고 약탈, 겁탈을 일삼거 나, 명산의 혈을 자르는 등 횡포를 부리는 적대자로서의 모습이 부각되어 있다[35]고 하였다.

---

35) 임철호, 앞의 책, 1986, 79~81쪽, 361~364쪽.

이여송이가 그 뒤에 고만에 전장을 다 마친 후에는 드갔으면 되낀데 아이, 이게 또 딴청시리 마음먹고 사방 천승 댕기면서 혈을 다 끊어. 조선놈 놔 두면 이양 이처럼 자꾸 인재가 많이 나가주고서 러 내중에 대국까지 먹는다꼬 그래.[36]

그 란(임진왜란) 후에 이여송이가, 이여송이가 본래 대국(중국)서 나왔그던. 그런데, 이 조선침병 막아 달라꼬 가서 예전에, 참 그 鶴峰선생, [작은 소리로] 柳西厓 모도 가서 그 빌어, 보내왔다. [본래 목소리로] 그 인제 순찰을 도는데. 순찰을 도는 택인데, 나와 보이께네 여 사람이 하늘에서 나이, 장수가 사람한테서 나도. 그르 이 큰 인재가 나는데? 이래가주고는 안될따? 거 가주고 사람이, 그 장수가 다 맥을 다 아그던. [조사자 : 예.] 거 인제 참 산맥을 가우 요지는 다 끊는 택이래. 요지에, 요지, 여안 끊고 그대로 있었으면 맹 조선이 언제든지 시끄러워. 큰 사람이 많이 난다꼬.[37]

서애설화에서 보인 이여송의 단혈 사건은 전쟁 후 대국의 횡포를 상징한 것이다. 전란을 해결하기 위해 이여송의 청병이 필요한 일이었다고 인식하고 있었지만, 그는 미봉책이었을 뿐이었다. 이여송은 조선에 이인이 있어서 청병에 응하고 있지만, 조선의 이인을 없애기 위해 단혈을 단행하는 이중적인 모습을 보인다. 더 나아가 이여송은 조선에 진을 치고 왕노릇까지 하려는 맘을 품지만 이인 송구병이 혼을 내주어 좌절시킨다.[38] 설화 전승자들이 형상화하고

---

36) 7-18 419.
37) 8-4 728.

있는 이러한 이여송의 이중적인 면모는 자국의 이익을 우선하는 것이 명의 입장이며 조선으로의 청병 또한 명의 이익을 위한 행동이었다는 진실을 꿰뚫어 본 것에서 비롯한 것이라고 할 수 있다.

4) 침략세력을 물리친 자들에 대한 공이 제대로 평가되었는가?

서애설화에서 왜적을 물리치는 혁혁한 공을 세우는 인물로 김덕령이 있다. 설화 7-11 317, 7-4 129, 7-18 419에서는 김덕령이 왜장을 죽이는 활약이 청병 이후에 이어지고 있다. 그런데 김덕령은 7-11 317에서는 이여송에게 모함을 받아 죽는 것으로 표현되었으며, 6-2 101에서는 서애에게 모함을 받아 죽는 것으로 나타나 있다. 위정자를 대표하는 서애와 대국의 이익을 대변하는 이여송이 바로 김덕령을 모함하여 살해하는 인물로 형상화 되어 있는 것이다.

그 평수길이하고 그래 인제 싸우다가 냉주, 싸우다 싸우다 그래 안 돼 냉주 공중전까지 해가주고 뭐 싸와가주고 그래가주 그 때 인제 참 승패를 해가주고, 이기꼬 이기가 주고. 그래 인제 이여송이가 인제 가마이 보이 조선국이 탐나가주고, 자기가 인제 마 고만 이걸 뺏어 먹겠다 싶어가. 그래가주 그 김덕령이를 인제 마 역적으로 몰았다 말이라. 그래 인제 역적으로 몰으는 기 그 맹, 이여송이 씨기 그렇지만도 저거 인제 응? "지가 그만한 장수를 가주 있으만 와 나라에 으이 전쟁이 그리 나도록 지가 누버 있었노?"카는 그걸 가주 인제 고만 밑에 병인들이 마 고만, 잡아 죽일라 캐노이께네. [청중 : 삼년 동안이나 안나왔노 카미.] 잡아직일라 카이 [청중 : 때

---

38) 6-2 101.

리도 안 죽는다.] 때리도 죽나. 이라가주 냉주 하도 잡아노이, 김덕령이 지도, 자기도 그 때 인제 마, 하는 말이, "너, 날 기어이 직일라만, 너 암만 날 칼을 갖다 찔러도 안 죽을 끼고 그러이께네 너 저저 만고충신 김덕령이라는 저저, [청중 : 모자 충신 김덕령이라는] 저 표만 하나 세와도고." 카이, 그래 표를 하나 세와놓고, '까이, 죽은 뒤에…뭐.' 그래가주, "날 죽일라만 저 내 자드랑 밑에 여 비늘 있으이끄네 비늘 이거만 저 저 치마 끝에 지룹 가지고 …[여기서 제보자와 청중의 말이 섞이어 잘 알아들을 수 없다.]" 그래 가주고 인제 고만 그래가 자기 죽었뿠다 말이라. 그래가주 인제 그, 이여송이 인제 그래가주 그, 김덕령이 그 뭐고? 간판에 쓴거, 암만 뿌술라 카이 뿌사져야지요? 불에 태와도 안 되고, 그건 만날 그대로 서있고. 이래가주, 인제 그 이여송이 그 때 인제, 마음을 인제 먹고, '야, 이거 됐다 마. 인제 뭐 이거 내 차지다. 인제' 자기도 김덕령이 겁냈다 말이라요. [청중 : 겁냈다.] 이래가주 하다 인제 됐다. 그래 가다 자기가 인제 마 사방 댕기미 헐 지르고.[39]

서애설화에 포함된 김덕령 이야기는 침략세력을 물리친 자들에 대한 공이 제대로 평가되었는가에 대한 물음과 그에 대해 '아니다'라고 답하고 있는 공동체의 의식을 보여준다. 실제로 충장공 김덕령은 의병장으로 혁혁한 공을 세우지만 선조 29년 이몽학의 역모에 동조했다는 모함을 받아 역적으로 몰려 투옥되고 수 차례에 걸친 국문에도 굴하지 않고 자신의 결백을 주장하다가 선조 29년 8월 장독에

---

[39] 7-11 317.

걸려 숨을 거둔다.[40] 위정자들의 잘못된 평가로 인한 억울한 죽음은 문학적으로 형상화되어 김덕령과 관련하여 수많은 이야기가 전해지는데, 7-11 317 또한 그중의 하나이다. 7-11 317에서는 서애의 청병 이야기에 붙어서 왜의 소서장군과 풍신수길을 죽이는 김덕령의 활약상이 전개되지만 이여송의 모함으로 김덕령은 만고충신 김덕령이라는 표를 세우고 자살하였다. 그리고 조선은 이여송의 단혈로 위기를 맞게 된다. 이 이야기 속에서 위정자를 대표하는 서애는 김덕령의 죽음과 아무런 관련을 가지고 있지 않다. 그런데 6-2 101에서는 김덕령의 죽음의 책임이 당시 영의정으로 있었던 서애에게 있다고 말하고 있다.

설화에서 김덕령은 쉽게 죽일 수 있는 존재가 아니다. 그래서 김덕령은 자신을 역적으로 모함하여 죽이려고 하는 자들에게 만고충신 김덕령이라는 표를 세워주면 죽어주겠다고 하고, 결국 위정자들은 만고충신 김덕령이라는 표를 세워주고 죽게 한다. 역적이라는 죄명으로 죽는 사람에게 만고충신이라는 표를 세워주는 웃지 못할 일이 벌어지고 있는 것이다. 구술 공동체는 이러한 조롱거리를 통해서 형평에 맞지 않는 국가 권력의 횡포와 모순됨을 지적한다. 그리고 국가 권력을 대신하여 김덕령을 '만고충신'으로 추앙함으로써 그의 업적을 밝혀 그 죽음을 위로하고 있다.

---

40) 나경수, 앞의 논문, 75~109쪽.

IV. 맺음말

본 논문에서는 『한국구비문학대계』에 실려 있는 서애설화 51편에 대한 내용 분석과 인물 형상화에 대한 이해를 통해 설화 전승 공동체들이 서애설화를 통해 전달하고 있는 임진왜란에 대한 문제의식에 대해 고찰하였다. 설화에서는 임진왜란으로 인한 국가적 위기가 도술적 면모를 갖춘 이인적 영웅의 등장으로 예비, 예견되었지만 소극적 퇴치와 방지에 머무를 수밖에 없었던 한계를 드러내 보이고 있는데, 이를 통해 위정자의 무능에 대한 질타, 국가권력의 횡포에 대한 조롱, 어리석은 민중들의 저력 등을 보여주고 있다.

서애설화를 통해 추출될 수 있는 임진왜란에 대한 구술 전승자들의 문제의식은 '임진왜란이 일어날 것에 대해 미리 알고 대비책이 있었는가', '왜의 침략세력을 몰아낼 방책이 무엇인가', '전쟁 후 명의 횡포에 제대로 대처하였는가', '침략세력을 물리친 자들에 대한 공이 제대로 평가되었는가'의 네 가지로 정리할 수 있다. 이러한 문제의식은 '조선의 위정자들은 임진왜란에 대한 대비가 왜 없었는가', '왜의 침략을 몰아낼 방책을 왜 갖지 못했는가', '이여송에 대한 청병은 과연 최선이었는가', '전쟁에 공을 세운 인물에 대한 보상이 왜 제대로 이루어지지 못했는가'로 바꿔 쓸 수 있을 것이다. 이는 위정자들의 실정에 대한 날선 비판으로 만약에 전쟁에 미리 대비했다면, 외세를 빌리지 않고 우리가 그들을 몰아냈다면, 공을 세운 이들에 대한 평가가 공정하게 이루어졌다면 등의 역사에 대한 구술 공동체의 의식과 바람이 반영된 것으로써 이해할 수 있을 것이다.

참고문헌

한국정신문화연구원, 『한국구비문학대계』 1-85
http://gubi.aks.ac.kr/web/Default.asp
류성룡 저, 김시덕 역해, 『교감 해설 징비록』, 아카넷, 2013.
발터벤야민, 반성완 편역, 『발터 벤야민의 문예이론』, 민음사, 1983.
임철호, 『임진록연구』, 정음사, 1986.
임철호, 『임진록이본연구Ⅰ-Ⅳ』, 전주 : 전주대학교출판부, 1996.
최문정, 『임진록연구』, 박이정, 2001.

김기호, 「겸암설화에 나타난 형제관계와 전승자 의식」, 『구비문학연구』 31,
　　　　한국구비문학회, 2010.
나경수, 「김덕령의 역설적 삶과 의의」, 『남도민속연구』 22, 남도민속학회, 2011.
신동흔, 「사명당 설화에 담긴 역사의식 연구」, 『고전문학연구』 38, 2010
임재해, 「설화에 나타난 겸암과 서애의 엇갈린 삶과 민중의식」, 『퇴계학』 5,
　　　　안동대학교, 1993.
임철호, 「왜장퇴치 이야기의 전승과 변이 : 문헌설화와 임진록의 관련성을
　　　　중심으로」, 『열상고전연구』 11, 열상고전연구회, 1998.
임철호, 「장편설화의 형성배경과 전승양상 : 임진왜란 설화를 중심으로」, 『열
　　　　상고전연구』 14, 열상고전연구회, 2001.
鄭萬祚, 「서애 유성룡의 정치활동과 임란 극복」, 『한국학논총』 30, 국민대학교
　　　　한국학연구소, 2008.
조정현, 「마을성격에 따른 인물전설의 변이와 지역담론의 창출 - 안동지역
　　　　서애 류성룡 관련설화를 중심으로」, 『구비문학연구』 29, 한국구비문학
　　　　회, 2009.

〈첨부 1〉『한국구비문학대계』 서애 관련 구비설화 목록

권 호	제 목	제보자	채록일	채록 지역
1-2 71	오봉산수 내력	안평국	1979	경기 여주군 여주
1-8 606	서애 류성룡	김현기	1982	경기 옹진군 덕적면
2-5 338	겸암 선생의 지혜	김효신	1981	강원 양양군 서면
2-8 533	이여송을 놀라게 한 학봉과 서애	김진홍	1983	강원 영월군 영월읍
3-1 304	西崖어머니와형	조동호	1979	충북 중원군 주덕면
3-1 431	이인 경암선생	유태선	1979	충북 중원군 노은면
3-3 332	임진왜란을 미리 안 謙庵	이원식	1981	충북 단양군 대강면
3-4 566	임진왜란을 미리 안 겸암	이원식	1981	충북 단양군 대강면
3-4 708	도둑을 개심시킨 柳成龍 대감	심재경	1982	충북 영동군 상촌면
4-3 530	류성룡의 형과 가등청정	홍갑준	1981	충남 아산군 둔포면
5-1 190	겸암선생의 도술이야기	박동진	1979	전북 남원군 이백면
5-5 160	서애와 겸암	이성기	1985	전북 정주시 연지동
6-2 101	류성룡과 김덕령	김정균	1980	전남 함평군 엄다면
6-2 242	이율곡과 류성룡	김정균	1980	전남 함평군 엄다면
6-2 770	겸암과 풍신수길	정점암	1981	전남 함평군 신광면
6-2 87	류성룡과 이여송	김정균	1980	전남 함평군 엄다면
6-4 65	풍신수길을 물리친 류서애의 형님	이승영	1983	전남 승주군 서면
7-11 317	임진왜란 이야기	김동구	1982	경북 군위군 효령면
7-11 348	친정에서 서애 낳는 모친	최귀식	1982	경북 군위군 효령면
7-12 133	오지형의 유래	이수영	1982	경북 군위군 소보면
7-12 538	겸암선생과 서애선생	박선식	1982	경북 군위군 의흥면
7-12 618	겸암선생께 혼난 풍신수길	김실동	1982	경북 군위군 고로면
7-13 465	겸암선생의 異蹟(1)	김봉한	1983	대구 북구 산격1동
7-13 469	겸암선생의 異蹟(2)	김봉한	1983	대구 북구 산격1동
7-17 158	겸암선생과 쾌지나칭칭의 유래	남우영	1984	경북 예천군 예천읍
7-17 634	부친이 못 푼 한시를 풀어낸 소년 서애	채숙자	1984	경북 예천군 용문면
7-18 419	혈 찌른 이여송	임원기	1984	경북 예천군 개포면
7-3 185	서애대감	안 동 권 씨	1979	경북 월성군 안강읍 산대5리
7-4 129	이여송의 원정담	나춘자	1984	경북 성주군 대가면
7-6 153	서애와 겸암	박노활	1980	경북 영덕군 창수면 신기1동
7-6 156	겸암의 예언	박노활	1980	경북 영덕군 창수면 신기1동

7-6 670	서애와 겸암	신기수	1980	경북 영덕군 달산면 대지1동
7-8 410	이인 겸암 선생	채홍범	1981	경북 상주군 공검면 부곡1리
7-8 689	류서애의 형 겸암선생	이기환	1981	경북 상주군 청리면 원장2리
7-8 940	굶어죽은 류성룡 대감	최승락	1981	경북 상주군 화서면
7-9 751	서애보다 앞선 겸암선생	강대각	1981	경북 안동군 북후면 옹천동
7-9 755	생질 살린 겸암 선생	강대각	1981	경북 안동군 북후면 옹천동
8-4 728	이여송이 끊은 혈	류태석	1981	경북 안동군 임동면 수곡동
8-6 636	겸암 선생 이야기	정연학	1980	경남 거창군 남하면
경남남해 -박충섭	고현면 오곡의 加靑谷 전설	박충섭	2011	경남 남해군 설천면 금음리
경북문경 -엄제균	이여송도 속은 류성룡의 잔꾀	엄제균	2010	경북 문경시 산양면 위만1리
경북영주 -류시양1	이여송의 횡포에 대처한 서애선생의 슬기	류시양	2012	경북 영주시 풍기읍 수철리
경북영주 -류시양2	이토 히로부미를 혼내준 겸암선생	류시양	2012	경북 영주시 풍기읍 수철리
경북영주 -박수백	왜군 장수를 물리친 서애대감의 이인 형님	박수백	2013	경북 영주시 안정면 동촌1리
경북영주 -박수영1	겸암선생의 도움을 받아 이여송을 청병한 서애대감	박수영	2013	경북 영주시 영주2동
경북영주 -박수영2	세숫대야 낚시로 잉어잡은 겸암선생의 재주	박수영	2013	경북 영주시 영주2동
경북영주 -신필호	마을에 떠도는 도깨비들을 혼낸 서애선생	신필호	2012	경북 영주시 풍기읍 수철리
경북의성 -김갑대	외가마을의 쑤에서 태어난 서애대감	김갑대	2011	경북 의성군 금성면 서변2리
경북의성 -김창회	외가 종가 안채에서 태어난 서애선생	김창회	2011	경북 의성군 점곡면 서변2리
전북임실 -한준석1	기인이었던 류성룡 어머니	한준석	2010	전북 임실군 임실읍 신안리
전북임실 -한준석2	이인 겸암 류운룡	한준석	2010	전북 임실군 임실읍 신안리

찾아보기

저자_ 가나다순

길태숙 상명대학교 역사콘텐츠학과 교수

김왕배 연세대학교 사회학과 교수

노영구 국방대학교 군사전략학부 교수

류명희 부산대학교 명예교수

박은선 미래공간문화연구소장

백기복 국민대학교 경영대학 교수

윤정숙 연세대학교 명예교수

정호훈 서울대학교 규장각한국학연구원 교수

John B. Duncan UCLA 동아시아학과 교수

서애학술연구총서 02

서애 경세론의 현대적 조망

연세대학교 서애학술연구단
김왕배 외

초판 1쇄 발행 2016년 2월 28일

펴낸이 오일주
펴낸곳 도서출판 혜안

등록번호 제22-471호
등록일자 1993년 7월 30일

주소 ㉾ 04052 서울시 마포구 와우산로 35길 3(서교동) 102호
전화 3141-3711~2 / **팩스** 3141-3710
E-Mail hyeanpub@hanmail.net

ISBN 978-89-8494-550-0 93300

값 28,000 원